Research on Performance Evaluation Microfinance Institutions

周筱蕊 ◎ 著

# 小额信贷机构绩效评价研究

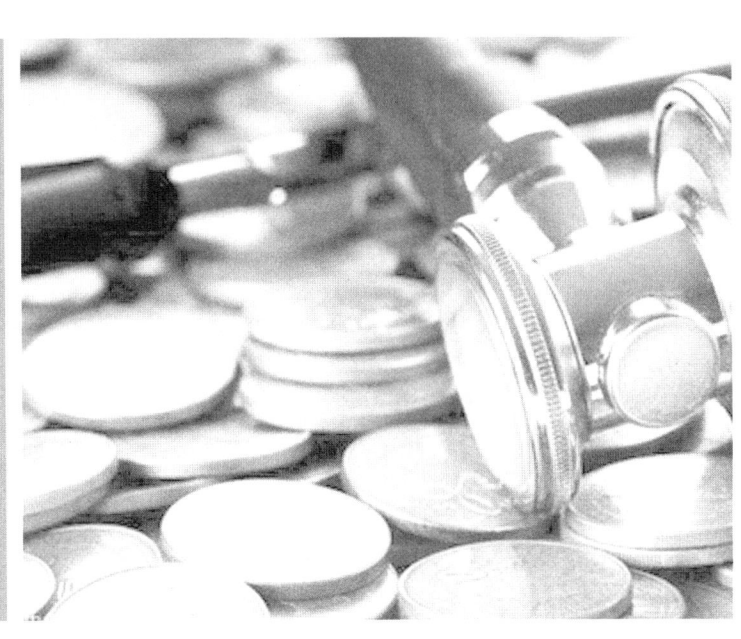

经济管理出版社
ECONOMY & MANAGEMENT PUBLISHING HOUSE

图书在版编目（CIP）数据

小额信贷机构绩效评价研究/ 周筱蕊著. —北京：经济管理出版社，2020.8
ISBN 978-7-5096-7297-6

Ⅰ.①小… Ⅱ.①周… Ⅲ.①信贷—金融机构—经济绩效—研究—中国 Ⅳ.①F832.4

中国版本图书馆 CIP 数据核字（2020）第 139702 号

组稿编辑：丁慧敏
责任编辑：丁慧敏　张广花
责任印制：黄章平
责任校对：张晓燕

出版发行：经济管理出版社
　　　　　（北京市海淀区北蜂窝 8 号中雅大厦 A 座 11 层　100038）
网　　址：www.E-mp.com.cn
电　　话：（010）51915602
印　　刷：北京晨旭印刷厂
经　　销：新华书店
开　　本：720mm×1000mm/16
印　　张：15
字　　数：278 千字
版　　次：2020 年 8 月第 1 版　2020 年 8 月第 1 次印刷
书　　号：ISBN 978-7-5096-7297-6
定　　价：69.00 元

·版权所有　翻印必究·

凡购本社图书，如有印装错误，由本社读者服务部负责调换。
联系地址：北京阜外月坛北小街 2 号
电　话：（010）68022974　邮编：100836

# 前言

小额信贷作为一种新型的金融方式,在服务中低收入群体、促进小微企业发展方面发挥了积极的作用,被国际社会公认为是一种减缓贫困的有效工具。因此,大多数发展中国家选择将小额信贷作为一种特殊的金融工具,广泛地应用于贫困地区及小微企业金融服务市场。

由于小额信贷机构是一种特殊的金融机构,其承担着重要的社会责任,是为解决贫困人口的需求而出现的机构,但作为一种金融机构,其在市场上运作仍然需要利润来支撑,因此小额信贷机构的绩效管理仍需传统的财务数据进行衡量。然而,目前国际小额信贷机构的绩效评价几乎都忽略了财务方面的数据,更多的是去衡量其在解决贫困方面所起的作用。因此,本书通过对小额信贷机构绩效评价体系进行研究,结合各机构在我国的实践及发展,探讨小额信贷机构如何制定更好的发展战略、如何规避行业风险、如何在不偏移其社会责任的情况下做到可持续发展,希望为行业及监管部门提供一些有效的理论依据。

# 目　录

## 第1章　绪论 ... 1

### 1.1　研究背景 ... 1
1.1.1　小额信贷概念及运行机制 ... 4
1.1.2　小额信贷的现实意义 ... 11
1.1.3　小额信贷的理论背景 ... 13
1.1.4　小额信贷的研究目的 ... 14
1.1.5　小额信贷的研究意义 ... 15

### 1.2　研究现状 ... 16
1.2.1　小额信贷的国外研究现状 ... 16
1.2.2　小额信贷的国内研究现状 ... 23
1.2.3　现有研究成果分析及进一步研究探讨 ... 28

### 1.3　绩效评价概述 ... 33
1.3.1　小额信贷机构绩效评价的内涵 ... 34
1.3.2　小额信贷绩效评价的类型 ... 38
1.3.3　小额信贷绩效评价指标及评价体系 ... 43
1.3.4　第三方评级对绩效评价的影响 ... 45

### 1.4　研究框架 ... 52
1.4.1　研究思路 ... 52
1.4.2　研究方法 ... 54
1.4.3　研究内容 ... 54

## 第2章　小额贷款行业在我国的发展 ... 57

### 2.1　小额信贷行业的发展状况 ... 57

        2.1.1 小额信贷行业的发展历程 ………………………………… 57
        2.1.2 小额信贷行业的发展现状 ………………………………… 61
    2.2 小额信贷行业的相关政策 ……………………………………… 65
        2.2.1 小额信贷行业相关政策梳理 ……………………………… 65
        2.2.2 小额信贷公司的多样性分析 ……………………………… 86

# 第3章 小额信贷绩效评价方法 …………………………………… 91
    3.1 方法概述 ………………………………………………………… 91
    3.2 绩效评价方法对比 ……………………………………………… 93
        3.2.1 层次分析法 ………………………………………………… 93
        3.2.2 模糊综合评价法 …………………………………………… 95
        3.2.3 主成分分析法 ……………………………………………… 96
        3.2.4 因子分析法 ………………………………………………… 97
        3.2.5 数据包络分析法 …………………………………………… 98
        3.2.6 灰色多层次评价法 ………………………………………… 99
    3.3 评价方法选择 …………………………………………………… 100
    3.4 本章小结 ………………………………………………………… 105

# 第4章 小额信贷机构绩效影响模型研究 ………………………… 106
    4.1 第三方评级与小额信贷机构绩效关系模型构建的基础 …… 106
        4.1.1 关系模型构建的现实背景 ………………………………… 106
        4.1.2 关系模型构建的理论依据 ………………………………… 108
    4.2 第三方评级与小额信贷机构绩效关系模型构建与变量定义 … 109
        4.2.1 关系模型构建 ……………………………………………… 110
        4.2.2 变量定义 …………………………………………………… 110
    4.3 样本选择及其分析 ……………………………………………… 113
        4.3.1 样本选择 …………………………………………………… 113
        4.3.2 样本分析 …………………………………………………… 114
    4.4 实证检验及结果分析 …………………………………………… 115
        4.4.1 单位根检验 ………………………………………………… 116

4.4.2 变量相关性分析 ………………………………………… 118
　　4.4.3 回归结果分析 …………………………………………… 119
4.5 结论及启示 …………………………………………………… 124
4.6 本章小结 ……………………………………………………… 125

# 第5章 基于第三方评级的小额信贷机构综合绩效评价体系构建 ……………………………………………………… 127

5.1 指标构建说明 ………………………………………………… 127
　　5.1.1 指标与指标体系 …………………………………………… 127
　　5.1.2 构建目的与原则 …………………………………………… 128
5.2 相关指标体系研究分析 ……………………………………… 129
　　5.2.1 绩效评价机构指标 ………………………………………… 130
　　5.2.2 绩效评价文献指标 ………………………………………… 131
5.3 指标体系构建 ………………………………………………… 135
　　5.3.1 构建思路 …………………………………………………… 136
　　5.3.2 指标构成 …………………………………………………… 137
　　5.3.3 指标内涵及说明 …………………………………………… 139
5.4 指标拟合度检验 ……………………………………………… 145
　　5.4.1 数据来源分析 ……………………………………………… 145
　　5.4.2 因子相关性分析 …………………………………………… 146
　　5.4.3 相关检验 …………………………………………………… 147
　　5.4.4 因子分析 …………………………………………………… 147
　　5.4.5 指标修订 …………………………………………………… 151
5.5 指标权重确定 ………………………………………………… 153
　　5.5.1 确定权重的程序 …………………………………………… 153
　　5.5.2 层次分析法确定权重 ……………………………………… 155
5.6 小额信贷机构绩效灰色综合评价 …………………………… 161
　　5.6.1 选择依据 …………………………………………………… 161
　　5.6.2 评价分析 …………………………………………………… 162
5.7 本章小结 ……………………………………………………… 166

## 第6章 小额信贷机构绩效综合评价 ················· 168

### 6.1 评价案例1——成都A小额贷款股份有限公司综合绩效评价 ······ 168
#### 6.1.1 成都A小额贷款股份有限公司概况 ················· 168
#### 6.1.2 成都A小额贷款股份有限公司绩效综合评价 ··········· 169
#### 6.1.3 成都A小额贷款股份有限公司绩效综合评价结果与分析 ················································· 172

### 6.2 评价案例2——成都B小额贷款股份有限公司综合绩效评价 ······ 173
#### 6.2.1 成都B小额贷款股份有限公司概况 ················· 173
#### 6.2.2 成都B小额贷款股份有限公司绩效综合评价 ··········· 174
#### 6.2.3 成都B小额贷款股份有限公司绩效综合评价结果与分析 ················································· 177

### 6.3 评价案例3——成都C小额贷款股份有限公司综合绩效评价 ······ 178
#### 6.3.1 成都C小额贷款股份有限公司概况 ················· 178
#### 6.3.2 成都C小额贷款股份有限公司绩效综合评价 ··········· 179
#### 6.3.3 成都C小额贷款股份有限公司绩效综合评价结果与分析 ················································· 182

### 6.4 评价案例4——成都D小额贷款有限公司综合绩效评价 ········· 183
#### 6.4.1 成都D小额贷款有限公司概况 ···················· 183
#### 6.4.2 成都D小额贷款有限公司绩效综合评价 ·············· 184
#### 6.4.3 成都D小额贷款有限公司绩效综合评价结果与分析 ······ 186

### 6.5 评价案例5——成都E小额贷款股份有限公司综合绩效评价 ······ 187
#### 6.5.1 成都E小额贷款股份有限公司概况 ················· 187
#### 6.5.2 成都E小额贷款股份有限公司绩效综合评价 ··········· 188
#### 6.5.3 成都E小额贷款股份有限公司绩效综合评价结果与分析 ················································· 191

### 6.6 评价案例6——成都F小额贷款有限责任公司综合绩效评价 ······ 192
#### 6.6.1 成都F小额贷款有限责任公司概况 ················· 192
#### 6.6.2 成都F小额贷款有限责任公司绩效综合评价 ··········· 193

    6.6.3 成都 F 小额贷款有限责任公司绩效综合评价结果与
          分析 ·············································································· 195
  6.7 小额信贷机构绩效优化策略 ················································· 196
    6.7.1 小额信贷财务绩效提升策略 ············································ 198
    6.7.2 小额信贷机构社会绩效管理的建议 ···································· 205
    6.7.3 运用成功关键因素（CSF），有效实施绩效考评的
          管理 ·············································································· 207
    6.7.4 优化完善绩效管理体系注意事项 ······································· 208
  6.8 本章小结 ················································································ 209

第7章 研究结论 ·············································································· 211
  7.1 主要工作 ················································································ 211
  7.2 研究创新 ················································································ 214
    7.2.1 选题具有重要的理论意义和实践意义 ································· 214
    7.2.2 研究视角和方法的创新 ··················································· 215
    7.2.3 构建两个模型 ································································· 215
  7.3 后续研究展望 ·········································································· 216
    7.3.1 评价指标体系 ································································· 216
    7.3.2 指标权重的确定方法 ······················································· 216
    7.3.3 评价体系实际应用 ·························································· 216

参考文献 ·························································································· 218

后　记 ······························································································ 230

# 第1章

# 绪　论

在多层级的金融体系建设中,小额信贷及其机构属于发展最快的微型金融领域。在全球范围内,1999年有80万~100万的贫困家庭受到小额信贷机构的帮助[1],到2005年,这个数字增加到了1000万。在广泛的发展中国家中,小额信贷机构的数量也迅速增加[2]。据统计,截至2006年,小额信贷机构在孟加拉国累计为超过200万的贫困人口提供了金融扶持(信用担保的小额贷款),总金额超过10亿美元,其中97%为贫困妇女[3]。世界银行主席 James Wolfensohn 指出,帮助1000万的家庭意味着帮助了5000万~6000万的人口摆脱贫困,这将极大地改善社会结构,促进人类发展。

## 1.1　研究背景

习近平总书记在党的十九大报告中指出,"深化金融体制改革,增强金融服务实体经济能力"。这为新时代中国特色社会主义市场经济的金融建设指明了方向。为了更好地服务于实体经济并经由实体经济的发展助推中国经济的腾飞,金融服务作为举足轻重的支撑项目,已成为现今社会发展不可或缺的推动力量

---

[1] J. Morduch. The microfinance promise [J]. Journal of Economic Literature, 1999, 37 (4): 1569-1614.

[2] C. McIntosh, B. Wydick. Competition and microfinance [J]. Journal of Development Economics, 2005, 78 (2): 271-298.

[3] R. Sengupta, C. P. Aubuchon. The microfinance revolution: An overview [J]. Federal Reserve Bank of St. Louis Review, 2008, 90 (January/February 2008).

(李孟刚，2018[①]；石宝峰，2017[②]；徐习兵、李善民，2017[③]）。自党的十八届三中全会首次提及"发展普惠金融"以来，中国普惠金融在制度和实践中都取得了不同程度的进展。作为小微企业、农户等群体的重要融资渠道，小额贷款公司的发展对普惠金融的推动有着重要意义。习近平总书记和李克强总理强调，小额贷款服务小微企业，两小和谐叠加，就能做出大美的事业。要通过金融改革，畅通金融血脉，更有效地服务"三农"、中小微企业、基础设施等薄弱环节，让金融更加贴近基层、贴近群众。由此可见，小额贷款公司是完善构建现代金融体系不可或缺的一股力量，对推进小额贷款公司可持续发展的意义重大，并因此受到了业界和学界越来越多的关注，但理论研究与实践探索间存在巨大缺口（张正平，2016[④]；田青，2017[⑤]；巴曙松，2015[⑥]）。

按照国家的制度设计初衷，小额贷款公司作为小微金融领域的重要参与主体，与商业银行及传统民间借贷等融资渠道互为补充，在支持实体经济方面发挥着不可或缺的作用（数据显示：截至2018年末，全国有小额贷款公司8133家，贷款余额9550亿元）。但从2008年全国全面启动试点以来，历经八年的时间，由于制度设计的缺陷和小贷公司自身定位的严重错位，导致本该在民间金融领域发挥重要补充作用的小贷公司大面积出现经营困境，行业严重低迷，大部分公司觉得前途渺茫，多数公司考虑转型和退出，有意生存和发展的公司也在苦苦寻求战略转型和正本清源之路。随着社会经济的发展和科学技术的不断进步，小额贷款公司面临：①行业制度"瓶颈"有待突破，扶持政策处于空窗；②小额贷款公司自身"短板"日益突出，经营风险较大；③行业竞争加剧，抗风险能力下降。这些问题使小额贷款公司面临日益严重的资金链紧张、

---

[①] 李孟刚，徐英倩．新时代增强金融服务实体经济能力研究 [J]．理论探讨，2018（1）：106-112．
[②] 石宝峰，王静，迟国泰．普惠金融、银行信贷与商户小额贷款融资——基于风险等级匹配视角 [J]．中国管理科学，2017（9）：28-36．
[③] 徐习兵，李善民．普惠金融视角下小额贷款公司可持续发展研究 [J]．人民论坛·学术前沿，2017（15）：138-141．
[④] 张正平，夏玉洁，杨丹丹．小额信贷机构的双重目标相互冲突吗——基于联立方程模型的检验与比较 [J]．农业技术经济，2016（4）：16-27．
[⑤] 田青．小额贷款公司的目标偏离与矫正——基于效率视角的研究 [J]．金融论坛，2017（1）：24-34．
[⑥] 巴曙松．小贷公司的美丽与哀愁 [J]．金融经济，2015（3）：16-17．

管理机制不规范带来的可持续发展的困扰（许飞剑、余达淮，2015①；李鸿禧、迟国泰；2018②）。另外，在外部环境中，越来越多的公司对小额信贷遵从市场经济的规律进行商业化发展产生疑虑，仍有相当部分的小贷公司因偏离了小额信贷市场最初的普惠定位而遭遇巨大风险，难以实现可持续发展。

然而，国家对小额贷款公司行业发展日益重视，虽然小额贷款公司行业发展形势严峻，但国家层面的政策环境和市场环境正在逐步改善，机遇大于挑战。国家高度重视多元化、多层次小微企业金融服务体系建设，5家大银行均已挂牌设立普惠金融事业部，民营银行实现常态化设立，村镇银行、小贷公司成为金融支农支小的重要补充（谢玉梅、徐玮等，2016③）。实践表明，治理机制决定着微型金融机构经营的成败，良好的公司治理对小额贷款公司的可持续发展至关重要（杨虎锋、何广文，2014④）。此外，根据联合国的规划，小额信贷的发展是促进惠普金融体系发展的重要推动力量，对贫困人口、妇女和小微企业发展有着十分重要的促进作用⑤。因此，如何清晰认识小额贷款公司发展的内在动力？如何完善具有双重目标的小额贷款公司的治理机制？如何识别小额贷款公司的发展模式并制定更好的发展战略？如何科学地评判小额贷款公司的运行状况？如何引导小额贷款公司可持续发展？这些问题在过去的研究中还没有得到系统的解决。

综上所述，通过惠普金融体系，社会的所有阶层，以及不同阶层中的各个群体都能有效地获得全面的金融服务。然而，随着我国经济发展由高速增长阶段进入高质量发展阶段，多层级金融市场中的小额信贷行业也出现了阶段性倒退、不良贷款增加和大量行业企业退出等问题。本书将在前期工作的基础上，以金融抑制理论、信贷配给理论以及商业模式理论为基础，以集成多种模型分

---

① 许飞剑，余达淮．经济新常态下小额贷款公司信贷法律问题研究［J］．经济问题，2015（10）：26-31.

② 李鸿禧，迟国泰．基于违约强度信用久期的资产负债优化模型［J］．系统工程理论与实践，2018，38（6）：1387-1403.

③ 谢玉梅，徐玮，程恩江等．精准扶贫与目标群小额信贷：基于协同创新视角的个案研究［J］．农业经济问题，2016（9）：79-88.

④ 杨虎锋，何广文．治理机制对小额贷款公司绩效的影响——基于169家小额贷款公司的实证分析［J］．中国农村经济，2014（6）：74-82.

⑤ Lacalle-Calderon M., Perez-Trujillo M., Neira I. Does microfinance reduce poverty among the poorest? A macro quantile regression approach［J］. Developing Economies, 2018, 56（1）: 51-65.

析技术为支撑，围绕"小额信贷机构绩效评价研究"核心目标，对如何实现小额贷款公司管理制度优化、综合效率提升与可持续发展展开探索。本书将会为我国小额贷款公司的健康可持续发展提供必要的理论支持，具有较强的现实意义。

### 1.1.1 小额信贷概念及运行机制

如果追溯到早期，小额信贷的概念出现于18世纪中期的德国，理论家Lysander Spooner提出通过小额信用贷款给企业或者农民，帮助他们摆脱贫困。此时小额信贷只是一种业务形式，并未形成专门的机构。之后，Friedrich Wilhelm Raiffeisen创建了第一个合作贷款银行，为德国乡村的农户提供金融支持，这就是小额信贷机构的雏形。此后，小额信贷及其机构在不同的国家有不同的发展，也由于各个国家的不同国情，对于小额信贷业务的定义没有一个统一的标准。根据不同的情况，对小额信贷的概念、特点及表现形式的总结如下。

#### 1.1.1.1 小额信贷的概念

现在，通常意义上的小额信贷的概念，起源于20世纪70年代的孟加拉国，最初是格拉明银行（Grameen Bank，也被称为乡村银行或者GB银行）形式，是由Muhammad Yunus于1976年创建，其最初的目的是着重对贫困人口尤其是贫困妇女进行金融扶持，通过小额信用贷款的方式，让贫困人口尤其是妇女获得掌握资金的机会，并通过资金直接扶持他们的创收行为，进而满足其提高家庭收入的需求。

小额信贷基于这样一个概念模型，即贫穷的但是有技术的群众，因为缺乏动力而没有善用自己的能力，通过小额信贷的刺激，他们能通过现有的技术去获取更大的财富。小额信贷的目的是要在世界范围内创建一个渠道，这个渠道让贫困的家庭或接近贫困的家庭能长久地获得在合理范围内的高质量的金融服务，这些服务不仅限于存款、保险和基金，也包括了信用贷款。对于大力推行小额信贷发展的人来说，这一渠道不仅能解决贫困人民的金融问题，也同时有助于他们摆脱贫困的状态。在帮助他们及其私营企业和小型企业的同时，促进整个社会的经济、就业发展。

## 第1章 绪 论

小额信贷和小微金融的概念通常是可以互换的，但区别这两个概念对于研究来讲，是十分的重要。根据小额信贷的概念模型，小额信贷的主旨是发放贷款和帮助贷款对象取得贷款，而小微金融更多的是对同样的对象提供金融服务，这就包括了银行存款、机构服务、保险服务等（见图1-1）。因此，可以简单地说，小微金融包括了小额信贷的范畴。

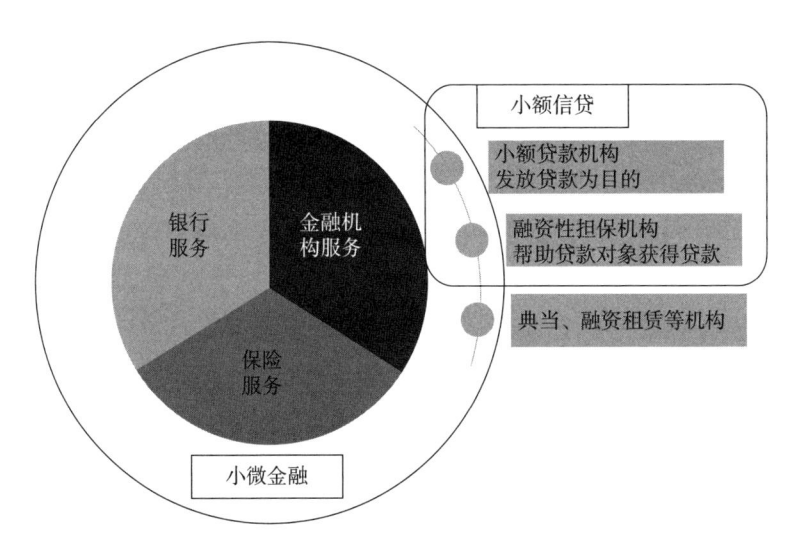

**图1-1 小额信贷和小微金融的区别**

目前，小额信贷（Microfinance）在国际上并没有一个统一且规范的定义。世界银行扶贫协商小组（Consultative Group to Assist the Poor，CGAP）是由34个全球领先的组织合作设立，旨在通过与金融服务提供方、政策制定者及投资者合作，开展实际调研和积极参与，开发创新的金融服务方案，提高金融包容性，达到改善贫困人口生活的目的。这个组织对小额信贷的定义，即认为其是能帮助减少不平等、解决限制条件、加强国家经济结构的一种手段。韦斯尼夫斯基指出，"小额信贷"作为金融服务业的一部分，是对未能或者极少能获得传统金融服务的家庭和小微企业的金融需求的一种补充，即小额信贷是现今金融行业的一个有机组成部分，是金融行业在发展成为完整体系过程中的一种有内在推动力的结果。

国内外的学者对小额信贷的定义也不尽相同。根据小额信贷不同于传统信贷的主要特征，将其定义为向贫困人口提供的额度小的、无须资产担保的、利率较高的但能维持较高还贷率的一种信贷方式①。根据现金的流动性特点可以将小额信贷定义为"贫困人口将小额现金和大额现金兑换的途径",这种定义是从资源的利用性角度和金融方面的功能性角度来对小额信贷进行阐释②。杜晓山将小额信贷定义为针对我国中低阶层提供额度小的、有持续性的信贷服务,特定顾客目标为贫困或者中低收入群体,并优化针对特定目标阶层客户的金融服务和产品③。

#### 1.1.1.2 小额信贷的特点

不同于小微金融所提供的包括小微存款、灵活性贷款归还计划保险,根据小额信贷的概念,其特点可以被归纳如下:

第一,贷款主体主要为贫困人口、生产能力较低的妇女、难以获得正规贷款的中小企业或微型企业。这些贷款主体是因为缺乏稳定的收入来支撑还款,且无贷款意识和信用记录,因此无法获得大型金融机构授信。

第二,贷款金额相对较小,根据小额信贷机构的 Mix Market 数据库,430家小额信贷机构的 1800 万名借款客户的平均贷款金额为 300 美元④。贷款主体的经济需求并不高,最初的贷款需求是为了改善贫困的生活现状,获取贷款以扩大家庭产出,对比大型生产型企业或贸易企业,并不具备贷款规模。

第三,由于贷款对象的信用级别较低,且贷款担保的措施相对薄弱,因此,贷款利率较一般的利率偏高⑤。对于最初的连带责任贷款来讲,因为缺乏可靠的数据来分辨贷款人的信用等级,借款人只能用较高的利率来均衡所有贷款人的资金回报。

第四,该业务不存在抵押物的信用担保。贷款主体的经济状况不能为其提

---

① 霍红.小额信贷概念评述 [J].商,2012(9):116-116.
② Rutherford S. The poor and their money: An essay about financial services for poor people [C] //Chronic poverty in Bangladesh: Tales of ascent, descent, marginality, and persistence, Dhaka: Bangladesh Institute of Development Studies Sinha, S&I Matin, Informal Credit Transactions of Micro-credit Borrows in Rural Bangladesh Ids Bullet, 1999.
③ 李文政,唐羽.国内外小额信贷理论与实践研究综述 [J].金融经济月刊,2008(8):87-88.
④ Gutiérrez-Nieto B., Serrano-Cinca C., Molinero C. M. Social efficiency in microfinance institutions [J]. Journal of the Operational Research Society, 2009, 60 (1): 104-119.
⑤ Sengupta R., Aubuchon C. P. The microfinance revolution: An overview [J]. Review, 2008, 90 (1): 9-30.

供抵押物的担保措施，只能依靠信用担保。最初的团体贷款是依靠社会压力和社区监督进行的信用担保。

第五，还贷率较高，根据成功的小额信贷机构的数据，还款率高于95%[①]。由于贷款主体的自身需求，以及连带责任保证人和社区组织的有效监督，小额信贷的还款率得到了有效的保障。

#### 1.1.1.3 小额信贷的运行机制

在格拉明银行，最初的小额信贷业务的模式是团体贷款的形式。具体的模式如下：一个村里的借款人自发地组成5人小组到银行提出贷款需求，在同意了银行的借款条件以后，5人中的两个人先获得贷款，在这两人按时归还借款以后的4~6周，第二批次的两个人获得贷款，再等4~6周以后，小组中的最后一人获得贷款。在小组的所有人都按时归还第一次借款的基础上，后续的贷款需求将得到保证。但是如果小组中的任何一人未能按时归还借款，那么其余4人在银行的未来授信都将被拒绝。并且，在格拉明银行的最初的8个借款团体被组成为中心，所有团体的贷款归还均通过公开会议进行，这样在保证了贷款透明的同时，让未能归还借款的个人能被全村的人所知道，以此让他产生羞愧的心理。在孟加拉国的农村地区，这样的社会压力是一种很有利的还款保证。这种贷款申请的额度通常是从100美元起，要求借款人每周归还本金和利息，年化利率为10%。这种每周偿还本息的方式，更有利于借款人和贷款人较早地发现风险，并终止业务。

这种团体借款的模式在后来就发展成为连带责任保证的形式。在连带责任保证合同的条款下，连带责任保证人通常是一个村里很熟悉彼此的贷款人，这就让贷款人和保证人之间都能尽早地预料风险，并减少问题。比如，银行或者政府支持的小微金融机构并不能如保证人一般随时监督贷款的使用情况，由于保证人与贷款人的关系，能比借款人更清楚资金是否用于能产生最大效益的项目中，并能比借款人了解项目是否能产生收益并用于归还借款。并且，由于保证人的贷款需求也基于被保证人的信用情况，因此，在贷款运行中，能更加有效地约束贷款人和保证人的行为。因此，连带责任保证将借款机构的风险成本

---

[①] Sengupta R., Aubuchon C. P. The microfinance revolution: An overview [J]. Review, 2008, 90 (1): 9-30.

转移给了借款团体，这些团体能更有效地监督贷后风险。这种连带责任保证形式不仅保证了贷款的按时归还，并且也有效地降低了由逆向选择造成的利率上升[1]。

小额信贷业务经过发展，除了团体借款之外，借款机构和贷款人均发现在某些特定的条件下，以个人名义的借款比团体借款拥有更稳定的还款率。比如渐进型授信业务，其运行机制就是通过首次小规模的授信鼓励贷款人发展，在其按时偿还后增加授信的一种业务方式。另一种运行机制就是通过频繁的还款来增加授信，通常贷款人在获得授信的一周以后开始对贷款进行偿还，并且需要贷款人在其资金投向的项目稳定前，提供备用的还款来源作为保障。这种模式由于贷款一直在被偿还，最大限度地保护了借款人不受高风险贷款人项目失败的影响。并且，增加还款频率不仅没有增加贷款人的资金成本，而且能帮助借款人和贷款人尽早地发现风险并进行防范[2]。在渐进授信和增加还款频率的基础上，小额信贷业务中还增加了灵活还款的模式。灵活还款是基于所有的贷款人都会按时归还贷款，在其困难的时候，可以灵活地根据其自身情况调整还款周期和金额，且不对其信用记录造成负面的影响，同时其贷款利率也根据其调整方案相应地改变。如果贷款人在当期无法偿还贷款的情况下，可以申请延长偿还期限或者先偿付利息等方式，而利率的上调就作为其无法按时偿还贷款的资金成本。

针对个人业务，小额信贷业务发展中最具有创新的是非传统担保物的使用。不同于商业银行要求贷款担保物的市场价值需要和授信额度相等，小额信贷业务中的抵押物对贷款人而言非常重要，并不根据其市场价值来进行估价。例如选择农户的农耕器具作为担保物，虽然其价值不够覆盖授信额度，但由于它对于贷款人的功能性无可取代，因此，其重要性也可以作为担保物。根据东欧国家和俄罗斯的数据，选择以上模式进行的个人小额信贷的还款率高于90%，并且在俄罗斯，还款率高于95%[3]。

---

[1] Ghatak M., Guinnane T. W. The economics of lending with joint liability: Theory and practice [J]. Papers, 1998, 60 (1): 195-228.

[2] Aghion B. A. D., Morduch J. Microfinance: Where do we stand? [M] // Financial Development and Economic Growth, Basingstoke: Palgrave Macmillan UK, 2004: 894-900.

[3] Aghion B. A. D., Morduch J. Microfinance beyond group lending [J]. Economics of Transition, 2000, 8 (2): 401-420.

#### 1.1.1.4 小额信贷机构

小额信贷机构的雏形是于 1976 年在孟加拉国建立的村镇银行（GB 银行模式），这也是最早被中国引入的机构形式，并主要用于农村扶贫。村镇银行是以低收入群体为金融服务的对象，集中帮助贫困人口及妇女，为真正贫困的人口的自立和发展提供资金支撑。在孟加拉国的村镇银行以后，发展中国家中还出现了玻利维亚的阳光银行以及印度尼西亚的人民银行，这些形式的小额信贷机构，都是旨在为贫困人口、低收入群体微小型企业提供金融支持服务，除了被广泛认知的贷款服务外，还包括了储蓄服务、保险服务、支付服务等各方面的金融相关业务。小额信贷服务不仅是由属于新时代微型金融的小额信贷机构提供[1]，也由很多合作机构尤其是邮储银行来提供[2]。目前，根据数据来看，在世界 100 多个国家的任何地方，都有 1000～2500 个小额信贷机构在服务着超过 6700 万的人口[3]。

国际小额信贷机构从 20 世纪 90 年代开始商业化趋势愈加明显，其商业化形式如表 1-1 所示[4]。

表 1-1　国际小额信贷机构的表现形式

| 商业化形式 | 代表机构 |
| --- | --- |
| 非政府组织小额信贷机构转型为商业银行或者非银行金融机构 | 玻利维亚的 BancoSol、肯尼亚的 K-Rep、菲律宾的 CARD 银行、秘鲁的 Mibanco、洪都拉斯的 Finsol、墨西哥的 Compartamos |
| 商业银行、信用合作社等正规金融机构进入小额信贷市场 | 海地的 Sogebank、厄瓜多尔的 Banco Pichincha |
| 新建商业性小额信贷机构 | 委内瑞拉的 Bangente 等 |
| 商业银行和小额信贷机构之间或者多个小额信贷机构之间的合并 | 尼加拉瓜的 CONFIE 与危地马拉的 Genesis 合并成商业银行，蒙古国的 XAC 和 GobiEhlel 合并为正规小额信贷机构 |

---

[1] Otero M., Rhyne E. The new world of microenterprise finance: Building healthy financial institutions for the poor [J]. Small Business Economics, 1994 (6): 479-482.

[2] R. P. Christen, R. Rosenberg, V. Jayadeva. Financial institutions with a "double bottom line": Implications for the future of microfinance [Z]. Consultative Group to Assist the Poorest (CGAP), 2004.

[3] Sengupta R., Aubuchon C. P. The microfinance revolution: An overview [J]. Review, 2008, 90 (1): 9-30.

[4] 周孟亮，李姣. 国际小额信贷社会绩效：动态及启示 [J]. 农村金融研究，2013 (11): 66-71.

在中国，广义的小额信贷机构被划分为五种形式的存在主体：第一，综合性商业银行的小额信贷部门；第二，专业的小额信贷银行；第三，专业的小额贷款公司；第四，利用农村自有资金成立的互助社；第五，帮助小微企业获得贷款的融资性担保机构。这五种模式的机构存在，根据其自身所具有的优势，都能不同程度地达到小额信贷所预设的目的[1]。

（1）综合性商业银行的小额信贷部门，依靠其商业银行的背景，有充足的资金、规范的管理、专业性强和经验丰富的金融人才团队，已逐步在小额信贷市场中有了服务的对象。

（2）专业的小额信贷银行，即根据 GB 银行模式在我国建立的村镇银行或农村信用社银行，其扎根在农村偏远地区，深入接触农村中的小微企业、贫困人群、低收入居民，并因为这类机构的便利性，广泛地为小额信贷的服务对象提供服务。

（3）专业的小额贷款公司，是从 2005 年开始在我国进行试点，2008 年开始由政策规范的"只贷不存"有限责任公司或股份有限公司。根据不同地方的规定，小额贷款公司的业务经营范围也不尽相同，主要为办理各项贷款、票据贴现以及资产转让的业务，目前，小额贷款公司已经成为小额信贷表现形式中数量最多、服务面最广的一种。

（4）利用农村自有资金成立的互助社，是位于农村的小型和微型企业或农民自主发起设立，并由个人自愿出资成立的只服务于入股社员的一种金融组织。由于其资金需求分散且金额较小，适用性更加灵活和便捷。

（5）帮助小微企业获得贷款的融资性担保机构，具有极强的准公益属性，其服务的对象主要为不能直接从正规金融领域获得融资的弱势群体，服务的环节处于整个金融链条的末端，融资担保在支持小微企业融资方面发挥着不可替代的重要作用，在服务小微企业、"三农"和实体经济方面确实发挥了重要作用，也探索出了许多适合中国国情的成功经验。

这五种模式，根据其自身所具有的优势，都能不同程度地达到小额信贷所预设的目的。

#### 1.1.1.5 小额信贷机构的绩效管理现状

由于小额信贷机构是一种特殊的金融机构，特殊在于它具有很重要的社会责任，是为解决贫困人口的需求而出现的机构，同时，作为一种金融机构，在市场上，其运作仍然需要利润进行支撑，因此，小额信贷机构的绩效管理，仍

---

[1] 杨秋叶. 应在我国发展多种形式小额信贷 [J]. 金融发展研究，2011（10）：63-65.

是以传统的财务数据进行衡量。然而,目前国际小额信贷机构的绩效评价,几乎都忽略了其社会价值方面的数据,更多的是去衡量其在解决贫困方面所起到的作用[1]。我国的小额信贷的绩效研究主体设置为公益性或商业性主体二选一的情况下,然而众所周知,小额信贷机构必须同时具备上述两种特性,才能在自身发展良好的情况下,具有扶贫和助力小微企业发展的作用。因此,机构经营需要更加注重绩效的管理,以期能持续性地经营。

### 1.1.2 小额信贷的现实意义

在进入 21 世纪以来,为了更好地服务实体经济并经由实体经济的发展助推中国经济的腾飞,金融服务作为举足轻重的支撑项目,已成为现今社会发展不可或缺的推动力量。在中国,由于金融资源分布的不均衡性,存在大量的农村贫困人口,并且存在着大量的无法获得金融服务小微企业,为了加快城乡一体化建设,帮助农村、贫困人口尽早地实现小康生活,从 20 世纪 90 年代开始,我国开始在偏远地区推行小额信贷金融服务,随着中国经济的不断发展以及资本市场的不断充足,目前,小额信贷的服务对象也从偏远地区的贫困人口及农业企业,发展到涵盖城市人口及城市中的小微企业。

在银行以外的小额信贷,包括小额贷款公司和乡村银行,旨在为小微企业、偏远地区和贫困人口服务。小额信贷是金融机构为无法从银行渠道融资或获取服务的贫困人口、小型公司提供金融服务的一个重要资源。李克强同志 2014 年 3 月在辽宁考察时指出,小额贷款服务小微企业,两小和谐叠加,就能做出大美的事业。要通过金融改革,畅通金融血脉,更有效地服务"三农"、中小微企业、基础设施等薄弱环节,让金融更加贴近基层、贴近群众。2017 年,《融资担保公司监督管理条例》(国务院令第 683 号)的出台,标志着我国供给侧结构性改革与扶贫开发战略全面引向深入,是国家实施普惠金融发展战略的一项重大举措。如何让小额信贷这种微型金融工具更好地在经济发展中起到关键作用,已经成为中国社会一个亟待讨论的命题。

虽然,中国的小额信贷是从 1994 年开始,1999 年中国人民银行开始实施农村信用社的试点工作,并在农村中大力推行农户的小金额的信用贷款及农户联保业务,以非营利机构的小额信贷业务的成功经验为基础,让农户以信誉担保,在一定的期限内以核定额度向农户发放纯信用无抵押贷款,这意味着中国的小

---

[1] Morduch J. The microfinance promise [J]. Journal of Economic Literature, 1999, 37 (37): 1569-1614.

额信贷以农村信用社为基础，开始在金融市场、扶贫工作以及社会经济发展中起到明显的作用。

从2001年，中国人民银行下发《农村信用合作社农户小额信用贷款管理指导意见》开始，农村信用社的小额信用贷款业务发展迅速。到2002年底，全国共有超过3万家的农村信用社开展了小额信贷业务，占所有农村信用社的92.46%。根据中国金融统计年鉴，2001~2008年，农村信用社贷款逐年上升，如图1-2所示，其中大部分为农户小额信贷业务。2008年下发《中国银行业监督管理委员会、中国人民银行关于小额贷款公司试点的指导意见》（银监发〔2008〕23号），小额贷款公司在中国各省呈现出了迅速发展的势头。从数据上可以看出，小额贷款公司在数量上、业务上及经济影响上都是小额信贷行业中发展最迅速的，因此，对小额贷款公司的研究是对小额信贷行业领先领域的研究，具有非常重要的影响。

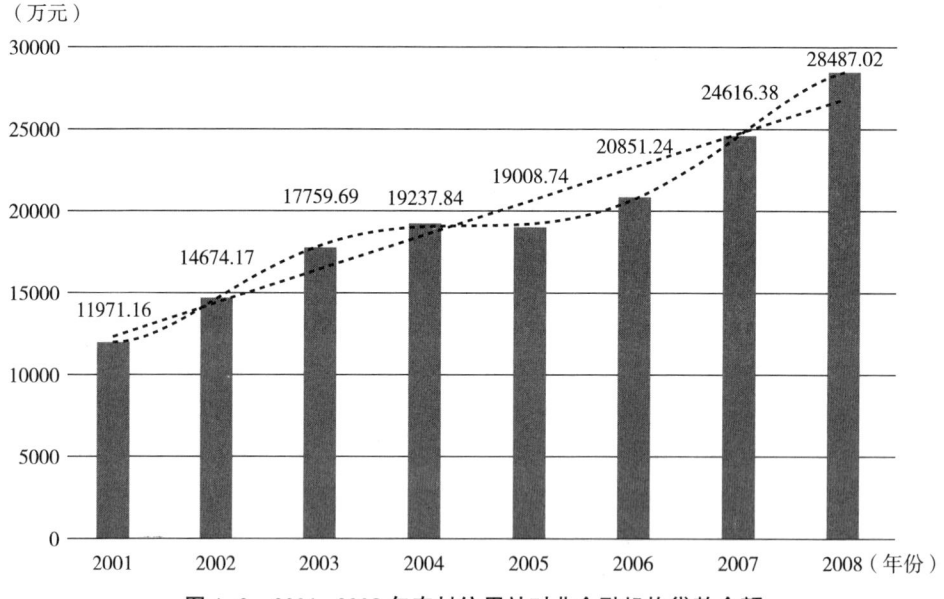

图1-2　2001~2008年农村信用社对非金融机构贷款余额

目前，随着社会经济的发展以及科学技术的不断进步，小额信贷机构面临着许多有可能改变其行业现状的挑战。

第一，在很多国家，尤其是发展中国家，小额信贷机构的数量增加迅速[①]。机构数量的增多导致竞争加剧，并直接影响贷款利率降低、费用减少、效率提

---

① Rhyne E., Otero M. Microfinance through the next decade: Visioning the who, what, where, when and how [A] // A paper Commissioned by the Global Microcredit Summit 2006, November, 2006.

高，竞争还使小额信贷机构提供除贷款以外的储蓄及保险业务。比如，玻利维亚的小额信贷机构在 1999 年末开始增加，使贷款利率从 1998 年的 30% 下降到 2005 年的 21%，并且，其服务的效率和产品都有了增加。

第二，小额信贷机构的盈利使传统商业银行开始进入小额信贷市场。比如肯尼亚和津巴布韦的商业银行所提供的小额信贷服务。除了商业银行自身发展需要开展小额信贷业务，有些国家的政府也鼓励商业银行开展小额信贷业务，这也给小额信贷机构降低利率、提高服务效率施加了压力。

第三，有些国家和地区的商业银行和投资机构也越来越关注小额信贷行业。例如，花旗银行、德意志银行以及汇丰银行都成立了独立的小额信贷部门对机构进行投资。这些跨境金融机构对小额信贷的投资和支持仍基于其"双重底线"：在获取合理的风险回报的同时要体现这些商业银行和投资机构的社会责任[1]。第一个成功的商业化小额信贷机构是投资基金于 1995 年创建的 Profund 基金，其为拉丁美洲的小额信贷机构募集了 2300 万美元。但商业化资本的进入也使小额信贷机构更加需要提高效率以使其财务可以持续发展。

第四，科学技术的发展使银行卡、ATM、互联网及手机终端进入小额信贷业务流程，提高服务效率的同时降低了业务成本[2]。

第五，发展中国家纷纷开始开放自由的金融市场，并同时出台各种政策来帮助小额信贷机构提高其稳定性。这些金融市场政策也将鼓励小额信贷机构提高其持续发展的能力[3]。

## 1.1.3 小额信贷的理论背景

小额信贷作为惠普金融发展中重要的资本要素配置方式，在惠普金融发展中的作用极其重要。自 20 世纪 70 年代小额信贷概念提出以来，对小额信贷发展的关注越来越多，相应地，小额信贷的相关理论也有了极大的发展，从最初的乡镇银行理论到如今的现代小额贷款公司的相关理论，再到基于各种数据指标分析的绩效评价理论，不同的理论对小额信贷的发展都产生不同的导向及政策影响。

---

[1] R. Dieckmann, B. Speyer, M. Ebling, N. Walter. Microfinance: An emerging investment opportunity [R]. Deutsche Bank Research. Current Issues. Frankfurt, 2007.

[2] Kapoor M., Morduch J., Ravi S. From microfinance to m-Finance innovations case discussion: M-PESA [J]. Innovations Technology Governance Globalization, 2006, 2 (1-2): 82-90.

[3] Valentina Hartarska, Denis Nadolnyak. Do regulated microfinance institutions achieve better sustainability and outreach? Cross-country evidence [J]. Applied Economics, 2007, 39 (10): 1207-1222.

传统的农村金融理论认为，农村居民作为贫困阶层，并没有储蓄能力，因此，农村地区一直面临的是资金不足的问题。同时，由于农业产业具有很大的不稳定性、投资回报周期长、收益率低下等问题，其难以成为资本逐利的商业银行的贷款服务对象。为了促进农业生产、扶持农村地区经济发展，从外部提供政策性资金，建立健全的金融机构来服务农村地区尤为重要。基于这样的理论，发展中国家通过政策扶持，通过小额信贷的渠道向农村注入政策性资金。然而，目前国内外的大量研究表明，这种政府行为因为高昂的成本和信息的不对称等问题，收效甚微。基于市场经济的理论，小额信贷机构自身具有可持续发展的能力才是惠普金融的关键。

对小额信贷的可持续发展能力的研究主要集中在对其双重绩效的评价上，学者们通过不同的绩效评价体系，结合财务、管理、社会影响等评价指标，对小额信贷机构在世界范围内的作用和影响进行了评价。除了绩效评价之外，第三方信用评级机构也根据现有的评级体系及评级指标，对小额信贷机构建立了评级机制，并通过信用等级的评断，来衡量小额信贷机构的可持续发展能力。

### 1.1.4 小额信贷的研究目的

小额信贷作为一种新型的金融方式，在服务中低收入群体、促进小微企业发展方面发挥了积极的作用，被国际社会公认为是减缓贫困的一种有效工具。因此，大多数发展中国家都选择将小额信贷作为一种特殊的金融工具，广泛地用于贫困地区及小微企业金融服务市场，通过政策性资金的注入，向他们提供金融服务。

从统计数据可以看出，国内的小额信贷机构发展迅速，然后这些机构却在内部存在着诸多问题，例如，机构所有者缺乏相关从业经历、高素质的专业人才稀缺、健全合理的内部控制流程建设滞后、风险抵御能力较差等。这些问题使小额信贷机构面临日益严重的资金链紧张、管理机制不规范带来的可持续发展的困扰。

另外，在外部环境中，越来越多的用户对小额信贷存在质疑。2010年11月印度爆发小额信贷危机，大量的贷款户因承受不了高额利息而选择结束生命。孟加拉国政府持续质疑格拉明银行过高的利息，认为其不仅没有履行扶贫的社会责任，反而加重了贫困人口的负担。这些都是对小额信贷遵从市场经济的规律进行商业化发展过程中产生的疑虑，认为小额信贷机构的目标发生偏移。

小额信贷机构面临着来自内部和外部的压力，如何制定更好的发展战略、规避行业风险，并在不偏移其社会责任的情况下做到可持续发展，希望通过对小额信贷机构绩效评价体系的研究，解决以上疑问并为机构在中国的实践及发展提供一些有效的理论依据。

### 1.1.5 小额信贷的研究意义

小额信贷在我国不断发展，其外延和内涵也不断扩大，应该从更加广阔的角度把握其发展路径和构建原则，将小额贷款公司的研究上升到一个更宏观的高度，项目围绕小额贷款公司的可持续性发展问题，从"发展动因""绩效评价"以及"政策创新"三大核心问题展开。因此，从政府、市场资本投资者、小额信贷机构自身角度来看，对机构的综合绩效评价在理论和实践上的研究都十分重要。然而由于现实条件，数据不容易获得，以及该行业的特殊社会意义，目前对这一领域的研究较少。因此，研究成果将在理论和实践方面，具有重要的意义。

本书在第三方评级结果的背景下，以小额信贷机构的管理和运行系统为研究对象，对小额信贷机构综合绩效进行分析评价；构建的小额信贷机构综合绩效的评价指标体系将对小额信贷的运行情况、财务情况、可持续发展情况等关键指标进行定性和定量的解释，其理论意义在于：

第一，扩展了小额信贷绩效研究的内涵。以往的小额信贷绩效研究侧重于对小额信贷财务绩效或者社会绩效中的某一方面进行，这样就有可能导致目标偏移，本书通过设定综合绩效评价指标，在两个方面的情况下对小额信贷的可持续发展进行了评定，使绩效评价的机构更具有价值。

第二，细分小额信贷绩效评价的内涵。本书将原有的包括财务指标和社会绩效指标的评价内涵，拓展到资金、内部控制流程、贷款客户等。延伸了小额信贷机构绩效评价需要关注的方面。

本书搭建了一个综合的小额贷款公司绩效评价模型，摒弃了从单一角度进行考虑的传统思路，选择采取"多维度，多元化，多渠道"的指标抽取思路，将从文献研究中抽取"文献指标"，从第三方评级机构的评价方法中抽取"机构指标"，进而在系统分析和因子分析的基础上确定小额贷款公司绩效综合评价系统。同时，本书将原有的包括财务指标和社会绩效指标的评价内涵，拓展到资金、内部控制流程、贷款客户等，突出对小额贷款公司可持续发展的关注。

小额贷款公司是我国的金融创新，这种创新体现了我国经济发展的需要。本书对小额贷款公司的发展动因、发展模式、关键影响因素和综合绩效的研究，不但能够进一步熟知其经营和发展方式，同时也能够为小额贷款公司寻找适当的战略发展之路，不只对小额贷款公司本身具有现实意义，对"三农"发展、普惠金融、中小企业融资都有着特殊的社会意义，同时对于中国微型金融的发展也有着非常重要的实践价值。研究小额贷款公司的可持续发展，就是在研究金融资本这一资源的合理配置问题，同时为解决中小企业融资难和民间资金合法取得高收益问题提出一些解决思路。其实践意义在于：

第一，为评价体系的建立提供了实用范式。给予正在寻找行业指标评断的行业参与者、政策制定者以及即将进入行业的观望者提供一个实用的参考标准。

第二，为金融体系的建设提供理论依据。研究结果不只对小额信贷机构本身具有实用意义，对中国惠普金融发展、解决中小企业融资问题、"三农"发展问题及实体经济金融困境都有特殊的、积极的意义。

第三，有利于小额信贷机构调整产品设置和资本架构。对小额信贷机构综合绩效的研究具有搭建资本运作平台和调整产品结构的特点。有利于抵御金融行业性风险，提前预防金融危机。

第四，有利于小额信贷机构规范经营行为，提高核心竞争力，优化企业资源配置。通过绩效评价，可以让企业及时发现内控缺陷，迅速调整，从而使有限的资金、人力等资源有最佳的配置结构，最大限度提升效率，提高核心竞争力。

## 1.2　研究现状

小额信贷的蓬勃发展使国际及国内的学者开展了很多研究，为了了解研究现状及方法，本书主要从引文数据库中检索相关文献，并用文献统计方法对其进行分析，从科研文献产出的角度，以及研究的时间、期刊类型分布方面对国内及国外的研究趋势进行归纳和总结。

### 1.2.1　小额信贷的国外研究现状

小额信贷最初的架构是鼓励小型经营模式激发贫困人口工作的动力，使他们能摆脱贫困，并促进整个社会、经济的发展。21世纪，有研究表明，小额信贷对社会和经济都有积极的影响，这种影响不仅是对于获得信贷服务的个人、家庭及企业，并且对社会关系及劳动力市场也产生了积极的影响[①]。

---

① Morduch J., Wagner R. F., Haley B. Analysis of the effects of microfinance on poverty reduction [R]. NYU Wagner Working Papers No. 1014, Issued June 28, 2002.

在国际上，小额信贷的研究是从20世纪70年代开始的，国内对小额信贷的研究是从20世纪90年代开始的，其研究的时间并不长。因此，根据研究时间的不同，将文献的分析进一步划分为对国外的研究回顾和对国内文献的研究回顾。

针对小额信贷的研究，选取了Web of Science引文索引数据库中的SCI（Science Citation Index）以及EI（The Engineering Index）工程索引中的相关文献，采用文献管理软件Note Express 2对已有的研究成果进行了系统分析。Web of Science是美国Thomson Scientific汤姆森科技信息公司开发的大型、综合性、多学科性的核心期刊引文索引数据库，它包括了科学引文索引库SCI、社会科学引文索引库SSCI以及艺术与人文科学引文索引库AHCI两大引文索引库，收录了8000多种世界范围内最有影响力的、经过同行业专家评审的、权威的期刊，并且提供丰富完善的各种检索功能，如简易检索、全面检索、综合检索、引文检索等。基于Web of Science强大、全面的检索功能，根据本书的研究问题，为保证检索结果与研究主体的高度相关性，将关键字"microfinance""performance""credit rating agency"定位于标题文字进行文献的提取，截至2018年10月3日共有文献517篇。

EI是美国工程信息公司于1884年创刊的工程技术类综合性文献检索工具，其收录了涉及工程各个领域的权威性文章，具有综合性强、资源广泛的特点。同在Web of Science提取文献相同，我们将关键字在标题中进行检索，截至2018年10月3日获得326篇期刊文献。与SCI的获取文献对比如表1-2所示。

表1-2 SCI数据库和EI数据库检索结果　　单位：篇

| 检索数据库 | 小额信贷 | 绩效评价 | 信用评级 |
| --- | --- | --- | --- |
| SCI | 517 | 95 | 33 |
| EI | 326 | 186 | 6 |

在Note Express 2中新建数据库文件"小额信贷"，并将从上述索引数据库中提取的文献导入数据库中的题录，按步骤删除相同文献：第一，点击"工具"菜单，选择"查找重复题录"；第二，在弹出来的对话框中，"待查文件夹"选择"题录"，"待查字段"设置为"题目类型、作者、年份、标题"；第三，将获得的查重题录删除，精简文献数据，截至2018年10月3日共有479篇，如图1-3所示。

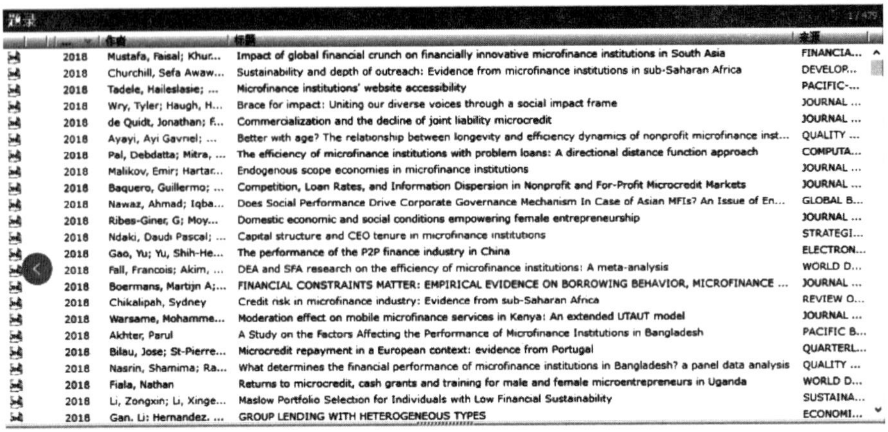

| … | 作者 | 标题 | 来源 |
|---|---|---|---|
| 2018 | Mustafa, Faisal; Khur... | Impact of global financial crunch on financially innovative microfinance institutions in South Asia | FINANCIA... |
| 2018 | Churchill, Sefa Awaw... | Sustainability and depth of outreach: Evidence from microfinance institutions in sub-Saharan Africa | DEVELOP... |
| 2018 | Tadele, Haileslasie; ... | Microfinance institutions' website accessibility | PACIFIC-... |
| 2018 | Wry, Tyler; Haugh, H... | Brace for impact: Uniting our diverse voices through a social impact frame | JOURNAL ... |
| 2018 | de Quidt, Jonathan; F... | Commercialization and the decline of joint liability microcredit | JOURNAL ... |
| 2018 | Ayayi, Ayi Gavriel; ... | Better with age? The relationship between longevity and efficiency dynamics of nonprofit microfinance inst... | QUALITY ... |
| 2018 | Pal, Debdatta; Mitra, ... | The efficiency of microfinance institutions with problem loans: A directional distance function approach | COMPUTA... |
| 2018 | Malikov, Emir; Hartar... | Endogenous scope economies in microfinance institutions | JOURNAL ... |
| 2018 | Baquero, Guillermo; ... | Competition, Loan Rates, and Information Dispersion in Nonprofit and For-Profit Microcredit Markets | JOURNAL ... |
| 2018 | Nawaz, Ahmad; Iqba... | Does Social Performance Drive Corporate Governance Mechanism In Case of Asian MFIs? An Issue of En... | GLOBAL B... |
| 2018 | Ribes-Giner, G; Moy... | Domestic economic and social conditions empowering female entrepreneurship | JOURNAL ... |
| 2018 | Ndaki, Daudi Pascal; ... | Capital structure and CEO tenure in microfinance institutions | STRATEGI... |
| 2018 | Gao, Yu; Yu, Shih-He... | The performance of the P2P finance industry in China | ELECTRON... |
| 2018 | Fall, Francois; Akim, ... | DEA and SFA research on the efficiency of microfinance institutions: A meta-analysis | WORLD D... |
| 2018 | Boermans, Martijn A;... | FINANCIAL CONSTRAINTS MATTER: EMPIRICAL EVIDENCE ON BORROWING BEHAVIOR, MICROFINANCE ... | JOURNAL ... |
| 2018 | Chikalipah, Sydney | Credit risk in microfinance industry: Evidence from sub-Saharan Africa | REVIEW O... |
| 2018 | Warsame, Mohamme... | Moderation effect on mobile microfinance services in Kenya: An extended UTAUT model | JOURNAL ... |
| 2018 | Akhter, Parul | A Study on the Factors Affecting the Performance of Microfinance Institutions in Bangladesh | PACIFIC B... |
| 2018 | Bilau, Jose; St-Pierre... | Microcredit repayment in a European context: evidence from Portugal | QUARTERL... |
| 2018 | Nasrin, Shamima; Ra... | What determines the financial performance of microfinance institutions in Bangladesh? a panel data analysis | QUALITY ... |
| 2018 | Fiala, Nathan | Returns to microcredit, cash grants and training for male and female microentrepreneurs in Uganda | WORLD D... |
| 2018 | Li, Zongxin; Li, Xinge... | Maslow Portfolio Selection for Individuals with Low Financial Sustainability | SUSTAINA... |
| 2018 | Gan, Li; Hernandez, ... | GROUP LENDING WITH HETEROGENEOUS TYPES | ECONOMI... |

图 1-3　国际上小额信贷相关文献（截至 2018 年 10 月 3 日）初步分析

在精简后的数据库基础上，选择“文件夹”中的“文件夹信息统计”，按“年份”“期刊”和“作者”三个方面，对文献进行整理分析。从图 1-4 可以看出，近年来，对于小额信贷的研究呈增加的趋势，这一研究领域的文献也逐年增加。2012 年后的文献占所有文献的 82. 673%，2015 年之后每年的文献资料均超过 10%。

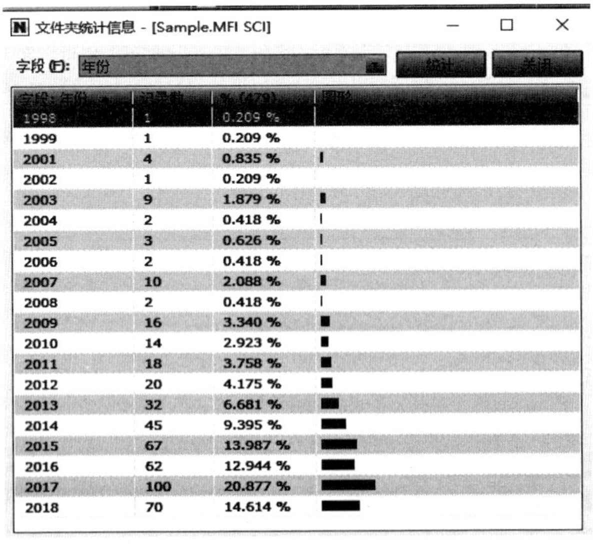

文件夹统计信息 - [Sample.MFI SCI]

字段 (F): 年份

| 字段: 年份 | 记录数 | % (479) | 图形 |
|---|---|---|---|
| 1998 | 1 | 0.209 % | |
| 1999 | 1 | 0.209 % | |
| 2001 | 4 | 0.835 % | |
| 2002 | 1 | 0.209 % | |
| 2003 | 9 | 1.879 % | |
| 2004 | 2 | 0.418 % | |
| 2005 | 3 | 0.626 % | |
| 2006 | 2 | 0.418 % | |
| 2007 | 10 | 2.088 % | |
| 2008 | 2 | 0.418 % | |
| 2009 | 16 | 3.340 % | |
| 2010 | 14 | 2.923 % | |
| 2011 | 18 | 3.758 % | |
| 2012 | 20 | 4.175 % | |
| 2013 | 32 | 6.681 % | |
| 2014 | 45 | 9.395 % | |
| 2015 | 67 | 13.987 % | |
| 2016 | 62 | 12.944 % | |
| 2017 | 100 | 20.877 % | |
| 2018 | 70 | 14.614 % | |

图 1-4　国际上小额信贷相关文献（截至 2018 年 10 月 3 日）年份分布

对题库按“期刊”进行分析，从图 1-5 可以看出，国际上小额信贷文发表的期刊较为分散，主要发表于世界发展和经济类的杂志，其中应用类的杂志主要集中在社会、经济及人类福利发展方面。

| | | | |
|---|---|---|---|
| WORLD DEVELOPMENT | 31 | 6.472 % | |
| <空> | 25 | 5.219 % | |
| APPLIED ECONOMICS | 14 | 2.923 % | |
| JOURNAL OF BUSINESS ETHICS | 13 | 2.714 % | |
| INTERNATIONAL JOURNAL OF SOCIAL E( | 12 | 2.505 % | |
| STRATEGIC CHANGE-BRIEFINGS IN ENT | 11 | 2.296 % | |
| JOURNAL OF INTERNATIONAL DEVELO... | 10 | 2.088 % | |
| IDS BULLETIN-INSTITUTE OF DEVELOPN | 8 | 1.670 % | |
| ADVANCED SCIENCE LETTERS | 8 | 1.670 % | |
| JOURNAL OF DEVELOPMENT STUDIES | 6 | 1.253 % | |
| JOURNAL OF DEVELOPMENT ECONOMIC: | 6 | 1.253 % | |
| AGRICULTURAL FINANCE REVIEW | 6 | 1.253 % | |
| NONPROFIT AND VOLUNTARY SECTOR Q | 5 | 1.044 % | |
| JOURNAL OF BUSINESS VENTURING | 5 | 1.044 % | |
| JOURNAL OF BANKING & FINANCE | 5 | 1.044 % | |
| ECONOMIC JOURNAL | 4 | 0.835 % | |
| ECONOMIC MODELLING | 4 | 0.835 % | |
| INTERNATIONAL BUSINESS REVIEW | 4 | 0.835 % | |
| AFRICAN DEVELOPMENT REVIEW-REVUE | 4 | 0.835 % | |
| CANADIAN JOURNAL OF DEVELOPMENT | 4 | 0.835 % | |
| JOURNAL OF BUSINESS RESEARCH | 4 | 0.835 % | |

图1-5 国际上小额信贷相关文献（截至2018年10月3日）分布

对题库按“作者”进行分析，从图1-6可以看出，国际上对小额信贷的研究较为分散，也有个别学者对小额信贷做了连续的研究，其中有Roy Mersland、Begona Gutierrez-Nieto、Karel Janda、Carlos Serrano-Cinca、ValentinaHartarsk等。

| 字段: 作者 | 记录数 | % | 图形 |
|---|---|---|---|
| Mersland, Roy | 18 | 1.599 % | |
| Gutierrez-Nieto, Begona | 9 | 0.799 % | |
| Janda, Karel | 9 | 0.799 % | |
| Serrano-Cinca, Carlos | 9 | 0.799 % | |
| Szafarz, Ariane | 8 | 0.710 % | |
| Hartarska, Valentina | 7 | 0.622 % | |
| Hudon, Mare... | 7 | 0.622 % | |
| Musshoff, Oliver | 7 | 0.622 % | |
| Lensink, Robert | 7 | 0.622 % | |
| Mia, Md Aslam | 6 | 0.533 % | |
| D'Espallier, Bert | 6 | 0.533 % | |
| Cull, Robert | 6 | 0.533 % | |
| Tchuigoua, Hubert Tchakoute | 6 | 0.533 % | |
| Zetek, Pavel | 5 | 0.444 % | |
| Hermes, Niels | 5 | 0.444 % | |
| Quayes, Shakil | 4 | 0.355 % | |
| Rahman, Rashidah Abdul | 4 | 0.355 % | |
| Randoy, Trond | 4 | 0.355 % | |
| Beisland, Leif Atle | 4 | 0.355 % | |
| Churchill, Sefa Awaworyi | 4 | 0.355 % | |
| Wijesiri, Mahinda | 4 | 0.355 % | |

图1-6 国际上小额信贷相关文献（截至2018年10月3日）作者分布

将从 SCI 及 EI 收集到的文献题录的关键词导入 NodeXL 软件中。NodeXL 是一个功能强大的、易于使用的交互式网络可视化分析工具,被广泛应用于网络构建中,通过分析点和点之间的关系,能构建通用的、可视化的图形数据平台。在 NodeXL 中,以各篇文献的关键词作为顶点,同一篇文献中的关键词构建联系,将两个顶点的组合作为连线,不同文献中的相同关键词为同一顶点,得到网络图 1-7,顶点的大小和颜色区别显示了连线从多到少的关键词,由此可见,有关小额信贷的研究领域总体较为集中,主要是"绩效表现""效率""影响"等。

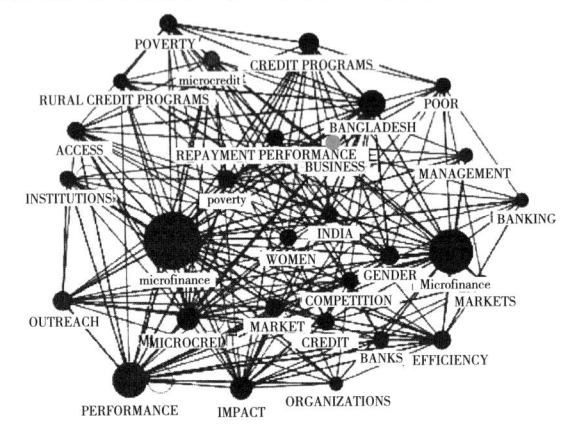

图 1-7 国际上小额信贷相关文献(截至 2018 年 10 月 3 日)关键词——研究重点

之后,将从数据库中导出的文献资料(截至 2018 年 10 月 3 日)用 CiteSpace 软件进行分析,生成关键词共现知识图谱,共得到 551 个关键词节点以及 2041 条关键词间连线,并得到关键词可视化界面,如图 1-8 所示。

圆形节点为关键词,其大小代表关键词出现的频次。图中标签大小与其出现频次也成正比;各点之间的粗线程度连线,反映该领域关键词之间的合作关系及密切程度。

从关键词热点图谱,发掘小额信贷研究领域的全球范围研究热点。频次高的关键词代表着一段时间内研究者对该问题的关注热度,统计了关键词的词频及初始年的分析结果,词频显示出现的次数越大表明该关键词的热度较大。图 1-8 中"performance"出现的次数最高,为 168 次,出现初始年份为 2006 年;其次是"outreach",为 77 次,初始出现年份为 1999 年;"efficiency"和"impact"也较高,分别为 53 次和 52 次,年份是 2007 年;同时,"sustainability"词频为 35 次,出现在 2009 年。可以看出从 2007 年开始,鉴于小额信贷企业的经营效率和经营发展的可持续性,学者和市场开始关注其社会影响的同时,也关注其经营效果。

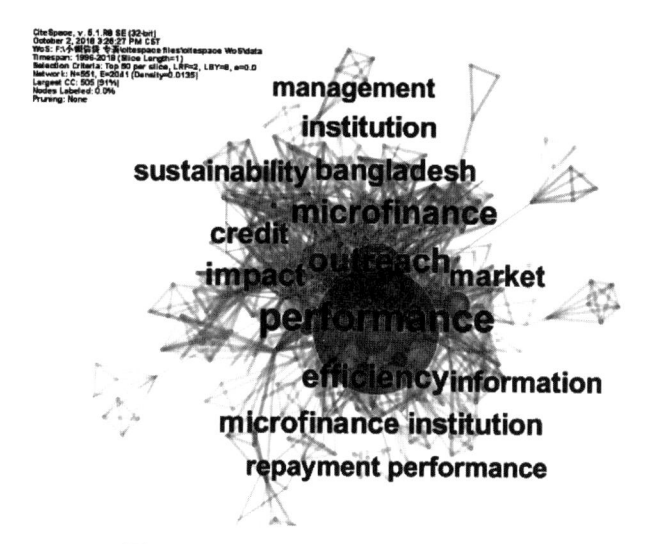

图 1-8　国际研究关键词共现知识图谱

文献检索日期截至 2018 年 10 月 3 日，通过关键词聚类图谱（见图 1-9），可以将目前国际上研究内容主要归纳为以下四个方面，如表 1-3 所示。

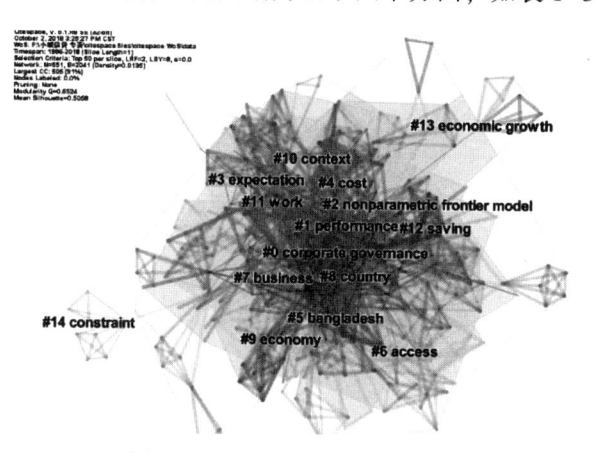

图 1-9　国际研究关键词聚类图谱

（1）"performance""outreach""impact""efficiency""poverty"等小额信贷的绩效和影响的研究。

（2）"market""institution""microcredit""firm""organization""entrepreneurship"等关于小额信贷机构类型的研究。

（3）"sustainability""management""repayment performance""growth""risk"等关于小额信贷机构运行状况的研究。

（4）"governance"和"corporate governance"等关于公司监管的研究。

表1-3 关键词词频列表（词频大于10次）

| 编号 | 词频（次） | 初始年 | 关键词 | 编号 | 词频（次） | 初始年 | 关键词 |
|---|---|---|---|---|---|---|---|
| 1 | 168 | 2006 | "performance" | 3 | 35 | 2009 | "sustainability" |
|  | 77 | 1999 | "outreach" |  | 28 | 2011 | "management" |
|  | 52 | 2007 | "impact" |  | 28 | 2005 | "repayment performance" |
|  | 53 | 2007 | "efficiency" |  | 24 | 2004 | "growth" |
|  | 18 | 2013 | "poverty" |  | 17 | 2007 | "risk" |
| 2 | 40 | 1999 | "market" | 4 | 14 | 2010 | "governance" |
|  | 40 | 2011 | "institution" |  | 11 | 2011 | "corporate governance" |
|  | 24 | 2009 | "microcredit" |  |  |  |  |
|  | 20 | 2009 | "firm" |  |  |  |  |
|  | 23 | 2005 | "organization" |  |  |  |  |
|  | 18 | 2013 | "entrepreneurship" |  |  |  |  |

注：相关文献检索日期截至2018年10月3日。

通过Cite Space自动抽取产生的聚类标识，对文献整体进行自动抽取，最终形成聚类图谱；可以比较全面、客观地反映某领域的研究热点。这显示了小额信贷、绩效管理、金融市场以及可持续发展之间相互支持，其研究存在着密切的联系。

特别是最近几年的研究集中在小额信贷机构的作用、资金来源、绩效管理上：Shamima Nasrin（2017）[1] 通过对孟加拉国719家小额信贷机构及其分支机构的实证分析，确认在贫困地区，只有小额信贷机构能为其居民提供金融存款服务；P. V. Viswanath（2017）[2] 在确认小额信贷有扶贫作用的同时，强调了市场结构对于小额信贷扶贫目的有调节的作用；Arijita Duttaa（2018）[3] 从定性和定量的指标出发，基于企业家自身的抗风险能力、企业运行能力，讨论了获得

---

[1] Nasrin S., Baskaran A., Rasiah R. Microfinance and savings among the poor: Evidence from Bangladesh microfinance sector [J]. Quality & Quantity, 2017, 51 (4): 1-14.

[2] Viswanath P. Microcredit and survival microenterprises: The role of market structure [J]. International Journal of Financial Studies, 2017, 6 (1): 1.

[3] Dutta A., Banerjee S. Does microfinance impede sustainable entrepreneurial initiatives among women borrowers? Evidence from rural Bangladesh [J]. Journal of Rural Studies, 2018, 60: 70-81.

资金资助的贫困企业与未获得资金的企业发展的不同；Begum Ismat Ara Huq (2017)[①] 通过对 127 家小额信贷企业 2009~2013 年的实证分析，证实了小额信贷在完成其财务绩效目标的同时疏忽了其对社会扶贫目标的完成；Alexander Karaivanov (2017)[②] 指出，小额信贷的资金来源从单一的政府支持和社会捐助开始向多渠道转变，追求利润的社会资金的进入使小额信贷机构能提高其绩效水平。

## 1.2.2 小额信贷的国内研究现状

与国际小额信贷行业的发展相比，虽然我国的小额信贷起步较晚，但是由于我国是发展中国家，主要依靠农业经济，所以小额信贷的研究一直较为广泛。因此，针对小额信贷，选取中国知网 CNKI（Chinese National Knowledge Internet）为检索数据库，采用 Note Express 2 分析了自 1996~2018 年的"小额信贷"相关文献，梳理了国内的研究趋势及方法。

CNKI 中国知网基于《中国知识资源总库》，由中国众多院士、科学家、专家学者参与策划、编辑的知识信息资源，包括 10 个专辑的分类学科以及 168 个分项专题。同 SCI 及 EI 相同，将"小额信贷""绩效评价"作为标题检索关键字，对文献进行筛选，共获得 2200 余篇相关文献（文献检索日期截至 2018 年 10 月 3 日）。在此基础上按照文献的发表期刊、时间及相关性进行了精简，留下了国内中文社会科学引文索刊收录的 CSSCI（Chinese Social Sciences Citation Index）文献，再按步骤删除相同文献（相关文献检索日期截至 2018 年 10 月 3 日），共有 573 篇，如图 1-10 所示。

在精简后的数据库基础上，选择"文件夹"中的"文件夹信息统计"，按"年份""期刊"和"作者"三个方面，对文献进行整理分析。从图 1-11 可以看出，近年来，国内对于小额信贷的研究呈分散趋势，这一研究领域的文献数量一直在变化。2005 年后的文献较之前增加。

对题库按"期刊"进行分析，从图 1-12 可以看出，国内小额信贷文献发表的期刊较为分散，主要发表于经济类和农业类的杂志，说明小额信贷和农业的联系非常紧密。

---

[①] Huq B. I. A., Azad M. A. K, Masum A. K. M., et al. Examining the trade-off between social outreach and financial efficiency: Evidence from micro-finance institutions in South Asia [J]. Global Business Review, 2017, 18 (3): 617.

[②] Karaivanov A. Non-grant microfinance, incentives and efficiency [J]. Applied Economics, 2018 (34): 1-16.

图 1-10 国内小额信贷相关文献（检索日期截至 2018 年 10 月 3 日）初步分析

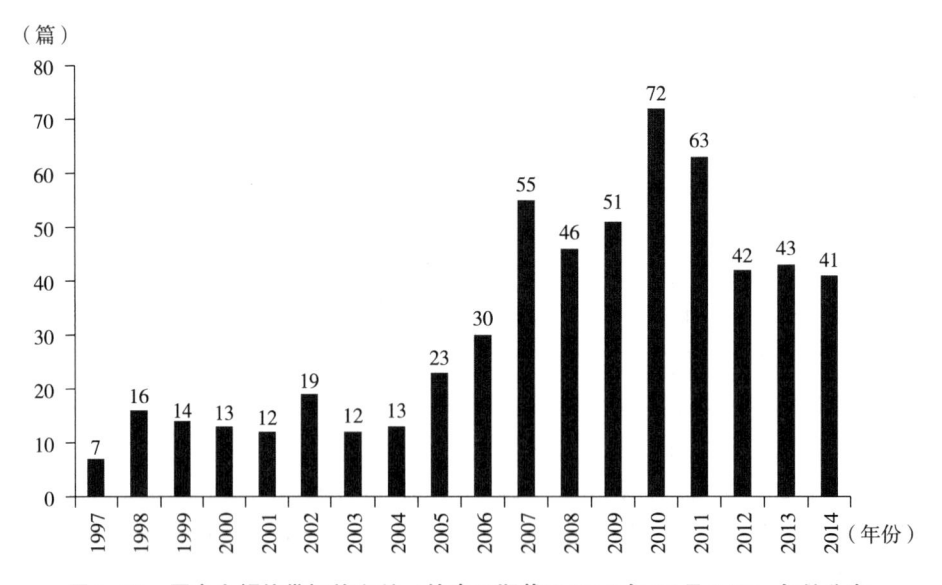

图 1-11 国内小额信贷相关文献（检索日期截至 2018 年 10 月 3 日）年份分布

对题库按"作者"进行分析，从图 1-13 可以看出，国内研究小额信贷的学者较多，其中代表人物主要有李明贤、周孟亮、王卓等。

将从 CNKI 搜集到的文献导出后，用 Cite Space 生成关键词共现知识图谱，共得到 1272 个关键词节点以及 3721 条关键词间连线，并得到关键词可视化界

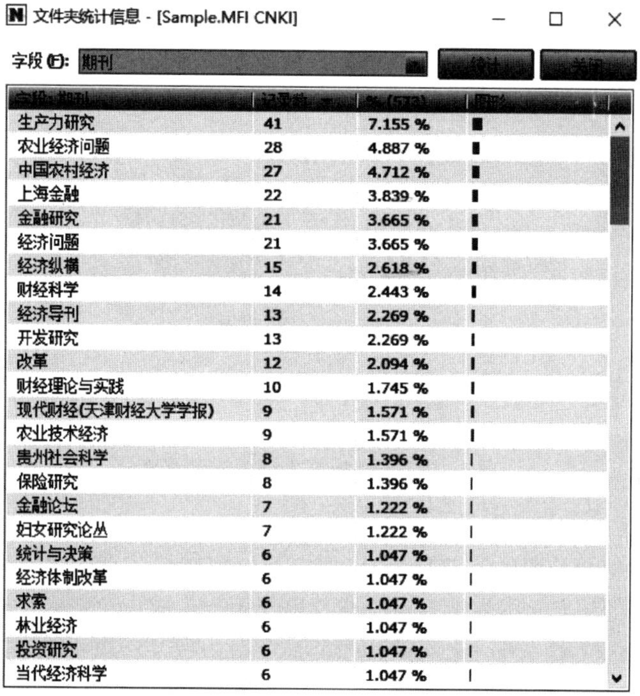


| | | | |
|---|---|---|---|
| 生产力研究 | 41 | 7.155 % | |
| 农业经济问题 | 28 | 4.887 % | |
| 中国农村经济 | 27 | 4.712 % | |
| 上海金融 | 22 | 3.839 % | |
| 金融研究 | 21 | 3.665 % | |
| 经济问题 | 21 | 3.665 % | |
| 经济纵横 | 15 | 2.618 % | |
| 财经科学 | 14 | 2.443 % | |
| 经济导刊 | 13 | 2.269 % | |
| 开发研究 | 13 | 2.269 % | |
| 改革 | 12 | 2.094 % | |
| 财经理论与实践 | 10 | 1.745 % | |
| 现代财经(天津财经大学学报) | 9 | 1.571 % | |
| 农业技术经济 | 9 | 1.571 % | |
| 贵州社会科学 | 8 | 1.396 % | |
| 保险研究 | 8 | 1.396 % | |
| 金融论坛 | 7 | 1.222 % | |
| 妇女研究论丛 | 7 | 1.222 % | |
| 统计与决策 | 6 | 1.047 % | |
| 经济体制改革 | 6 | 1.047 % | |
| 求索 | 6 | 1.047 % | |
| 林业经济 | 6 | 1.047 % | |
| 投资研究 | 6 | 1.047 % | |
| 当代经济科学 | 6 | 1.047 % | |

图 1-12 国内小额信贷相关文献（检索日期截至 2018 年 10 月 3 日）期刊分布

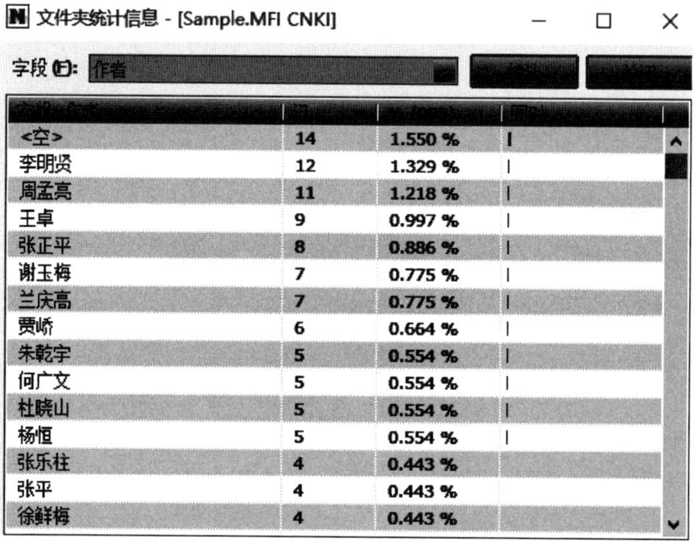


| | | | |
|---|---|---|---|
| <空> | 14 | 1.550 % | |
| 李明贤 | 12 | 1.329 % | |
| 周孟亮 | 11 | 1.218 % | |
| 王卓 | 9 | 0.997 % | |
| 张正平 | 8 | 0.886 % | |
| 谢玉梅 | 7 | 0.775 % | |
| 兰庆高 | 7 | 0.775 % | |
| 贾峤 | 6 | 0.664 % | |
| 朱乾宇 | 5 | 0.554 % | |
| 何广文 | 5 | 0.554 % | |
| 杜晓山 | 5 | 0.554 % | |
| 杨恒 | 5 | 0.554 % | |
| 张乐柱 | 4 | 0.443 % | |
| 张平 | 4 | 0.443 % | |
| 徐鲜梅 | 4 | 0.443 % | |

图 1-13 国内小额信贷相关文献（检索日期截至 2018 年 10 月 3 日）作者分布

面，如图 1-14 所示。由此可见，有关小额信贷的研究领域总体较为集中，主要是"农村金融""贫困""小额贷款公司""可持续发展"等。

**图 1-14　国内研究关键词热点图谱**

注：相关文献检索日期截至 2018 年 10 月 3 日。

相关文献检索日期截至 2018 年 10 月 3 日，以圆形节点为关键词，其大小代表关键词出现的频次。图中标签大小与其出现频次也成正比；各点之间的粗线程度连线，反映该领域关键词之间的合作关系及密切程度。从关键词热点图谱，发掘我国小额信贷研究领域的研究热点。频次高的关键词代表着一段时间内研究者对该问题的关注热度，统计了关键词的词频及初始年的分析结果，词频显示出现的次数越大，表明该关键词的热度较大。根据关键词聚类图谱显示，如图 1-15 所示，除"小额信贷"出现的次数最高，为 168 次，出现初始年份为 2006 年；其次"农村金融""农村小额信贷""农村信用社"以及"农村"，出现次数分别是 52 次、24 次、22 次、19 次；同时，"小额贷款公司"和"小额贷款"，分别为 39 次和 28 次。

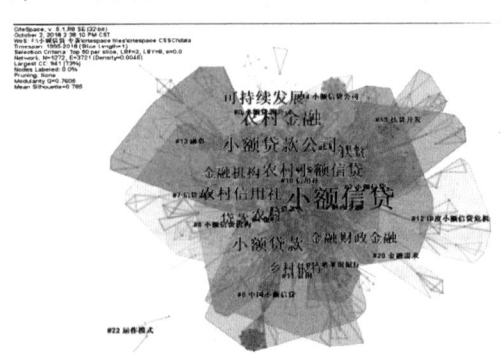

**图 1-15　国内研究关键词聚类图谱**

注：相关文献检索日期截至 2018 年 10 月 3 日，此图中仅显示高频词汇，词汇的数量影响图谱中关键词字体的大小。

通过关键词聚类图谱,可以将目前我国小额信贷研究的内容归纳为以下方面,如表1-4所示。

表1-4 关键词词频列表(词频大于10次)

| 编号 | 词频(次) | 初始年 | 关键词 | 编号 | 词频(次) | 初始年 | 关键词 |
| --- | --- | --- | --- | --- | --- | --- | --- |
| 1 | 52 | 2003 | "农村金融" | 3 | 23 | 2007 | "可持续发展" |
| | 24 | 1997 | "农村小额信贷" | | 16 | 1998 | "财政金融" |
| | 22 | 2000 | "农村信用社" | | 11 | 2000 | "制度创新" |
| | 13 | 1999 | "乡村银行" | | | | |
| 2 | 39 | 2007 | "小额贷款公司" | 4 | 13 | 1999 | "扶贫" |
| | 28 | 1999 | "小额贷款" | | 12 | 1997 | "穷人" |
| | 16 | 1998 | "金融机构" | | 12 | 1997 | "贫困农户" |
| | 16 | 1997 | "贷款" | | 10 | 1997 | "扶贫资金" |
| | 15 | 1998 | "金融" | | | | |

注:相关文献检索日期截至2018年10月3日。

(1)"农村"相关的关键词词汇,分别是"农村金融""农村小额信贷""农村信用社"以及"乡村银行",说明小额信贷的机构很多时候是和农村联系在一起的,具有社会意义是小额信贷的主要特征。

(2)金融市场相关的关键词词汇,有"小额贷款公司""小额贷款""金融机构""贷款"和"金融",说明小额信贷在具有社会属性的同时,必须具有市场属性,需要符合金融发展的规律。

(3)与小额信贷行业和机构发展相关的关键词,有"可持续发展""财政金融"和"制度创新",其出现的频率也较多。

(4)与小额信贷出现目的"扶贫"作用相关的关键词。

通过Cite Space自动抽取产生的聚类标识对我国的文献资料关键词进行自动抽取,最终形成聚类图谱,可以比较全面、客观地反映小额信贷领域的研究热点,显示了小额信贷、绩效管理、金融市场以及可持续发展之间存在联系,相关研究也存在着密切的联系。

在"小额信贷"的"扶贫"作用方面,孟凡训(2018),从需求方和供给方两个角度采用实证分析对扶贫小额信贷政策的实施绩效进行了证实[①];刘珺

---

① 孟凡训,李宪. 对扶贫小额信贷政策绩效的实证分析[J]. 区域金融研究,2018(3):54-59。

(2016)认为,中国的小额信贷市场是非营利性小额信贷和商业性小额信贷并存,因此以社会和经济双重绩效为基础,构建了衡量小额信贷覆盖力、持续性、协同性和福利性的量化指标,以进行小额信贷机构的双重绩效评价[①];郭炜(2015)对我国中小商业银行的农村小额信贷进行绩效评价,并构建了基于灰色模糊理论的综合评价方法[②]。

在"小额贷款"方面,万宇涛(2018)的研究说明,小额贷款公司是我国小微金融发展的代表,并基于全国131家小额贷款公司的面板数据进行了成本效率和经营效率的分析[③];张正平(2013)基于层次分析法构建了针对小额贷款公司服务"三农"的社会绩效评估体系,并提出小额贷款公司需要加强社会绩效的管理意识才能获得更多的政策支持[④]。

对于小额信贷的"可持续发展",谷卓桐(2014)通过对微型金融的研究进行文献梳理,提出需要针对微型金融机构的不同模式构建评价体系,建立可持续发展评价指标[⑤];何军(2017)的研究表明,经过多年发展,小额信贷扶贫模式已经由前期的多元化非政府组织发展转变为由政府主导正规金融机构参与阶段,因此需要政府加大财政贴息幅度,科学设置信贷额度[⑥]。

### 1.2.3 现有研究成果分析及进一步研究探讨

根据对国际和国内研究成果的梳理,在关键词分析的基础上,可以知道小额信贷需要进一步研究的领域和目前研究存在不足的地方。

#### 1.2.3.1 "小额信贷"的基本内涵尚不确定

"小额信贷"(Microcredit)一词近年来已经成为发展中国家的热门词汇,但由于这一热词承载着越来越多的内涵,从而导致研究者对其内涵认识的不确

---

① 刘珺,李梦喆. NGO小额信贷绩效多维度评价框架下交互效应研究——以陕西省为例[J]. 西安财经学院学报,2016,29(2):27-32.

② 郭炜,楚楚,张其广. 基于灰色模糊理论的农村小额贷款绩效综合评价[J]. 统计与决策,2015(24):53-57.

③ 万宇涛,杨虎锋,杨立社. 小额贷款公司成本效率和利润效率实证研究——基于131家样本公司的省际面板数据[J]. 大连理工大学学报(社会科学版),2018(1):49-55.

④ 张正平,梁毅菲. 小额贷款公司社会绩效评估体系的构建——基于层次分析法的实证研究[J]. 农业技术经济,2013(8):111-120.

⑤ 谷卓桐,陈俊求. 微型金融可持续发展研究文献综述[J]. 上海金融,2014(9):46-54.

⑥ 何军,唐文浩. 政府主导的小额信贷扶贫绩效实证分析[J]. 统计与决策,2017(11):169-172.

定性。已有研究从制度、目的以及宏观经济等多维角度出发对小额信贷的概念进行研究，例如：基于制度层面，已有研究提出小额信贷是将信贷活动与扶贫到户项目有机地结合成一体的组织制度创新和金融创新①。而从信贷目的和对象的角度看，小额信贷的直接目的是消除贫困，帮助低收入群体提高收入②。同时，随着普惠金融的发展，小额信贷的目的和对象将会更加宽泛，包括两个核心：一是小额，二是信用放款。从广义的宏观经济角度来定义，小额信贷是促进经济发展的一种手段，通过小额信贷可以使贫困人群改善生活，使他们有机会摆脱贫困③。

因此，在当前网络科技迅猛发展的背景下，针对小额信贷凸显出的异质性、多样性、复杂性，对其内涵及目的，尤其是发展的动因进行深入分析是该研究领域亟待解决的关键问题之一。

#### 1.2.3.2 小额信贷扶贫目标与市场化发展

关于小额贷款公司双重目标实现的研究还存在分歧。小额贷款公司自设立之初便承担着为贫困人群提供金融服务（社会目标），以及维持自身经营和财务可持续性（财务目标）的双重目标④。学者对影响小额贷款公司双重目标实现因素的分析，主要集中于机构的组织形式、资产结构、公司治理机制和经济环境等方面。由于选用的时期和样本不同，这些研究结论之间存在着一定的分歧。例如，已有研究在机构组织形式层面提出非政府组织的小额贷款公司比银行等其他形式效率更高，并且将服务延伸至了更多的客户⑤。在"杠杆率"与小额贷款公司绩效表现的问题的相关研究中存在对立的观点⑥。较多的研究都明确提出，治理机制是影响小额贷款公司双重目标实现的重要因素。例如，

---

① Hartarska V., Mersland R. Which governance mechanisms promote efficiency inreaching poor clients? Evidence from rated microfinance institutions [J]. European Financial Management, 2012, 18 (2): 218-239.

② 冯海红. 小额贷款公司财务效率和社会效率及其影响因素——基于 DEA-Tobit 两阶段法的实证分析 [J]. 财经理论与实践, 2017, 38 (3): 33-38.

③ 胡金焱, 张强. 贷款利率、违约风险与小额贷款公司收益——基于山东省面板数据的实证研究 [J]. 经济评论, 2017 (6): 135-147.

④ 刘西川, 潘巧方, 傅昌銮. 小额贷款公司的双重目标：冲突还是兼容？——基于浙江省数据与联立方程的实证分析 [J]. 山东财经大学学报, 2019, 31 (2): 52-59.

⑤ Agbemava E., Ahiase G., Sedzro E., et al. Assessing the effects of sound financial statement preparation on the growth of small and medium-scale enterprises [J]. The International Journal of Business & Management, 2016, 4 (3): 104.

⑥ Hoque Z. A contingency model of the association between strategy, environmental uncertainty and performance measurement: Impact on organizational performance [J]. International Business Review, 2004, 13 (4): 485-502.

# 小额信贷机构绩效评价研究

Huq、Azad 和 Masum（2017）通过对 127 家小额信贷企业 2009~2013 年的情况进行实证分析，证实了小额信贷在完成其财务绩效目标的同时疏忽了其对社会扶贫目标的完成[①]；Karaivanov（2012）指出，小额信贷的资金来源从单一的政府支持和社会捐助开始向多渠道转变，追求利润的社会资金的进入使小额信贷机构能提高其绩效水平[②]；杨虎锋、何广文（2012）认为，小额贷款公司将小微企业作为主要服务对象可以实现经济效益和社会效益的兼顾。上述研究，明确了对小额贷款公司绩效的考量，需要从"财务、社会"双重绩效角度展开研究。

P. Dacheva（2009）对拉丁美洲国家小额信贷市场化的问题进行了探讨，其讨论的关键是小额信贷机构如何从原有的从事小额信贷业务的非政府组织，在市场机制的作用下，转变为正规的金融机构[③]。在拉丁美洲国家，小额信贷的商业化是全球领先的，很多小额信贷非政府组织已经得到了成功的转变。很多学者认为，这种转变主要是以小额信贷的可持续发展为基础。由于小额信贷机构最初是非政府的、不以营利为目的的扶贫组织，主要依靠政府补贴和捐款为资本对贫困人口进行金融服务，因此，无法获得足够的资金来支撑其发展。除此之外，美国学者对商业银行从事小额信贷业务也进行了相关研究，总结了商业银行在小额信贷市场中具有的优势及面临的障碍[④]。

在中国，小额信贷的发展处于起步阶段，主要是借鉴了拉丁美洲、南亚洲等国家已经成规模的小额信贷形式。国内的学者在分析了国内小额信贷发展的外部环境和内部机制后认为，小额信贷是一种市场经济的行为，中国的小额信贷组织应该被定义为中介机构，而政府应为小额信贷的发展提供良好的政策环境[⑤]。市场化的小额信贷在竞争的压力下，如何提高其核心竞争力，如何考评其运营情况，则是机构将面临的问题。

---

① Huq B. I. A., Azad M. A. K., Masum A. K. M., et al. Examining the trade-off between social outreach and financial efficiency: Evidence from micro-finance institutions in South Asia [J]. Global Business Review, 2017, 18 (3): 617-628.

② Karaivanov A. Financial constraints and occupational choice in Thai villages [J]. Journal of Development Economics, 2012, 97 (2): 201-220.

③ Dacheva P. Commercialization in Microfinance—A Study of profitability, outreach and success factors within the Latin American Context [J]. Accessed On, 2009, 1 (2): 16.

④ Baydas M., Graham D., Valenzuela L. Commercial banks in micro-finance: New, actors in the micro-finance world [M]. Bethesda: Development Alternatives Inc., 2013.

⑤ Hulme D. Is microdebt good for poor people? A note on the dark side of microfinance [J]. Small Enterprise Development, 2007, 11 (1): 26-28.

### 1.2.3.3 小额信贷机构的绩效评价问题

根据上述在 Note Express 2 文献整理系统中，对中国的有关"绩效"的文献进行统计可以发现，有关小额信贷机构绩效的研究非常少，只有为数不多的45篇文献，占总数的7.7%（相关文献检索日期截至2018年10月3日），且主要侧重于机构财务绩效或者是社会绩效单方面的研究，对于机构的综合绩效涉及很少。并且，关于小额信贷绩效评价指标体系构建的文献，只有不到10篇。然而，作为金融市场中重要的扶贫通道，小额信贷的绩效质量直接影响金融市场的服务质量，指标体系能直观地反映出机构的运营情况，对于小额信贷机构的投资者和管理者都有非常重要的作用。

国外已有研究主要从市场竞争力状况、企业效率和业务发展速度三个方面评价小额贷款公司的绩效，其中"贷款额度""按时还款数量""贷款周转速度""风险贷款数量""资金来源可持续性"等是研究中普遍出现的关键评价指标[1]。在国内文献研究中，值得注意的是对小额信贷的机构绩效影响因素的实证研究较少。已有研究同样将评价的关键点集中于"贷款规模""财务可持续发展"以及"业务扩展能力"等。代表性研究如：刘珺（2016）的研究中提到，中国的小额信贷市场是非营利性小额信贷和商业性小额信贷并存，因此以社会和经济双重绩效为基础，构建了衡量小额信贷覆盖力、持续性、协同性和福利性的量化指标，以进行小额信贷机构的双重绩效评价[2]；郭炜（2015）对我国中小商业银行的农村小额信贷进行绩效评价，并构建了基于灰色模糊理论的综合评价方法[3]。

### 1.2.3.4 第三方信用评级对小额信贷机构的发展作用

信用评级是资本市场发展的一种产物，能帮助企业在资本市场获得资金支持的同时，帮助企业防范风险，为建立现代企业制度提供条件。不同于银行机构有存款作为资金，小额信贷机构在对贫困人口及中小企业提供贷款的同时，必须自行筹集资金以用于贷款发放，因此参与第三方信用评级有助于小额信贷机构发展，评级结果可以成为资金方的重要参考，也有利于小额信贷机构规范治理、完善监督进而改善其经营绩效。

---

[1] Montgomery H., Weiss J. Modalities of microfinance delivery in Asia and Latin America: Lessons for China [J]. China & World Economy, 2006, 14 (1): 30-43.

[2] 刘珺，李梦喆. NGO小额信贷绩效多维度评价框架下交互效应研究——以陕西省为例 [J]. 西安财经学院学报, 2016, 29 (2): 27-32.

[3] 郭炜，楚楚，张其广. 基于灰色模糊理论的农村小额贷款绩效综合评价 [J]. 统计与决策, 2015 (24): 53-57.

然而通过对已有研究的梳理，可以发现，国际上关于小额信贷参与第三方评级的研究只有十余项成果，在我国，随着小额信贷行业的大规模发展，出现了少量的研究，但通过研究关键词分析，信用评级的词频出现不足10次，说明相关研究仍然较少。国际小额信贷评级始于1996年，并被广泛应用于投资评价和企业监管方面，然而小额信贷机构评级发展时间短、市场需求不足、评级方法不成熟等因素已成为行业发展的最大挑战[①]。在我国，相关研究集中在对农户为贷款主体的信用评级，而非把小额信贷列为评级主体，例如，胡愈（2007）从我国小额信贷的实践出发，建立了针对农户贷款的信用等级评价的指标体系，并用模糊数学构建模糊综合评价模型，为农户信用等级的评定提供方法[②]；谭民俊（2007）在建立了对农户进行信用评价的指标体系后，运用不确定层次分析法确定指标权重，并运用模糊数学构建了信用等级的模糊模式识别模型[③]。

因此，小额信贷机构如何基于信用评级在资本市场可持续发展仍是有待研究的内容。

### 1.2.3.5 关于促进小额贷款公司可持续发展的研究

已有研究较多认为"商业性"是小额贷款公司未来发展的基本方向。在可持续发展建议上，有较多学者围绕"完善法律体系""规范管理流程""拓展业务"以及"开辟资金来源"等提出了建议（胡金焱、张强，2017;[④]耿欣、冯波，2015[⑤]）。现有的文献主要关注了小额贷款公司的发展现状，但对于小额贷款公司的定性、造成发展"瓶颈"的关键因素、生产效率等方面却甚少涉及。实践证明，只有科学、规范地引导小额信贷公司的管理运营，才能为企业带来真正的收益。因此，小额信贷的前因、后果以及关键的绩效指标究竟有哪些？如何围绕"政策、组织、服务以及财务"等多维度促进其可持续发展？回答这些问题对于从理论和实践层面破解当前小额贷款公司经营困境都有极大的意义。

---

① 袁吉伟. 国际小额信贷机构评级研究 [J]. 吉林金融研究, 2012（10）：22-27.
② 胡愈, 许红莲, 王雄. 农户小额信用贷款信用评级探究 [J]. 财经理论与实践, 2007, 28（1）：30-33.
③ 谭民俊, 王雄, 岳意定. FPR—UTAHP 评价方法在农户小额信贷信用评级中的应用 [J]. 系统工程, 2007, 25（5）：55-59.
④ 胡金焱, 张强. 贷款利率、违约风险与小额贷款公司收益——基于山东省面板数据的实证研究 [J]. 经济评论, 2017（6）：137-149.
⑤ 耿欣, 冯波. 小额贷款公司运营及其可持续发展研究——以山东小贷公司为例 [J]. 山东社会科学, 2015（1）：131-135.

#### 1.2.3.6 现有研究评述

综合上述分析可以发现，国内外关于小额贷款公司的研究呈现出从定性分析到定量研究，从案例分析到区域对比的变化过程。研究内容也从最初的宏观层面扩展到机构绩效评价、风险治理机制等中观和微观方面，已有研究对本书具有启示和借鉴意义，但从研究结论来看，对治理机制与绩效关系的认识还尚未达成一致，还存在以下主要不足。

（1）国内研究滞后，尚未形成系统的研究逻辑，"小额信贷"内涵与外延界定模糊：从上述文献回顾不难发现，虽然当前学者从不同角度对"小额信贷"的概念进行了研究，但是尚未形成完全一致的看法。并且，已有大多研究是在西方国家中进行，而我国对于"小额信贷"的研究起步较晚，缺乏系统性。同时，随着互联网经济的飞速发展，小额信贷凸显出了异质性、多样性与复杂性。因此，亟待需要针对中国国情来深入研究现代小额贷款公司的内涵与发展动因等。

（2）研究视角相对集中，极少涉及"小额贷款公司"本身的发展与绩效评价问题。不难发现，目前国内大多数的研究都是从小额信贷的需求方——农户如何获得小额信贷展开研究。而国外主要集中在从第三方视角来研究小额贷款公司的财务可持续发展、小额信贷的激励机制与贷款技术创新等方面。较少从小额贷款公司自身发展的视角来研究小额信贷。更加缺少针对小额贷款公司基于复杂系统理论的发展动因分析以及综合绩效等的系统研究。

（3）研究思路相对狭窄，忽略了系统与个体差异间的协同，导致大量不确定研究结果的存在：目前的小额信贷研究大多基于类型学思考（Typological-thinking），在研究环境要素上存在巨大差异，很难得出普适性的原理。因此，如果要进一步分析小额信贷和小额贷款公司的问题，需要更多地从小额信贷的本元出发，以发展的思想、个体群的思维来研究小额信贷的产生和发展。

## 1.3 绩效评价概述

绩效对于每一个企业来说，都是衡量企业发展状况的重要数据，对企业绩效的评价，除了使用广泛的财务绩效评价以外，还有社会绩效评价和环境绩效评价。由于绩效评价的结果对企业制订发展计划、实现企业目标有重要作用，因此，在对企业绩效管理和绩效评价的研究基础上，通过对小额信贷的绩效评价进行分析,并尝试构建绩效评价完整的指标体系,并对第三方信用评级机构评级结果对指标体系的影响进行分析。

### 1.3.1 小额信贷机构绩效评价的内涵

不同于一般的金融机构、股份制商业银行,小额信贷机构的绩效不只是盈利指标,在支持贫困人口脱贫、扶持中小企业发展的基础上,小额信贷机构也不可避免地需要考虑其盈利能力和绩效。对于小额信贷机构来讲,无论是从扶贫的角度,还是从金融发展改革的角度来考虑,其存在的必要性和发展的合理性,以及所提供的服务理念、需要完成的服务目标,都取决于其自身的运行绩效[①]。

首先对适用于普通企业的绩效及绩效管理进行概述,并引入小额信贷绩效内涵的阐述。

#### 1.3.1.1 绩效管理

绩效应该被定义为能通过采取的措施而完成未来目标的一种潜力。绩效,也称为业绩、效绩、成效等,反映的是人们从事某一种活动所产生的成绩和成果。绩效的存在一方面是根据需求来确定,另一方面也要根据目标来确定。绩效的问题始终伴随在周围,也存在与生活相关的各种组织、团体之中。角度不同,对绩效的看法不同。绩效是在现有标准下能形成的未来价值[②]。然而绩效评价只能基于历史数据,这些数据只有当被组合用于决策时才成为一种指标。绩效评价是通过衡量不同的指标来判断形成未来价值的可能性。

通常所说的企业绩效指三方面内容:第一,企业管理活动的结果,这种结果通常是有目标的。第二,完成预设目标所花的时间以及成本。第三,在整个企业经营阶段是否应遵循符合的规则。这三个方面综合构成了企业绩效的概念,由此可以看出,绩效并不是企业完成的结果,而是定义企业如何完成结果的一种途径。

从企业管理的角度来说,企业的绩效可以从两个方面来认识:组织绩效和个人绩效。组织绩效反映的是组织(企业)的最后运营效果,这个层面强调整体管理。个人绩效则顾名思义,就是对个人工作完成程度的反映,即个体是否按照组织规则去完成工作。个人绩效是由员工个人的职业化行为所决定的,主

---

[①] 杨海平,李秀丽. 我国小额信贷发展研究综述 [J]. 武汉金融, 2010 (4): 29-31.

[②] Halachmi A., Ebrary I. Performance measurement and performance management [J]. Business Process Management Journal, 2004, 12 (5): 2.

要考察的是员工达成目标的行为是否达到职业化行为的标准、是否按照职业化工作程序做正确的事情。组织绩效由组织成员合作的程度所决定,企业文化和共同愿景将个体与组织绩效有机地结合在一起,最终实现组织的战略目标。

绩效管理本身代表着一种观念和思想,代表着对于企业绩效相关问题的系统思考。绩效管理的根本目的是持续改善组织和个人的绩效,最终实现企业战略目标。应该说绩效管理作为一种管理思想,渗透在企业管理的整个过程之中,涉及企业文化、战略和计划、组织、统计与控制等各个方面,比如流程再造、全面质量管理、目标管理等,都可以纳入绩效管理的范畴。

目前,关于绩效管理的观点有三种:第一,绩效管理是管理组织绩效的一种体系,这种观点认为绩效管理是由计划、改进和考察三个过程组成,核心在于确定组织的战略并加以实施。第二,绩效管理是管理雇员绩效的一种体系,这种观点通常用一个循环过程来描述绩效管理,具有多种形式,强调管理者与被管理者应该对雇员的期望值问题达成一致的认识。第三,绩效管理是把对组织的管理和对雇员的管理结合在一起的一种体系,这种观点可以看作前两者的结合,认为有必要对各个层次的绩效进行管理。对于绩效管理的理解,第三种观点更符合目前的趋势与分析,即对各个层次的绩效进行管理,认为绩效管理的主旨思想是系统思考和持续改进。

大部分关于企业绩效的研究关注的是传统的银行交易部门、私人资本投资的银行以及存款类银行酬。追溯小额信贷机构产生的原因不难发现,小额信贷机构是为了向不满足一般信贷条件的申请人发放信用贷款而产生的。然而随着业务的发展,更多的自由资金和政策资金将进入小额信贷行业,机构的绩效表现将是资金选择的重要依据,这就使小额信贷机构的绩效研究成为研究热点。

#### 1.3.1.2 小额信贷机构绩效内涵

根据小额信贷机构的服务范围和可持续性,Yanron(1994)提出了一个被普遍应用的评价小额信贷机构绩效的组织结构[1],这个机构中,服务范围代表了被服务客户的数量以及提供的服务的质量,可持续性意味着机构能产生合理且足够的利润来维持机会成本和资本的投入[2]。

根据小额信贷的双重目标,其绩效的内涵不仅需要包括财务绩效,还需要

---

[1] Yaron J. What makes rural finance institutions successful? [J]. World Bank Research Observer, 1994, 9(1): 49-70.

[2] Chaves R. A., Gonzalez-Vega C. The design of successful rural financial intermediaries: Evidence from Indonesia [J]. World Development, 1996, 24(1): 65-78.

包括社会绩效。小额信贷的发展历史是从福利角度向商业化趋势的转变,随着小额贷款公司的发展和资本趋利的性质,小额信贷机构本来为贫困人口服务的目标也在发生改变。因此,在商业化改变的情况下,小额信贷机构在股权资本增加、机构转型的背景下,其社会绩效的影响就变得更加重要。而2010年在印度爆发的小额信贷危机,使社会绩效的研究成为全球需要关注的问题。

首先,小额信贷的社会绩效可以定义为小额信贷机构将其社会目标转化为社会实践的程度[1]。具体来说,小额信贷机构在实现其设定的社会目标的过程中,为满足服务对象的需求所采用的服务和措施,这些服务和措施与社会价值观是一致的。如前文所述,小额信贷机构的社会目标是为贫困人口特别是妇女群体,以及无法通过正规金融机构获得服务的小微企业提供持续的、具有可操作性的金融全方位服务,以此来提高其财务能力和社会地位。小额信贷机构的良好社会绩效应该有以下表现形式:第一,服务对象应该为被正规金融机构排除的贫困人口及小微企业;第二,通过与客户的沟通交流,在满足客户实际需求的同时,建立信任机制以抵御机会主义行为,降低金融服务风险;第三,增强小额信贷机构的社会责任感,在追逐资本利益时不忽略机构的社会目标。

小额信贷机构的社会绩效内容具体体现为服务目的、信贷产品、服务效果、相关性四个方面。"服务目的"是指需要实现的社会目标;"信贷产品"是指机构设计的能满足服务对象的金融工具和产品,在实际经营中,随着社会经济的发展出现创新和提高;"服务效果"不仅局限于服务对象获得资金支持后经济和社会地位的提升,也指信贷机构本身获得效果,即服务面的深度和广度以及获得的客户数量及质量;"相关性"主要是指客户的经济和社会地位的提升与小额信贷机构服务的相关性。

其次,不同于社会绩效,小额信贷机构的财务绩效内涵与普通金融机构相同,主要是盈利能力、经营能力、偿债能力及风险抵御能力。其中,盈利能力是立足其资本投入考虑资本的增加值及利润的增长率;经营能力是考虑企业通过内部控制程序对资产的管理情况;偿债能力是通过企业的负债情况衡量其财务及经济状况;风险抵御能力是通过对企业风险的评估来衡量企业对经营和管理中不确定因素带来的负面影响的抵抗能力。随着小额信贷行业的不断市场化,小额信贷机构也开始关注其财务绩效,即追求利润、回报及效率[2]。

---

[1] 周孟亮,李姣. 国际小额信贷社会绩效:动态及启示 [J]. 农村金融研究, 2013 (11): 66-71.
[2] Sanfeliu C. B., Royo R. C., Clemente I. M. Measuring performance of social and non-profit Microfinance Institutions (MFIs): An application of multicriterion methodology [J]. Mathematical & Computer Modelling, 2013, 57 (7-8): 1671-1678.

## 第1章 绪 论

如今，小额信贷机构面临着日益激烈的行业竞争、不断商业化的趋势（商业银行和金融投资者对小额信贷的投入）、更加便捷的技术变革、金融自由化发展以及更加合理的政策监管，这些因素都使小额信贷机构更加注重其财务绩效和持续性发展[1]。对于需要盈利的小额信贷机构来说，经营成本几乎需要占利息收入的一半[2]，因此小额信贷机构都需要通过改变其运营状态、扩大其服务范围、增加服务方案来提高其财务绩效。同时，财务状况良好的、高度商业化的小额信贷机构可以吸引更多的资本投入，有助于机构为更多的贫困人口提供延伸服务[3]。

最后，社会绩效和财务绩效是相辅相成的关系。国际上对小额信贷机构的社会绩效和财务绩效的研究表明，在机构商业化的背景下，企业为了追求其盈利目标，会不可避免地与社会绩效发生冲突。福利主义和制度主义对小额信贷的绩效一直存在着争议，制度主义认为小额信贷机构的绩效考核应该更偏重于财务独立性——独立于慈善捐赠的资金而发展[4]。福利制度认为小额信贷机构应该首先满足其服务目标——贫困人口，其可持续性是第二位目标[5]。

Paxton（2002）选用横截面数据研究方法，在同一时间对18家位于拉美洲和非洲的小额信贷组织的研究发现社会绩效和财务绩效确实存在冲突关系[6]；Gutiérrez[7]和Nieto[8]选用同样研究方法对除拉美洲、非洲以外的包括亚洲和东欧的小额信贷组织的研究发现，在社会绩效和财务绩效存在冲突的同时，它们之间也存在相互补充之处。同样地，学者们选用时间序列数据和面板数据对社

---

[1] Rhyne E., Otero M. Microfinance through the next decade: Visioning the who, what, where, when and how [A]. A Paper Commissoned by the Global Microcredit Summit 2006, November, 2006.

[2] Rosenberg R. Measuring results of microfinance, institutions: Minimum indicators that donors and investors should track—A technical guide [R]. Consultative Group to Assist the Poor. Washington, DC: World Bank, 2009.

[3] Hermes N., Lensink R., Meesters A. Outreach and efficiency of microfinance institutions [J]. World Development, 2011, 39 (6): 938-948.

[4] Adams D. W., Pischke J. D. V. Microenterprise credit programs: Déja vu [J]. World Development, 1992, 20 (10): 1463-1470.

[5] Hulme D. Impact assessment methodologies for microfinance [J]. World Development, 1997, 28 (1): 79-98.

[6] Paxton J. Depth of outreach and its relation to the sustainability of microfinance institutions [J]. Savings & Development, 2002, 26 (1): 69-86.

[7] Gutiérrez-Nieto B., Serrano-Cinca C., Molinero C. M. Microfinance institutions and efficiency [J]. Omega, 2007, 35 (2): 131-142.

[8] Begoñ, GutiÉ A., Nieto R. Antecedentes del microcrédito. Lecciones del pasado para las experienciasactuales [J]. CIRIEC-España, Revista de Economíapública, Socialy Cooperativa, 2014 (51): 25-50.

会绩效和财务绩效进行的研究阐述相同的结论。

在以一定条件为基础的情况下，小额信贷组织的社会绩效和财务绩效存在相互的可能，这必须是通过加强内部管理、制定合理的内部控制制度以及进行技术创新来实现的。

## 1.3.2 小额信贷绩效评价的类型

企业绩效评价是企业管理的核心内容之一，既是管理行业普遍聚焦的关键点，也是多年来企业的重难点。企业绩效评价经历了多个时期，如成本指标评时期、财务指标评价时期、财务绩效综合阶段等。在成本指标评价时期，绩效评价的目标就是反映企业成本降低及其降低的程度，间接地评价企业的获利水平。在财务指标评价时期，绩效评价内容得到了极大的丰富，指标评价内容扩展到企业的盈利能力、偿债能力和营运能力等方面，这个时期，财务效益指标如销售利润率、投资报酬率成为绩效评价的核心指标。在财务效益综合评价阶段，则发展为以财务评价为主、兼顾企业战略和管理等多方面需求的综合评价体系，随着企业绩效评价体系的不断完善和评价方法的日益丰富，无论是在评价企业过去已经发生的各项经济活动方面，还是对企业未来的行为监督和指导方面，企业绩效评价都发挥了极大的作用，对企业管理的发展有着重要的意义。

然而，对于企业绩效评价美中不足的是国内和国外现有的企业绩效评价体系仍不能满足现代企业绩效评价的需要，它们在传统上依然重经济绩效、轻环境绩效和社会绩效，过多追求企业内部经济利益而忽视社会利益和节能环保，很少站在企业可持续发展的角度考虑企业的绩效，很少考虑企业的能源消耗问题，没有充分考虑能源消耗等自然资源对企业可持续发展的重要影响。因此，随着评价目标和评价内容的复杂化，评价指标应向综合化发展。

2000 年以后，国内外各行业都注重自然环境的保护，倡导经济发展和环境保护双方协调发展，同时提出了可持续发展。广义的可持续发展观念已在全球取得共识，进入 21 世纪后，可持续发展观念更加深入人心。科学发展观是马克思主义关于发展的世界观和方法论的集中体现，是坚持可持续发展的具体体现。随着市场经济的深入发展，企业间的竞争越来越激烈，企业必须加强绩效管理和战略管理，顺应企业承担的社会责任以及可持续发展的要求，绩效综合评价要更多地体现企业核心竞争力、可持续发展要素、各方面的财务绩效驱动因素及与新经济环境的适应情况，从财务绩效评价拓展到环境绩效和社会绩效的评价。

20 世纪 90 年代末，英国著名企业管理家，SustainAbility 总裁及管理专家 John Elkington 提出了"三重盈余"的（Triple Bottom Line）的概念，它从经济绩效、生态绩效、社会绩效三个方面对企业绩效评价提出了要求，体现了现代企业的经济功能、生态功能、社会功能，顺应了可持续发展、科学发展观和创建和谐社会的要求，完整体现了企业的经济属性、自然属性和社会属性。

针对企业绩效评价在实际应用中存在的缺陷和不足以及未来发展方向，马万里教授在其《谈我国企业绩效评价发展趋势》中谈到了企业绩效评价以后的发展趋势将从四个方面进行：第一，将企业财务指标和非财务指标更科学地结合；第二，纳入企业创新绩效评价要素；第三，企业绩效评价将纳入至企业战略管理总体系统里；第四，基于大数据时代，更多地考虑知识、智力等软资本对于整体绩效评价的影响。

#### 1.3.2.1　企业经济绩效评价

企业经济绩效的评价，分为以财务指标为核心和以价值指标为核心两种。

（1）传统的企业绩效评价以财务指标为核心，属于财务评价。其中最为著名的以财务绩效评价指标为核心的绩效评价理论与方法，主要是美国杜邦公司提出的综合财务指标绩效评价体系。美国杜邦公司的创立了杜邦财务分析系统，包括多个重要的经营指标和预算指标，其中最核心的指标为投资报酬率，该指标可分解成两个重要的财务指标，即资产周转率和销售利润率。资产周转率和销售利润率又可以进一步分解为其他更具体的指标，这样通过逐次层层分解，为企业各部门及整体的经营业绩评价提供了依据，形成完整的经营绩效评价。杜邦财务分析系统的产生使企业绩效评价方法由成本分析过渡到财务分析，标志着财务指标评价体系的基本形成。

（2）随着企业绩效的进一步深入研究，企业的利益相关者对企业绩效的关注度大甚从前，因此，以往传统的以财务指标作为企业绩效评价的方式越来越具有局限性，斯特恩的经济增加值理论便应运而生，即EVA。经济增加值理论是基于税后营业净利润和产生这些利润所需资本投入总成本的一种企业绩效财务评价方法，它的核心思想是一个公司只有在其资本收益大于为获得该收益所投入的全部资本成本时，才能为股东带来价值。

它的突出贡献主要有两个方面：第一，改变了会计报表没有全面考虑资本成本的缺陷。在传统的会计利润条件下，大多数公司都在盈利，但许多公司实际上是在损害股东财富，因为所得利润小于全部资本成本，它没有将所有者权益资本成本纳入考虑的范围之列，而EVA考虑到了包括净资产在内的所有资本的成本，它显示了一个企业在每个报表时期创造或损害了的财富价值量。第二，使决策与股东财富一致。EVA将公司会计数据同公司的市值联系起来，适用范围广，有利于企业绩效度量、股东交流、资本预算和财务计划目标设定等。但计算时调整程序十分复杂，其实质也是财务评价，评价依据只是一个绝对数，不同规模的公司，不可能以一个统一的评价标准去衡量，因而不利于公司间的比较，无法克服单一评价指标的种种局限。

然而，由于传统的经济绩效评价方法是建立在会计利润的基础上，过于追求经济利益和眼前利益，无法客观反映企业长远的战略和综合效益，存在以下弊端：一是财务指标具有滞后性，往往根据上年的财务报表数据计算而来，一般能反映企业过去的业绩，但缺乏对未来的预测。同时，财务指标反映的是企业经营的结果，并无法提供企业业绩形成的动因，也无法全面衡量企业经营战略的完成情况。因此只能通过财务数据来判断企业经营业绩是否得到了改善或有所下降，但不能了解其变化的内在原因。二是以经济绩效为主导的企业评价，过分注重企业业绩的财务评价方法和指标的价值评估，而忽视非财务指标的非价值评估，无法适应知识经济时代的要求。市场占有率、创新、质量和服务、生产力、员工培训等非财务指标在当前竞争环境中应越来越受到企业的重视。三是以财务指标作为企业绩效评价的基础，对于顾客满意度、产品质量、市场占有率等非财务方面的贡献和业绩考虑不多，将导致过分重视取得和维持短期财务结果，助长企业管理人员急功近利思想和短期投机行为，使企业不愿降低当期的盈利水平去追求长期发展战略目标，以致企业在短期业绩方面投资过多，在对有利于企业长期发展的无形资产的投资方面严重不足。

#### 1.3.2.2 企业社会绩效评价

根据共生理论我们知道，共生单元之间在一定的共生环境中存在按某种共生模式形成的关系，其要素包括共生单元、共生模式和共生环境。这种理论被用于企业管理领域，可以表述为企业的生存和发展离不开其所处的社会环境，更离不开诸多利益相关者与和谐共生。企业必须承担其在发展过程中应承担的责任和义务，即社会责任。

企业社会绩效源于企业社会责任，具体可描述或解释为企业对员工、顾客、社区等所需承担的责任。但企业社会责任未能明确界定企业社会行为的方式，于是企业社会响应的概念应运而生，后又因为其对企业社会责任的概括不够全面，最终产生"企业社会绩效"的概念。

企业社会绩效也有广义和狭义两种含义。广义的企业社会绩效是指"企业与社会"研究领域国外一个专门的研究领域的一个系统研究框架，在某种程度上也可以理解为企业社会责任研究的新框架，由社会责任原则、社会响应过程以及可观测到的结果三者构成绩效体系。狭义的企业社会绩效主要指企业在承担社会责任完成效率与程度，侧重于企业社会责任的外部评价。

第 1 章 绪 论

国外对企业社会绩效评价的研究大致可以分为两个阶段。

第一阶段，从企业与社会责任关系的角度来进行研究，主要研究内容是企业如何处理社会问题和以及承担社会责任。其中最典型的是 1977 年加拿大企业皇家调查委员会对企业社会绩效的调查分析研究，在该研究中 Preston 阐述了其认为企业处理社会问题的四个评价侧重点，即对问题的认识、分析和计划、政策制定、执行实施。到 1979 年，Carroll 将企业面临的主要社会问题归纳为销售服务、环境保护、雇用歧视，并从这三个方面建立了三维立体评价模型，同时把企业社会敏感性定义为企业履行社会责任和解决社会问题的过程[1]。1985 年，Wartick 和 Cochran 将企业社会责任定义为经济责任、法律责任、道德责任、其他责任，并且认为应从这四个方面获取数据对社会绩效进行评价[2]。

第二阶段，随着利益相关理论的日趋完善，学者们对企业的社会责任与社会绩效的认识逐步得到拓展。这一阶段的企业社会绩效评价体系主要从经济责任、法律责任、道德责任、其他责任等方面来进行，主要目标是考察企业如何处理社会问题以及企业承担社会责任的程度。美国主要使用四类公开的数据作为企业社会绩效的指标：一是基于《财富》杂志的企业商誉的调查，包括四个社会指标和四个财务指标；二是基于 KLD（Kinder, Lydenberg, Domini & Co.）的专业等级评价，其评价体系中涉及社区关系、员工关系、产品质量、环境控制等评价指标；三是使用 TRI 指标，该指标主要用于评价水、空气、垃圾场、危险物处理等环境问题的影响；四是根据企业慈善排名。指标的选择分为单维度和多维度。单维度指标选择操作方法简单，但基于选择的指标不能全面地评价企业社会绩效，既缺乏效度也缺乏信度，而多维度的选择评价指标虽然能够较全面地评价企业的社会绩效，但各个维度之间的关系比较复杂，其合理性和代表性受到质疑，各维度权重的确定及企业社会绩效最终结果的计算方法选择面临困难，也很难直接用各维度得分平均值或总分进行企业社会绩效的比较。

因此，由于企业社会绩效本身内涵的宽泛和研究侧重点的不同，且企业自身情况存在差别，以及行业与行业之间也都存在着较大程度的不同，目前相关行业领域对于企业社会绩效评价都未能达成一致意见。但是根据现有的研究成果可以总结出企业社会责任测量指标体系构建的基本原则：第一，企业的利益相关者永远是企业社会绩效评价的关注焦点和测评核心点；第二，企业社会绩

---

[1] Carroll D. Voluntary heart rate control: The role of individual differences [J]. Biological Psychology, 1979, 8 (2): 137.

[2] Wartick S. L., Cochran P. L. The evolution of the corporate social performance model [J]. Academy of Management Review, 1985, 10 (4): 758-769.

效的测量评价体系应该由多维度评价指标构成；第三，应重点详细地阐述评价指标的支撑力量和各维度之间的关系来建立多维度测量指标体系。

根据企业社会绩效的内涵，对社会绩效的评价模型主要有以下四种：

(1) 卡罗尔企业社会绩效模型。这是一个综合的、系统的绩效评价模型。此模型分为三个维度：①企业社会责任类别，包括经济责任、法律责任、伦理责任，这三种责任依次排序、比例递减，呈金字塔形；②企业涉及的相关社会议题，包括消费者主义、环境、股东、产品安全、职业安全等；③企业的社会回应策略，即企业对社会议题从消极到积极回应，由反应性、防御性、适应性和主动性回应四种模式组成。

(2) 沃提克和哥奇兰企业社会绩效模型。这是对卡罗尔企业社会绩效模型的完善和改进。沃提克和哥奇兰模型根据"原则—过程—政策"的思路对企业社会绩效体系进行了重新定义和构建。此模型由企业社会责任、企业社会回应、企业议题管理三个维度构成，同时，此模型融入了动态的概念和思想，是对社会绩效评价模型的积极创新。

(3) 伍德企业社会绩效模型。此模型包括三个维度：①企业社会责任，即从制度、组织和个人三个层面分析企业责任及动因；②企业社会回应过程，该过程包括环境评估、利益相关者管理、议题管理；③企业行为结果，可通过三个方面表现企业行为对社会的影响、企业实施社会回应的措施和计划、企业处理社会议题及利益相关者的政策。

(4) 利益相关者评价模型。此模型专门针对企业社会绩效评价。自20世纪80年代起，国外相关研究领域先后提出了各种利益相关者评价模型，其中以外部利益相关者评价模型和 RDAP（Reactive, Defensive, Accommodative, and Proactive）模型影响力最大①。利益相关者可分为主要利益相关者（如股东、投资机构、职工、顾客、供应商和政府）和次要利益相关者（如媒体、社会团体、民族组织和一些非盈利组织等）。RDAP 模型用定性的方法描述了企业社会绩效的四种类型，即对抗型、防御型、适应型、预见型。但其缺陷是难以对企业间的社会绩效进行科学、严谨的比较。

随着我国社会主义市场经济的深入发展，全面协调可持续发展理念的提出，企业社会绩效俨然成为具有经济价值和时代意义的重要研究项目。通过上述研究总结和分析，可以发现社会绩效评价需要从多个角度、多个层次进行研究。例如，研究确立企业社会绩效评价的指标、权重和选择，研究企业与社会、经

---

① Alexander J., Bernhard Giesen, Mast J. Social performance [M]. Cambridge: Cambridge University Press, 2006.

济、环境等多方面的相关性，研究企业社会绩效的普适体系等。

## 1.3.3 小额信贷绩效评价指标及评价体系

影响小额信贷机构的绩效的因素根据其双重内涵，即社会绩效和财务绩效，也会产生不同的评价指标，进而构成不同的绩效评价体系。

### 1.3.3.1 社会绩效指标的影响因素

从小额信贷机构受到社会广泛的关注开始，其标准化的社会绩效研究是通过Yaron的绩效框架来实现的。但是，各个评级公司对小额信贷的绩效评价都构建了不同的体系指标，如表1-5所示的六种不同社会绩效评价都有各自不同的社会绩效影响因素，总的来说，主要有五种因素：第一，服务对象的数量、质量、接受服务的效果；第二，小额信贷产品的构架；第三，机构的服务宗旨；第四，机构的内部管理、政策执行；第五，社会及政治的干预。这些因素都会产生相应的绩效评价指标。

**表1-5 不同的社会绩效评级体系**

| 方法名称 | 描述 | 分析数据 |
| --- | --- | --- |
| IMP-ACT | 旨在提高小额信贷服务质量和小额信贷影响的国际研究项目 | 基于小额信贷客户的数量及质量信息，进行描述性统计，并分析相关性，对假设进行检验 |
| AIMS | 根据小额信贷与客户的相互作用，衡量小额信贷对客户的影响 | 将借款家庭作为测量中心，用定性和定量的方法衡量家庭、个人以及机构及社区受到的影响 |
| SROI | 衡量由小额信贷创造的社会回报 | 根据小额信贷创造的社会和环境价值，衡量资本创造的社会回报 |
| ACCIONPAF | 是由从事金融产品的爱康公司建立的分析客户的社会经济特性的方法 | 运用相关性分析和多元回归分析，对收入和支出等变量的潜在贫困水平进行测量 |
| PAT | 联合国人类发展指数的评价方法，对扶贫客户进行分析 | 在300个贫困指标的基础上，选择30个主要指标构建贫困指数 |
| SPI | 社会绩效评价指数是通过四个方面的测量形成 | 通过问卷形式获取小额信贷机构四个数据，即贫困人口中的推广程度、产品匹配、社会和政治资本的投入度及社会责任，通过权数体系进行分析获取其对社会绩效的影响 |

资料来源：J. Copestake. Social performance assessment of microfinance-cost-effective or costly indulgence? [J]. Small Enterprise Development, 2004, 15 (3): 11-17.

### 1.3.3.2 财务绩效指标的影响因素

随着小额信贷机构在全球范围内的迅速发展，一套影响其财务绩效的指标开始出现，并最终成为标准。2003 年，由小额信贷评级机构、多边发展银行、资金捐助者以及私人自愿机构组成的团体一致通过了对小额信贷的金融定义、财务比率影响[1]，之后，小额信贷机构的可持续性与盈利能力、资产负债能力以及投资组合等被学者们广泛地研究，但他们却忽略了对资本效率的研究[2]。

根据传统金融机构的财务分析指标，小额信贷机构的财务绩效影响指标可以被大致分为四类：①可持续性与盈利能力；②资产负债管理；③投资组合的质量；④资本的效率与资本生产力。

根据这四种分类，美国的专门对小额信贷进行评级的机构 Microrate 将小额信贷机构的 21 个指标进行了分类，其中比较具有代表性的指标数："贷款资产质量"指标反映了盈利资产的百分比；"生产效率和效率"指标反映的是小额信贷机构对其资源的使用效率，其资源包括资产配置和人力资源。CGAP 将资本定义为包括贷款、投资和其他可能产生收益的所有资产，将人力资源定义为包括信贷人员的所有员工；"盈利能力"和"财务管理"则是指小额信贷机构能够通过经营获取的弥补其成本后获取的合理利润。

### 1.3.3.3 绩效评价体系

对于成功的小额信贷机构来说，良好的公司治理和绩效管理是关键[3][4]。高效率的绩效管理机制能让资本要素和生产要素更好地结合，是机构发展和效益的重要切入点。对于小额信贷行业，由于其资本来源的特殊性，主要是捐赠和政府补贴，建立完善、科学且合理的绩效管理体系，对于抵御行业的固有风险、激励机构健康发展、不断提升机构创新和盈利能力至关重要[5]。

绩效评价不仅对机构治理很重要，在学术上，由于其对公司管理的巨大作

---

[1] Rosenberg R., Nasr M., Peck Christen R., et al. Disclosure guidelines for financial, reporting by microfinance institutions [R]. Published by CGAP/The World Bank Group, July 2003.

[2] Copestake J. Mainstreaming microfinance: Social performance management or mission drift? [J]. World Development, 2007, 35 (10): 1721-1738.

[3] Labie M. Corporate governance in microfinance organizations: Along and winding road [J]. Management Decision, 2001, 39 (39): 296-302.

[4] Rock R., Otero M., Saltzman S. Principles and practices of microfinance governance [J]. Bethesda: Development Alternatives Inc., 1998.

[5] Ben Soltane Bassem. Governance and performance of microfinance institutions in Mediterranean countries [J]. Journal of Business Economics & Management, 2009, 10 (1): 31-43.

用，近年来也备受关注。据统计，1994~1996年，共有3615篇针对绩效评价的相关文献。

随着对绩效评价的关注的增加，不同的学者提出了对绩效评价体系不同的原则。Stalk和Hout（1990）[①]提出绩效评价体系应该遵从两个原则：第一，绩效评价应该保持定量的对物质的评价；第二，应该尽可能地接近终端客户来进行。Band（1990）[②]提出绩效评价体系应该首先有高级管理层的支持；其次评价应该包括对员工发展的评价，尤其还应该包括客户满意度的评价，且评价的对象应该是管理者和员工日常工作中的内容；最后绩效评价应该在管理层和一般员工中形成反馈。Maskell（1991）[③]认为，新的世界级的绩效评价体系应该主要使用非财务因素进行，能根据不同地区进行调整，随着机构发展不断演变。另外，绩效评价体系不仅要起到监督机构的作用，更重要的是要能促进机构的发展。

一个绩效评价体系，通过明确测量的边界、制定测量的内容，能有效帮助绩效管理系统的形成[④]。然而，绩效评价体系并不能如评价管理一样，提供更多、更准确的信息[⑤]。目前，绩效管理系统大多是由机构基于绩效评级体系开发的。一个好的管理系统有两个框架，即结构性框架和系统性框架，并辅助于如评级指标等的绩效管理工具。

## 1.3.4　第三方评级对绩效评价的影响

第三方评级机构在资本市场中有至关重要的作用，它追求风险和收益的最佳平衡点，引导机构投资者和私有资本在世界范围内进行自由的资产配置[⑥]。

### 1.3.4.1　评级机构概述

具体地说，评级机构是对各种机构发行债券后的违约信用度的评价，这些

---

① George Stalk J., Hout T. M. How time-based management measures performance [J]. Strategy & Leadership, 1990, 18 (6): 26-29.

② Band W. Performance metrics keep customer satisfaction programs on track [J]. Marketing News, 1990, 12 (5): 64-79.

③ Sakai S. P. Performance measurement for world class manufacturing: A model for American companies, Cambridge, MA: Productivity Press, 1991.

④ Rouse P., Putterill M. An integral framework for performance measurement [J]. Management Decision, 2003, 41 (8): 791-805.

⑤ Folan P., Browne J. A review of performance measurement: Towards performance management [J]. Computers in Industry, 2005, 56 (7): 663-680.

⑥ Langohr H. M., Langohr P. T. The rating agencies and their credit ratings: What they are, how they work and why they are relevant [M]. Chichester: John Wiley and Sons, Ltd., 2009.

机构包括政府、企业，以及证券发行商就抵押贷款和其他贷款证券化的债券。

1909年John Moody发布了第一个以铁路债券为基础的公开可用的信用评级，1913年，他开始对工业、公用事业进行信用评级。1916~1924年，普尔出版公司（Poor's Publishing Company，1916）、标准数据统计公司（Standard Statistic Company，1922）和惠誉国际出版公司（Fitch Publishing Company，1924）加入信用评级市场。这些公司通过厚厚的手册将债券评级结果出售给投资者。随着行业的发展，1962年邓白氏公司（Dun and Bradstreet）作为拥有全球最大的企业信用数据库的公司，收购了穆迪公司，但是在2000年，邓白氏又将穆迪公司独立出来；普尔出版公司和标准数据统计公司于1941年合并成为标准普尔公司，于1966年被麦格罗希尔公司（McGraw-Hill）兼并；惠誉国际出版公司于1997年与英国评级公司IBCA进行了并购，目前，惠誉国际出版公司由法国商务服务集团FIMILAC控制。2000年底，在结构证券市场，基于次级住房抵押贷款市场开始迅速发展，这些证券的发行人只从这三个信用评级机构获得重要的评级：穆迪公司、标准普尔公司以及惠誉国际出版[1]，这三家公司的发展如图1-16所示。2012年12月，美国证监会的报告中提到，这三家公司在信用评级市场中的份额为96%，标准普尔公司是三家中最大的，共有120万份优秀评级报告和1400余名分析师及主管；穆迪公司有100万份优秀评级报告和1200余名分析师；惠誉国际出版公司是三家中市场份额最小的，有35万份。

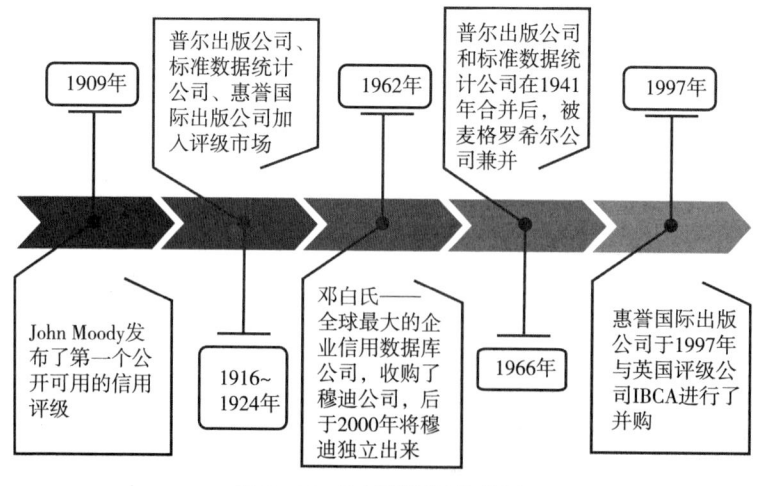

**图1-16 信用评级机构发展**

[1] White L. J. Markets: The credit rating agencies [J]. Journal of Economic Perspectives, 2010, 24 (2): 211-226.

## 第1章 绪　论

确定债券的级别，信用评级机构将通过分析发行人的账户和债券相关的法律协议来判断债券违约的可能性、可能产生的预期损失或者类似的度量标准①。该度量标准在不同的机构之间也有所不同。标准普尔公司的评级指标主要反映了违约概率，而穆迪公司的评级指标反映了违约情况下，投资者的损失预期②。惠誉国际出版公司评级指标则以公司的责任为基础，虽然其指标也是衡量在违约情况下投资人的损失，但是其评价结果仅基于结构、项目和公共财政义务来衡量违约风险③。可转换债券的评级过程和评分标准与普通债券相似，虽然区别不大，由同一主题发行的可转换债券和普通债券仍可能会获得不同的评分。银行贷款可能会通过评级获得更广泛的投资，并且吸引机构投资者。

然而，大多数市场参与者认为，即使是根据经济预期变化的债务抵押债券的评级质量也是参差不齐的④。第三方信用评级机构也因为未能发现20世纪90年代的亚洲金融危机（1997）、安然事件（2001）、世通（2002）和帕玛拉特倒闭受到强烈的批判⑤。事实上，随着结构性金融产品的发展，在信用评级机构利润不停增长的同时（例如，2002~2006年，穆迪公司的利润翻了3倍），从2007年开始的大量证券的信用降级引发了对经济繁荣时期信用评级标准放松的怀疑。White（2010）⑥指出，次贷危机之后，评级机构的评级和预测的不准确性有以下的原因：

（1）评级机构采用的债券评价和监督方法存在固有的缺陷。评价方法的缺陷是导致低估了次级抵押贷款的信用违约风险的主要原因，这些评价方法的缺陷主要是因为：第一，没有足够的美国次级贷款市场的历史数据；第二，对经济下行期间违约可能性的低估；第三，没有考虑某些固定人群在特定经济环境下的可承受标准的严重削弱⑦。

---

① Brown P. J. An introduction to the bond markets [M]. Chichester: John Wiley and Sons, Ltd., 2006.
② Jewell J., Livingston M. A comparison of bond ratings from Moody's S&P and Fitch IBCA [J]. Financial Markets Institutions & Instruments, 1999, 8 (4): 1-45.
③ Baker H. K., Mansi S. A. Assessing credit rating agencies by bond issuers and institutional, investors [J]. Social Science Electronic Publishing, 2002, 29 (9-10): 1367-1398.
④ Caouette J. B., Altman E. I., Narayanan P., et al. The rating agencies [M]. Managing Credit Risk: The Great Challenge for the Global Financial Markets, Second Edition. John Wiley & Sons, Inc., 2011: 81-101.
⑤ P. Bolton, X. Freixas, J. Shapiro. The credit ratings game [J]. The Journal of Finance, 2012, 67 (1): 85-111.
⑥ White L. J. Markets: The credit rating agencies [J]. Journal of Economic Perspectives, 2010, 24 (2): 211-226.
⑦ Utzig S. The financial crisis and the regulation of credit rating agencies: A european banking perspective [J]. Social Science Electronic Publishing, 2010, 34 (188).

(2) 评级机构和证券发行商之间的利益相关性。评级机构提供服务并收取报酬的对象可能因为较高的定级获得更大的利润，因此，评级机构也有使服务对象更加满意的利益基础，使数据的准确性受到利益的影响。

(3) 评级机构在次贷繁荣时期，可能因为人手严重不足而无法对每一个债务工具进行准确的评估①。

(4) 与投资银行和华尔街的金融公司的分析师相比，评级公司的分析师的薪酬较低，因此，信用评级分析师可能去这些债券发行公司工作，使银行或公司的信用评级较评级机构而言更容易操作②。

目前，小额信贷机构的财务评价主要是由传统的第三方评级机构或者专门从事小额信贷评级的公司进行评价。除了世界三大评级机构之外，专门从事小额信贷评级的机构如表1-6所示。

表1-6 小额信贷评级机构

| 序号 | 公司名称 | 公司情况 |
| --- | --- | --- |
| 1 | MicroRate | 成立于1996年，是最早的、专业的小额信贷评级机构，其目标是通过小额信贷评级机构独立的评估，提高资本市场中资金流动的效率和透明度，以促进小额信贷行业的发展 |
| 2 | Micro-Credit Ratings International Ltd.（M-Cril） | 成立于1998年，为小额信贷机构带来专业的财务评估，并强调在小额信贷商业化背景下机构管理和运营的重要性 |
| 3 | PlaNet Rating | 成立于1999年，总部在法国巴黎，专门从事小额信贷机构的评价及评级 |

资料来源：Reille X., Sananikone O., Helms B. Comparing microfinance assessment methodologies [J]. Small Enterprise Development, 2002, 13（2）：10-19.

#### 1.3.4.2 绩效评价方法

大部分的评级公司都采用标准普尔公司的评价方法，其方法更加关注机构的财务方面而忽略了其社会作用。但是PlaNet、M-Cril、MicroRate等评级公司都创建了自己的指标评价体系。

---

① Mclean B., Nocera J. All the devils are here: The hidden history of the financial crisis [J]. Nanakuma-shigaku, 2011, 136（5）：115-121.

② Lewis M. The big short: Inside the doomsday machine [M]. New York: W. W. Norton & Company, 2010.

(1) MIR 评价方法。MIR 是 MicroRate 及 M-Cril 创建的对小额信贷机构评级方法的统称。MIR 是 Microfinance Institutional Rating 的首字母，根据小额信贷机构的业绩和风险的综合评价，来提供机构的长期可持续发展和信用评级的意见。MIR 既可以单独地对机构发表意见，也可以综合社会绩效评级来对机构进行定性。

MicroRate 主要关注小额信贷商业背景、管理和运营、组织结构、投资组合的风险以及财务状况，通过分析以上五个因素对机构的风险因素、绩效、生产效率和长期发展性做出评价。

M-Cril 则主要关注小额信贷机构的六个方面，如图 1-17 所示，并根据这六个方面的各个影响因素来确定机构的长期稳定性和信用等级。

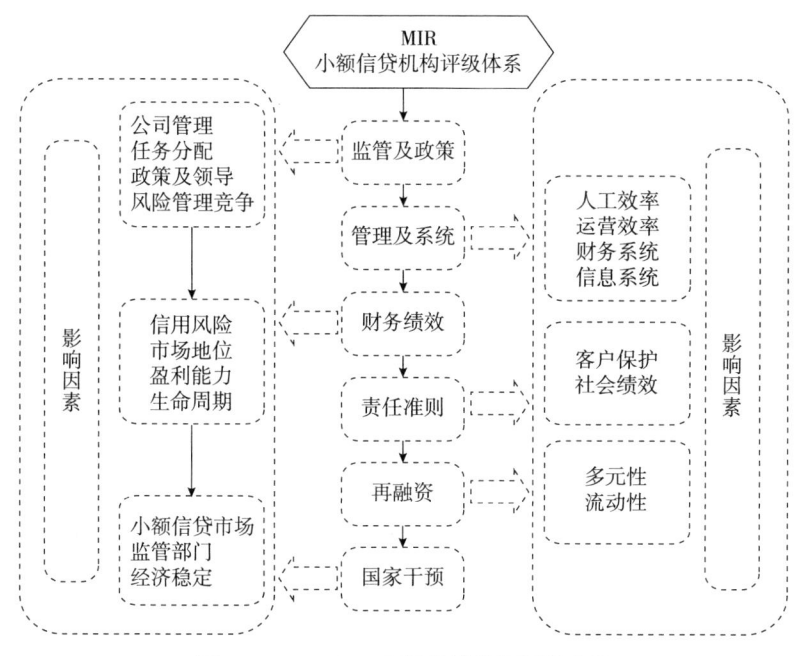

**图 1-17 M-Cril 小额信贷机构评级方法**

资料来源：Reille X., Sananikone O., Helms B. Comparing microfinance assessment methodologies [J]. Small Enterprise Development, 2002, 13 (2): 10-19.

(2) GIRAFE 评价方法。GIRAFE 是 PlaNet 于 2011 年建立的一种信用评价方法，它将在衡量小额信贷面临的金融、制度、社会风险因素后，提供关于其长期可持续性及信用价值的意见。GIRAFE 评价方法关注的是小额信贷的六个方面：管理（Governance）、信息（Information）、风险管理（Risk Management）、运营（Activities）、资金和流动性（Funding and Liquidity）、效率和利润（Efficiency and Profitability）。名称即是这六个方面的首字母缩写，GIRAFE 通过评价上述六个方面的各个影响因素来对小额信贷机构进行评价,如图 1-18 所示。

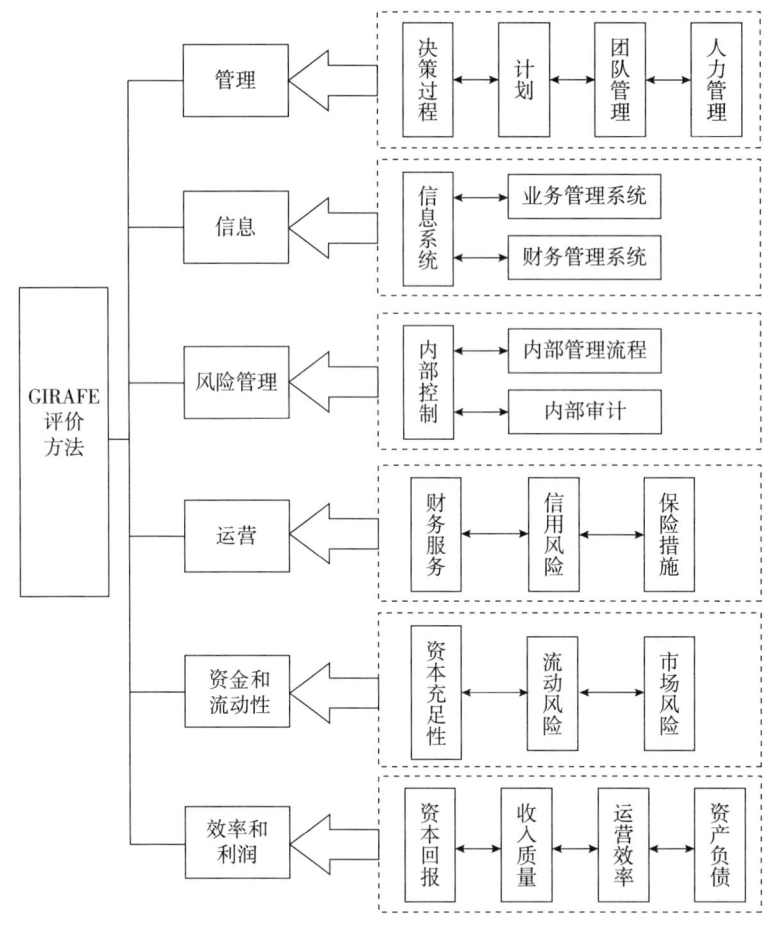

**图 1-18 PlaNet 小额信贷机构评级方法**

资料来源:Gonzalez, Adrian, Javoy, Emmanuelle. Microfinance and the role of policies and procedures in saturated markets and during periods of fast growth [J]. MicroBanking Bulletin, 2011 (9): 1-10.

(3) 社会绩效评价方法。PlaNet 和 MicroRate 均针对小额信贷的第二重底线即社会绩效设计了专门的社会绩效评价体系。

PlaNet 的社会绩效评价体系立足于分析内部控制、原始单据、社会经济影响和区域数据,针对五个方面来评价小额信贷机构的目标、运营过程及结果,这五个方面为:第一,社会绩效管理,用以衡量机构实现社会责任的意图,其社会目标是否发生偏移;第二,金融包容性,用以衡量小额信贷机构服务于贫困人口的能力,是否为它们匹配合适、有效的服务;第三,客户保护性,衡量机构是否完成行业规定的六项客户保护政策，为客户提供合理、负责的定价以维持小额信贷的道德规范；第四，人力资源政策，衡量机构内部的人力资源管理；第五，社会影响，衡量小额信贷机构通过提供金融或非金融的服务对社会变革的影响。

MicroRate 的社会绩效评级体系主要考察三个方面：第一，社会效益，主要衡量机构所提供的服务广度和深度、负责任的金融，以及公司的社会责任感；第二，任务分析，根据机构的金融产品对机构的目标进行分析；第三，社会承诺，根据机构的社会取向、任务分析以及社会绩效管理系统进行衡量。

根据以上第三方机构的现有评价体系，可以发现其均将小额信贷的社会绩效和财务绩效分开进行评价，这种评价方法虽考虑了小额信贷的双重目的，但并不能评价相互之间的影响和在双重目的下财务和社会绩效的协同作用，使评价的结果只能侧重机构的财务收益，或者只能侧重其社会作用，这种偏向让机构的可持续发展性受到很大的影响。因此，本书将从独立于机构本身和同行业从业者的第三方角度，提出基于第三方评级结果的绩效综合评价体系，将根据小额信贷行业的特殊性，提炼设计与其匹配的指标体系，再结合研究方法，建立评价系统。

这种评价系统也是有研究基础的，比如，著名的国际小额信贷信息交流网络（MIX）使用评级方法来衡量小额信贷机构的绩效。其衡量主要包括了总体财务表现、收益表现、费用表现、效率表现和风险及流动性表现，具体分解指标如下：

（1）总体财务表现，又包括了几个重要指标比率＝资产回收表现、权益回收表现、运营自给率。

（2）收益表现，包括资产收益表现、利润边际表现、名义投资产出表现、实际投资产出表现。

（3）费用表现，包括总体费用表现、贷款损失表现、经营费用表现、人工成本表现、管理费用表现和财务费用表现。

（4）效率表现，包括营业费用效率表现、人工成本效率表现、贷款者成本表现、贷款笔数成本表现。

（5）风险及流动性表现，包括短期风险表现（30天以上）、长期风险表现（90天以上）、坏账表现、贷款损失表现、风险覆盖表现、非盈利性流动资产表现。

由指标可以看出，该体系主要是根据小额信贷机构的财务表现，对小额信贷机构进行评价，使广大投资者可以根据评级级别来考察小额信贷机构运营状况，并决定投资去向。

已经对小额信贷机构绩效评价开展了大量的工作，从相关研究来看，所涉及的评价方法较多。但是迄今为止，还没有一套标准的指标体系或者标准的绩效范围可以用来衡量小额信贷机构的绩效状况。然而对小额信贷机构绩效的评价是小额信贷机构得以持续化发展的关键环节。

## 1.4 研究框架

在回顾并梳理了研究背景和研究现状的基础上，针对小额信贷的主题，从研究思路、研究方法及研究内容三个角度介绍总体的研究框架。

### 1.4.1 研究思路

根据问题导向的思路，通过小额信贷行业实际调研中发现的问题，结合第三方信用评级机构对小额信贷机构的影响分析，总体设计出问题的解决思路，设计小额信贷绩效评价体系来解决问题，最后通过对机构的实践来检验体系设计的成效。这一过程就是研究思路，如图1-19所示。

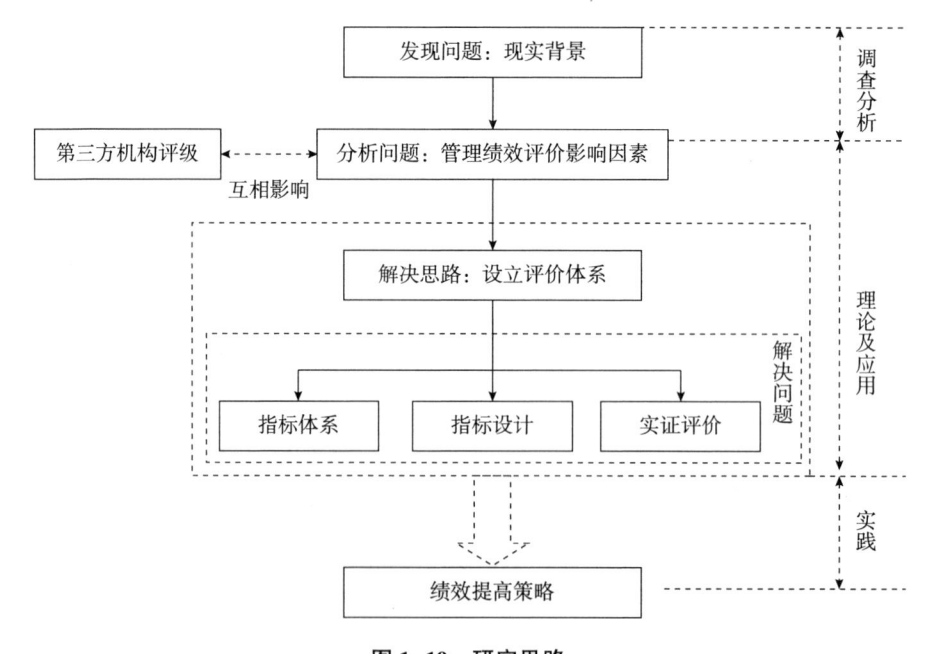

图 1-19　研究思路

#### 1.4.1.1 发现问题

研究目的是建立小额信贷管理绩效评价体系。根据对国内外文献的梳理，可以发现，虽然小额信贷产业高速发展，尤其是小额贷款公司数量及业务总量上呈爆发式增长的趋势，但是在中国，针对小额信贷机构的绩效管理评价体系却没有一个统一的标准和参考。

#### 1.4.1.2 分析问题

将发现的问题，从理论的角度进行深入分析，根据第三方评级机构对小额信贷机构的综合绩效的影响，提炼对问题产生影响的关键因素。根据金融评价市场的各种现有理论，结合小额信贷的特殊行业目的，从理论上提出建立评价体系和综合评价需求。

#### 1.4.1.3 解决思路

在理论分析基础上，针对小额信贷各种绩效评价方法的理论及特点，系统地比较方法之间的优势和劣势，确定解决问题的角度，以及判断方法所需数据的获得程度，再结合小额信贷的行业特征、发展目标，从系统整体上建立评价体系。

在综合评价指标的抽取上，本书摒弃了从单一角度进行考虑的传统思路，选择采取多维度、多元化、多渠道的指标抽取思路，如图1-20所示，将从文献研究中抽取"文献指标"，从第三方评级机构的评价方法中抽取"机构指标"，从评级与绩效改进模型中抽取"模型指标"，最终依据三个维度抽取的指标，在系统分析和因子分析的基础上确定小额信贷机构绩效综合评价系统。

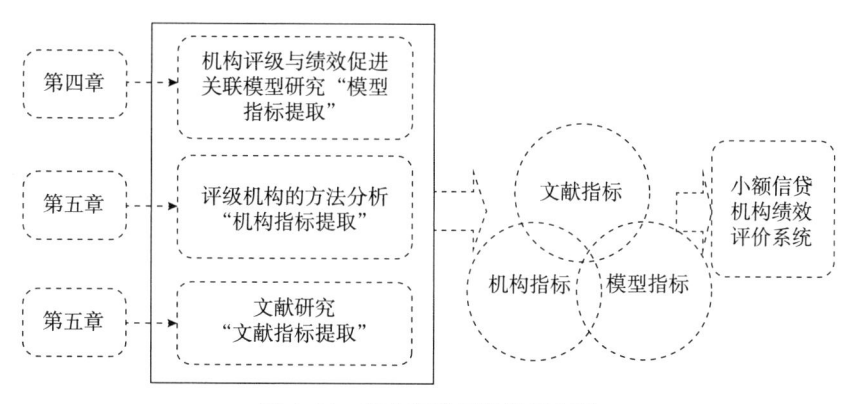

图 1-20 综合评价系统指标来源

#### 1.4.1.4 解决问题

在确定了第三方评级结果对小额信贷机构影响的基础上，提取绩效评价指标，并用层次分析法结合灰色系统评价法构建研究方法，结合行业特点，确定指标体系，完成对小额信贷机构的绩效评价。

### 1.4.2 研究方法

在梳理国内外研究文献的基础上，针对国内研究中存在的不足确立了选题角度和研究思路以后，根据小额信贷机构数据的性质，其财务数据和综合数据的不确定性和不易获得性，本书将采用层次分析法、灰色系统评价法、回归模型法开展研究。

层次分析法用单准则两两比较，易于准确进行量化，避免了专家对评价标准掌握程度不同而出现的差别，层次分析法适用于对决策结果较难进行直接数量计算的情况。

灰色系统评价法用颜色深浅表示信息完备的程度，可以将系统分为三类，即信息完全明确的白色系统、信息完全不明确的黑色系统、信息部分明确部分不明确的灰色系统。经济系统、管理系统、生态系统等都是灰色系统。

回归分析是确定两种或两种以上变数间相互依赖的定量关系的一种统计分析方法。按照自变量和因变量之间的关系类型，可分为线性回归分析和非线性回归分析。

对小额信贷机构绩效进行综合评价的关键，一是要有适合小额信贷机构绩效评价的指标体系，二是采用合理、有效的综合评价方法。科学的评价理论与方法是保证评价质量的必要条件。

### 1.4.3 研究内容

根据研究思路，围绕小额信贷第三方绩效评价，将研究内容如图1-21所示展开研究。

本书主要分为七个部分。

第一部分为绪论，阐述了本书的背景和意义，对小额信贷行业以及绩效评价进行了介绍。在对已有文献分析的基础上，以及对小额信贷机构绩效管理方法的论述的基础上，确定了本书的研究思路、方法及研究内容，将构建基于第三方评级的小额信贷机构绩效评价体系。

第二部分通过对小额信贷行业的回顾，系统梳理了目前我国对于小额信贷行业的政策文件，从现实意义上阐述了目前小额信贷行业亟须一个规范的绩效评价结果来为小额信贷扶持资金和社会投资资金提供参考。

# 第1章 绪　论

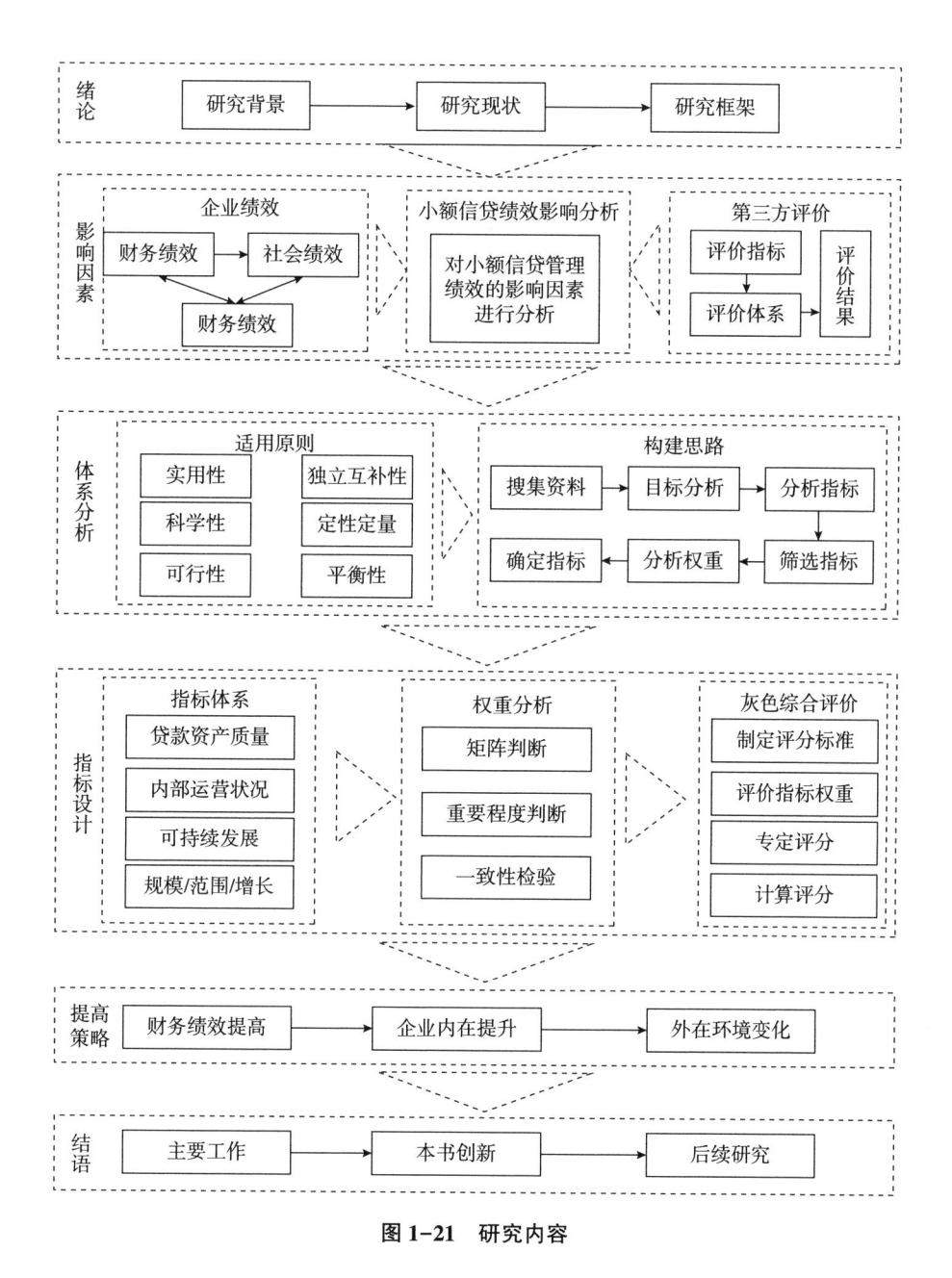

图 1-21　研究内容

第三部分综合阐述并比较了各种绩效评价方法，并最终确定本书将采用层次分析法和灰色多层次评价方法相结合的方法对小额信贷机构的绩效进行分析。

— 55 —

## 小额信贷机构绩效评价研究

  第四部分根据指标和指标权重，构建小额信贷机构的绩效评价体系。通过模型验证了绩效评价对小额信贷机构绩效的提升有促进作用。

  第五部分构建了第三方评级机构的结果与小额信贷机构之间的关系模型，并验证了评级结果对小额信贷机构绩效所产生的影响。

  第六部分为本书的案例研究阶段，运用构建的指标体系及评价模型，选取了成都市的几家具有代表性的小额信贷机构进行了实证分析，并根据分析结果获得绩效提升的策略。

  第七部分总结了本书的主要工作，提出本书的创新点和对后续研究的展望。

# 第2章
# 小额贷款行业在我国的发展

农村地区的银行资金存在外流[①]、银行信贷能力和融资抵押物审核严格、对于贷款人的还款能力要求较高等问题使"三农"和小微企业融资困难[②]，为了满足市场化经营的经济环境要求，我国积极推动了小额贷款公司市场化的进程，为了助力"三农"和小微企业发展，强化普惠金融服务。经过10余年的发展，无论在数量上还是贷款服务对象上，小额贷款公司都成为我国的小额信贷行业的重要代表[③]。

## 2.1 小额信贷行业的发展状况

### 2.1.1 小额信贷行业的发展历程

小额信贷机构在中国的发展历程主要有五个阶段，如图2-1所示。

第一阶段开始于1993年，持续到1996年9月，依靠国际上的援助和软性贷款，此阶段的重点是就孟加拉国的乡村银行模式在中国的可行性进行研究，然而由于小额信贷在我国是新兴行业，且国情和企业架构等诸多因素的不同，国外小额信贷行业的研究理论和数据不能完全适用于我国[④]。

---

① 张颖慧，聂强. 贫困地区小额信贷的运行绩效[J]. 西北农林科技大学学报（社会科学版），2016, 16 (1)：89-97.
② 何婧，何广文. 政府持股、融资能力与小额贷款公司社会绩效[J]. 南京农业大学学报（社会科学版），2017, 17 (1)：91-99.
③ 万宇涛，杨虎锋，杨立社. 小额贷款公司成本效率和利润效率实证研究——基于131家样本公司的省际面板数据[J]. 大连理工大学学报（社会科学版），2018 (1)：49-55.
④ 徐丽娜，张志远. 小额贷款公司与中小企业融资解析[J]. 北京社会科学，2016 (3)：84-87.

# 小额信贷机构绩效评价研究

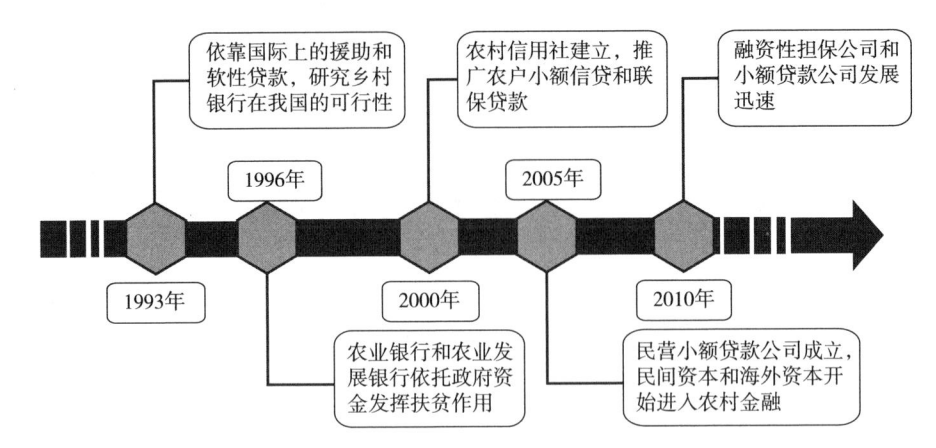

图 2-1 小额信贷行业在我国的发展

资料来源：马涛，贾相平，郭沛．中国小额信贷机构的历史、现状和扶贫性［J］．经济体制改革，2014（5）：148-152.

第二阶段开始于 1996 年 10 月，这个阶段是小额信贷在中国进行扩展的时期，依托政府资金，农业银行和农业发展银行进行具体操作，使政府的扶贫资金可以深入贫困地区，有效地发挥小额信贷扶贫、脱贫的作用，然而受制于银行的信贷审核制度、资金管理制度等诸多因素，小额信贷并不完全发挥作用。

第三阶段开始于 2000 年，中国人民银行推动农村信用社的建立，并开始试行推广农户小额信贷和农户联保贷款，这标志着正规的农村金融机构开始介入小额信贷项目。据中央银行的统计，到 2002 年底，全国范围内，有提供小额贷款的农村信用社共有 30710 个，占总数的 92.6%。此时，银行和农村信用社提供的小额贷款余额共近 1000 亿元，获得贷款支持的农户达 5986 万户。然而随着我国经济发展，很多贫困地区的合作性金融机构迫于经营压力和财政资金使用的压力走上了商业化的道路[①]，与其为贫困的农村地区服务的设立初衷相背离。

第四阶段始于 2005 年，在农业银行、农村信用社对"三农"和小微企业的金融服务收效甚微的情况下，七家民营小额贷款公司在中国的五个省份开展试点工作，意味着民间资本和海外资本开始进入农村金融市场。随着 2008 年，中国的小额贷款公司试点，则标志着中国政府从法规上认可并鼓励来自民间和国外的资金进入贫困地区，并以增量资金的方式来弥补农村地区金融供给不足的情况。根据中国人民银行的数据显示，截至 2014 年末，中国的小额贷款公司为 8791 家，贷款达 9420.38 亿元。

---

① 吴义能，叶永刚，吴凤．我国金融扶贫的困境与对策［J］．统计与决策，2016（9）：176-178.

第 2 章 小额贷款行业在我国的发展

与此同时，普惠金融中的另一种金融企业——融资性担保公司，2011~2014年也是高速发展的阶段，为中小企业获取贷款提供了有力的帮助。根据融资性担保业务监管部际联席会议的数据统计，在 2014 年末，我国融资性担保公司共 3880 家，期末担保责任余额为 18368 亿元，为中小企业融资起到了极其重要的作用。

作为小额信贷行业中发展最迅速的小额贷款公司，根据各副省级城市的统计数据，从 2010~2013 年，小额贷款公司在数量上和业务量上都呈现了迅猛发展的趋势，全国 15 个副省级城市小额贷款的公司机构数量、注册资本规模及业务数据（见图 2-2 至图 2-6）都显示了小额贷款业务在这几年的发展趋势。

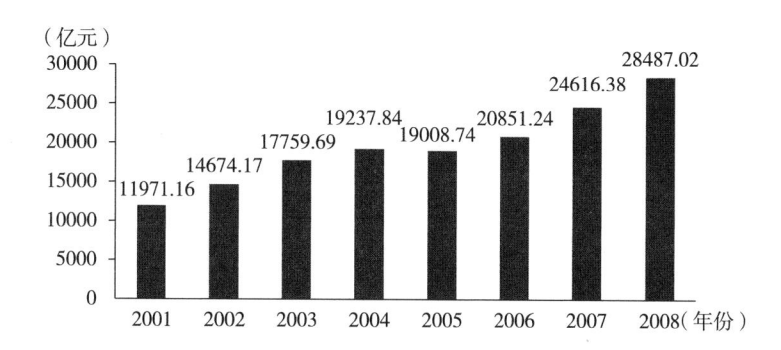

**图 2-2　2001~2008 年农村信用社对非金融机构贷款余额**
资料来源：相关监管部门数据。

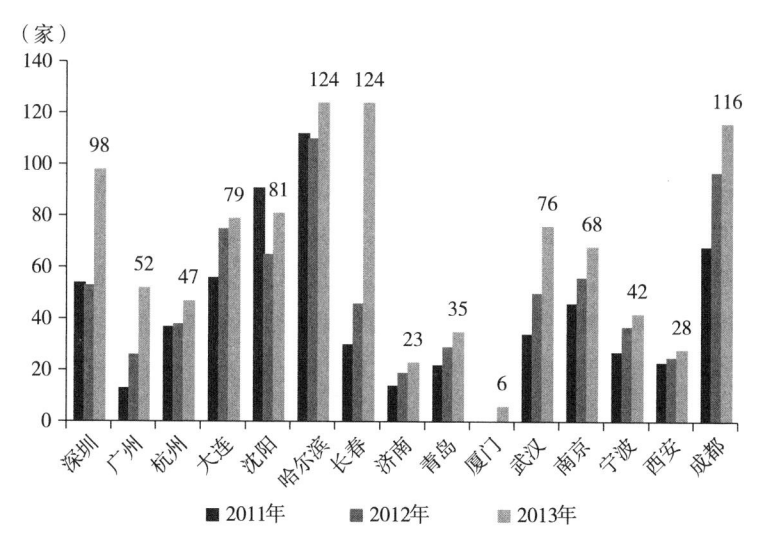

**图 2-3　全国 15 个副省级城市 2011~2013 年小额信贷机构数量**
资料来源：相关监管部门数据。

小额信贷机构绩效评价研究

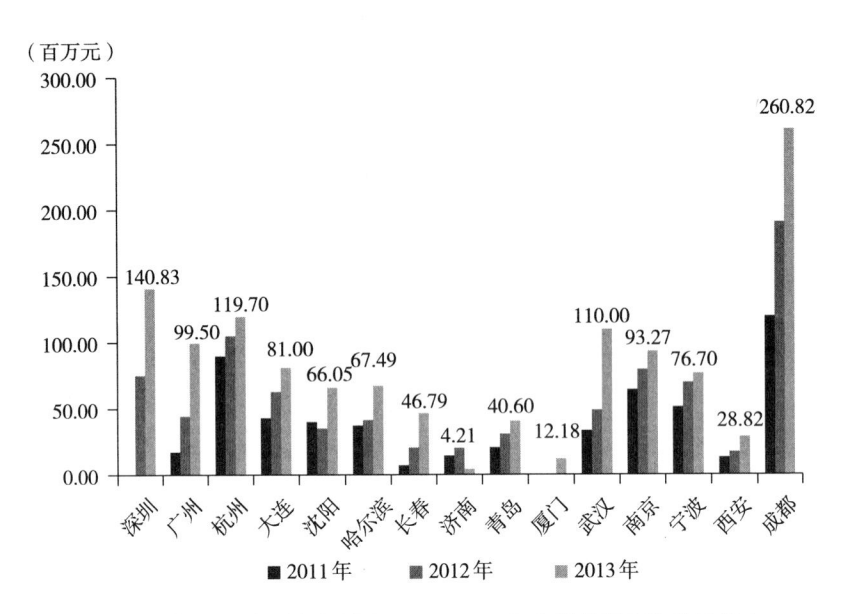

**图 2-4 全国 15 个副省级城市 2011~2013 年小额信贷机构注册资本**

资料来源：相关监管部门数据。

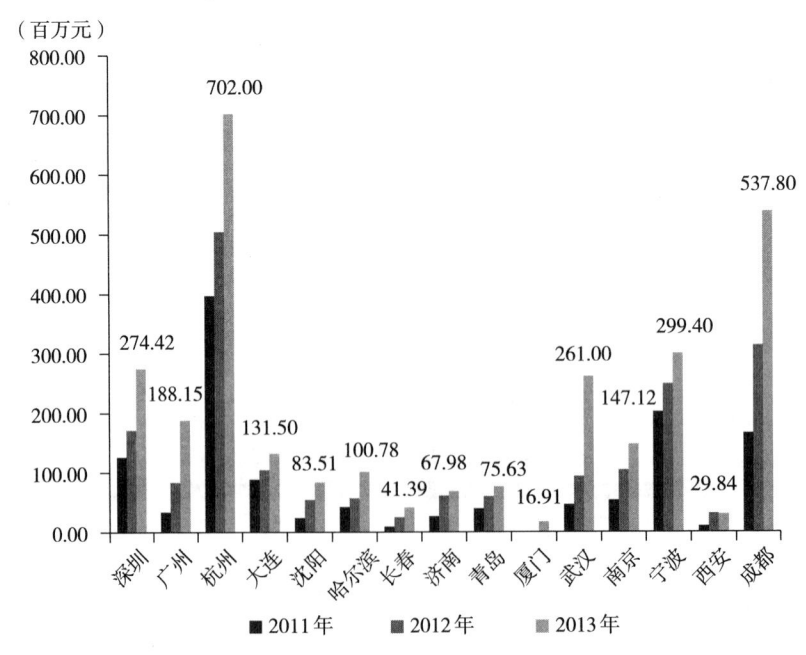

**图 2-5 全国 15 个副省级城市 2011~2013 年小额信贷机构当年提供贷款金额**

资料来源：相关监管部门数据。

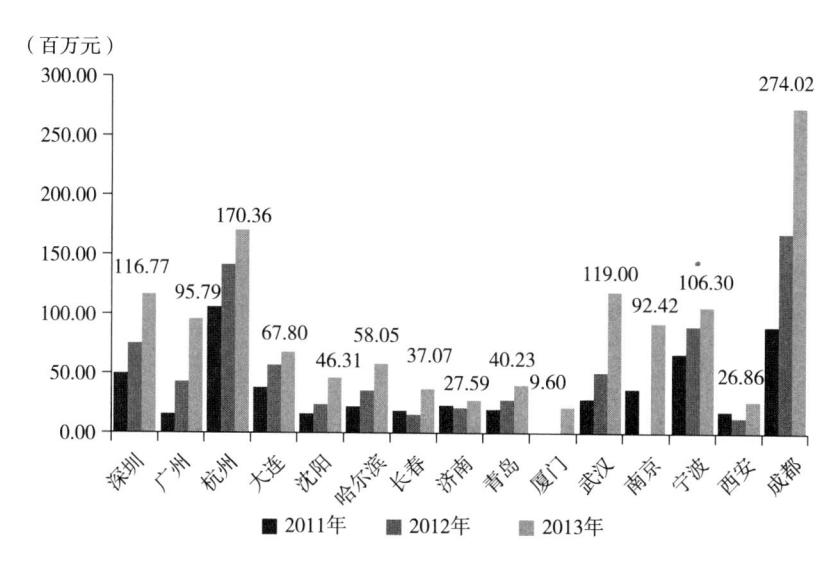

图 2-6　全国 15 个副省级城市 2011~2013 年小额信贷机构贷款余额

资料来源：相关监管部门数据。

第五阶段，2015 年至今，随着中国经济从高速发展转变为高质量发展，小额贷款公司和融资性担保公司也面临着很多问题。小额贷款公司由于政策监管、融资渠道狭窄且融资难度大、经营成本高昂、不良率居高不下等特点发展举步维艰[1]。

## 2.1.2　小额信贷行业的发展现状

到 2017 年末，小额贷款公司的数量开始下降，为 8551 家，如图 2-7 所示。2010~2014 年机构数量增长较多，但 2015 年以后，机构数量开始减少，至 2018 年 6 月，全国小额贷款公司的数量已经少于 2014 年末的数量。

全国小额贷款机构数量前十多的省份 2013~2018 年的机构数量变化如图 2-8 所示。

可以看到的是辽宁省、安徽省、河北省、内蒙古自治区和浙江省的小额贷款公司数量都在减少。江苏省作为我国经济发展状况最好的省份之一，小额信贷发展最好、机构数量最多，其小额贷款公司数量从 2015 年之后变化幅度很小。

---

[1]　张昊. 中国小额贷款公司资金来源和经营风险问题的制度优化思考 [J]. 江西财经大学学报，2017（5）：29-35.

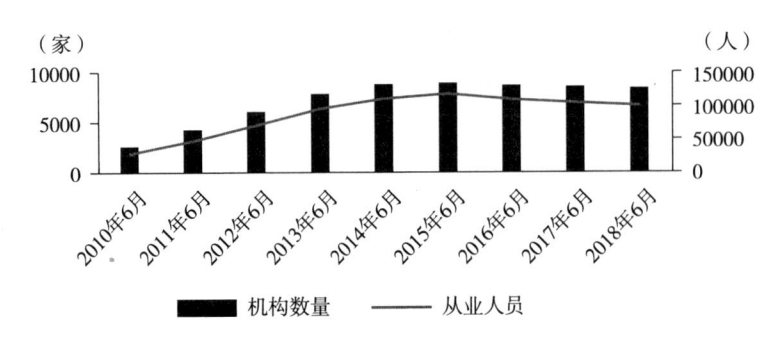

图 2-7　小额贷款机构数量和从业人员数量趋势

资料来源：中国人民银行统计并公布的数据。

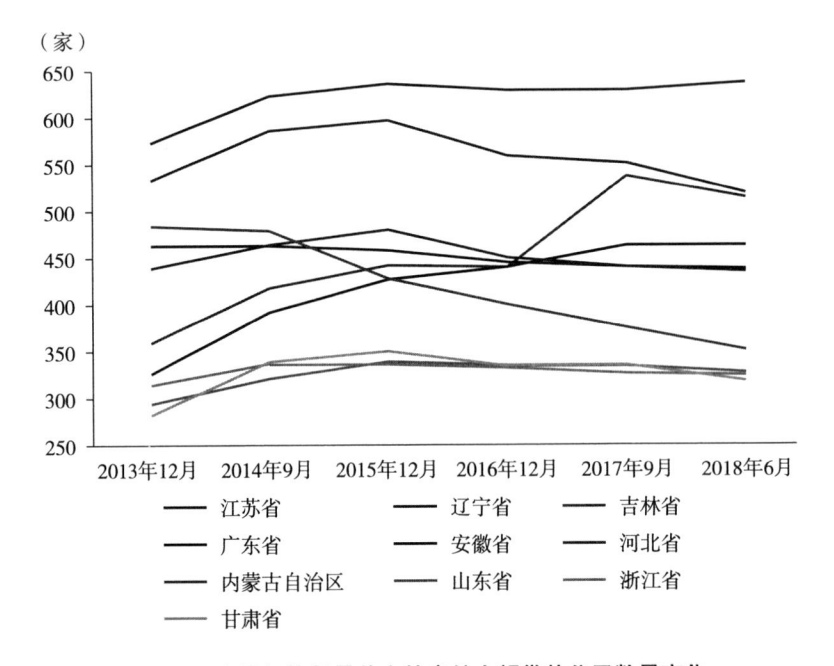

图 2-8　全国机构数量前十的省份小额贷款公司数量变化

资料来源：中国人民银行统计并公布的数据。

2015~2018 年，小额贷款机构数量下降幅度超过 10% 的省份有 7 个，具体如图 2-9 所示。

其中，下降幅度最大的云南省，在 2017 年是机构数量减少最多的一年，由于宏观经济下滑，以及房地产、矿产资源等传统产业经营困难等诸多原因，并且随着行业规范整顿和监管政策的实施，2017 年云南省有 100 余家小额贷款公司申请注销。而四川省作为西南地区小额贷款公司数量最多的省份，2018 年在对全省小

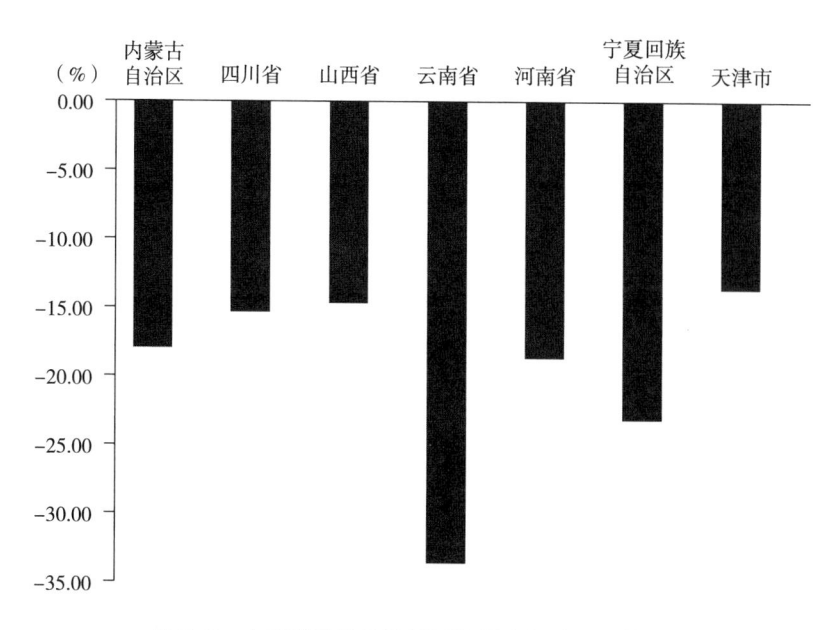

图 2-9 小额贷款机构数量下降幅度超过 10% 的地区

资料来源：中国人民银行统计并公布的数据。

额贷款公司检查中，共 71 家公司受到了停业整顿和取消业务资格的处罚。

小额贷款企业不仅从数量上在此阶段减少，其贷款规模也呈阶段性负增长，贷款规模从 2014 年末的 9420.38 亿元收缩为 2016 年的 9272.80 亿元；到 2017~2018 年上半年，小额贷款公司的贷款规模呈稳定小幅度增长的趋势，如图 2-10 所示。

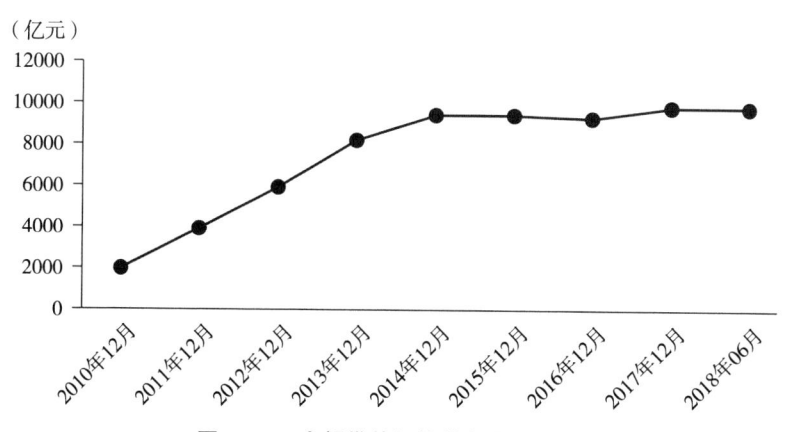

图 2-10 小额贷款机构贷款余额走势

资料来源：中国人民银行统计并公布的数据。

按照机构数量排名前十的地区，大部分的小额贷款公司的贷款余额在2013~2018年呈下降趋势，如图2-11所示。尤其是在经济发达的江苏省和浙江省，贷款余额都大幅度下降，而作为改革开放后经济一直发达的广东省，在2017年第三季度到2018年这个阶段，贷款余额下降幅度达到了18.25%。

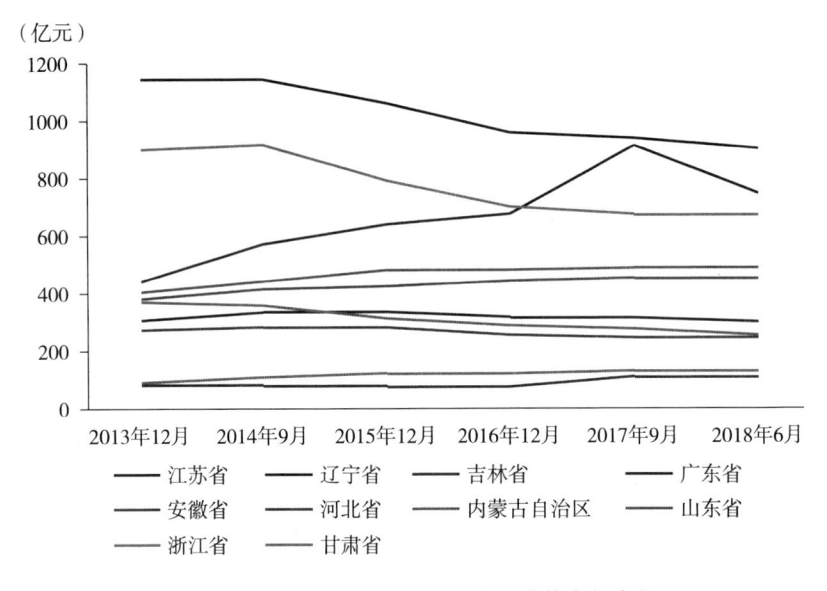

**图2-11　机构数量排名前十的地区贷款余额变化**

资料来源：中国人民银行统计并公布的数据。

与小额贷款机构相似，从2015年开始，融资性担保机构的数量和融资性在保余额都开始下降。融资性担保机构数量减少491家，年末融资性在保余额减少868亿元，在保户数减少104303户；在业务发展呈负增长的同时，融资性担保机构的代偿急剧增加，2015年当年新增代偿金额473亿元，而担保业务收入为305亿元；据统计，全国28个省份的上报数据显示代偿额呈上升趋势，担保行业的发展情况也不容乐观。

然而，得益于我国普惠金融发展规划的制定，在小额贷款和担保行业乱象丛生的时候，传统银行业的小微金融板块和"三农"业务板块，由于银行业的监管力度更强，内部控制和风险防控机制更加健全，为我国小额信贷的扶贫提供了强有力的支撑。根据中国农业银行发布的《中国农业银行普惠金融服务报告（2018）》数据显示，截至2017年末，全行小微企业（含个体工商户和小微企业主）贷款余额1.36万亿元，较2016年增加1602亿元，增长幅度超过10%；县域贷款余额3.57万亿元，较上年增加3900亿元，增速12.3%；涉农贷款、农户贷款余额分别突破 3 万亿元、1 万亿元。农业银行提供的贷款余额已然超过了全国小额贷款公司提供的贷款余额，成为普惠金融的重要助力。

## 2.2 小额信贷行业的相关政策

### 2.2.1 小额信贷行业相关政策梳理

由于小额信贷行业既涉及传统商业银行、村镇银行等传统金融机构，也涉及小额贷款、典当、融资担保及网络贷款等新兴金融机构，因此政策文件涉及的出处和种类较多，本书根据时间顺序主要就行业的指导监管类文件和行业扶持政策文件进行梳理。

#### 2.2.1.1 小额信贷规范指导监管类文件

为了改进和完善中小企业金融服务，拓宽融资渠道，着力缓解中小企业的融资困境，支持和促进中小企业发展，国家从制度层面做出的行业发展要求，文件主要针对商业银行、小额贷款公司和融资性担保公司在公司设立、经营管理、风险防范、"三农"和中小企业贷款业务推进等方面做出指导及要求，详细如表 2-1 所示。

基于政策文件的梳理，不难发现：

（1）小额信贷行业由于涉及的企业种类较多，监管部门也较多，涉及国家层面的很多部门，其中最多的为中国银行业监督管理委员会、中国人民银行和财政部（见图 2-12）。除此之外，由于小额贷款公司和融资性担保公司的监管部门为各地政府的金融工作局（办公室），因此各级政府也有相应的监管文件。

（2）根据文件发布的年份进行统计，如图 2-13 所示，在 2010 年时，小额信贷行业的政策文件数量达到了顶峰，此时也是小额信贷行业发展的第四个阶段，无论是小额贷款公司还是融资性担保公司，其机构数量和业务都在迅速上升的时期。

小额信贷机构绩效评价研究

表2-1 小额信贷行业规范指导监督文件

| 颁布年份 | 颁布机构 | 政策法规名称 | 主要内容 | 涉及行业 |
|---|---|---|---|---|
| 1995 | 全国人民代表大会常务委员会 | 《中华人民共和国担保法》 | 为促进资金融通和商品流通,保障债权实现,发展社会主义市场经济,在信贷、买卖、货物运输、加工承揽等经济活动中就担保涉及的方式、主体、合同、抵押、质押、定金等事项做出了明确规定 | 银行 小额贷款 融资担保 |
| 1996 | 中国人民银行 | 《中国人民银行贷款通则》 | 规范贷款行为,维护借贷双方的合法权益,保证信贷资产的安全,对贷款种类、期限、利率、借款人、贷款人、贷款程序、不良贷款监管、贷款债权保全和清偿等具体事项做出的规定 | 银行 小额贷款 |
| 2002 | 中国人民银行 | 《关于印发〈银行贷款损失准备计提指引〉的通知》 | 为了增强银行抵御风险的能力,并逐步与国际通行标准接轨,保持银行稳健经营和持续发展,要求银行按照谨慎会计准则,合理估计贷款可能发生的损失,按贷款的五级分类数据比例,及时计提贷款损失准备 | 银行 小额贷款 |
| 2003 | 中国人民银行 | 《关于人民币贷款利率有关问题的通知》 | 为逐步推进利率市场化改革,充分发挥利率杠杆的调节作用,对贷款利率、合同期内贷款利率调整、罚息利率等做出的具体规定 | 银行 小额贷款 |
| 2004 | 中国银行业监督管理委员会 | 《商业银行与内部人和股东关联交易管理办法》 | 为完善商业银行审慎经营规则,规范商业银行关联交易行为,控制关联交易风险,维护商业银行的安全、稳健运行做出的规定 | 银行 小额贷款 |
| 2005 | 财政部 | 《关于印发〈银行抵债资产管理办法〉的通知》 | 为规范银行抵债资产管理,避免和减少资产损失,及时化解金融风险,促进银行稳健经营和健康发展,对抵债资产的内容、资产价值、处置原则和流程、资产的保管、企业账务处理等做出了详细规定 | 银行 小额贷款 |
| 2007 | 中国银行业监督管理委员会 | 《关于印发〈村镇银行管理暂行规定〉的通知》 | 为放宽农村地区银行业金融机构准入,对村镇银行的机构设立要求、股权设置、股东资格、高管人员资格、公司治理、经营管理、监督检查等机构管理运行做出的规定 | 银行 |

— 66 —

续表

| 颁布年份 | 颁布机构 | 政策法规名称 | 主要内容 | 涉及行业 |
|---|---|---|---|---|
| 2007 | 中国银行业监督管理委员会 | 《关于银行业金融机构全面执行〈企业会计准则〉的通知》 | 为提高会计信息质量和可比性,完善银行业的风险管理,提高经营水平,加强银行业监管,要求银行业金融机构最晚于2009年开始执行财政部2006年新颁布的《企业会计准则》 | 银行 |
| 2007 | 财政部 | 《关于印发〈金融企业财务规则——实施指南〉的通知》 | 为实现新旧金融企业财务制度的转换衔接,对国有控股金融企业、金融控股公司、担保公司、城市商业银行、农村商业银行、农村合作银行、信用社等机构的财务管理工作做出的具体要求,包括对金融企业资本充足率、偿付能力、金融企业支付能力、金融企业担保业务风险管理等方面做出的具体要求 | 银行小额贷款融资担保 |
| 2007 | 财政部 | 《金融企业财务规则》 | 为了加强金融企业财务管理,规范金融企业财务行为,促进金融企业财务管理的建立和完善,防范金融企业财务风险,维护金融企业及其相关方合法权益,设置财务管理职能部门,配备专业管理人员,建立健全金融企业内部财务管理制度,规划、预测、计划、预算、控制、监督、考核、评价和分析等方法,综合运用集资金、营运资产、分配收益、配置资源,反映经营状况,防范和化解财务风险,实现持续经营和价值最大化 | 银行 |
| 2007 | 中国银行业监督管理委员会 | 中国银行业监督管理委员会印发《小企业贷款风险管理分类办法》 | 为促进银行业金融机构对小企业的金融服务,加强对小企业贷款的管理,要求银行业金融机构可根据贷款逾期时间,同时考虑借款人的风险特征和担保因素,参照小企业贷款逾期天数矩阵对小企业贷款进行分类 | 银行小额贷款 |

续表

| 颁布年份 | 颁布机构 | 政策法规名称 | 主要内容 | 涉及行业 |
|---|---|---|---|---|
| 2007 | 中国银行业监督管理委员会 | 《关于印发〈贷款风险分类指引〉的通知》 | 为促进银行完善信贷管理，科学评估信贷资产质量，要求银行按照贷款的实际价值和风险程度将贷款分为正常、关注、次级、可疑和损失类，并根据分类进行贷款资产的管理 | 银行 小额贷款 |
| 2007 | 中国银行业监督管理委员会 | 《关于印发〈银团贷款业务指引〉的通知》 | 为分散银行授信风险，推动银行间合作，对银团贷款成员组、贷款协议、贷款管理、收费等做出的具体规定 | 银行 |
| 2008 | 中国银行业监督管理委员会、中国人民银行 | 《关于小额贷款公司试点的指导意见》 | 强化市场对资源的配置作用，引导资金流向农村和欠发达地区，改善农村地区金融服务，促进农业、农民和农村经济发展，推动商业化、市场化模式运作的小额贷款公司的发展制定的关于小额贷款公司的性质、设立、资金来源和运作、公司监督管理等具体规定 | 小额贷款 |
| 2008 | 财政部 | 《关于小额贷款公司执行〈金融企业财务规则〉的通知》 | 为了加强各类企业财务管理，规范小额贷款公司财务行为，防范财务风险，促进小额贷款公司稳健经营和发展，维护金融稳定和社会经济秩序，要求小额贷款公司执行《金融企业财务规则》（中华人民共和国财政部令第42号）、《金融企业呆账核销管理办法（2008年修订版）》（财金〔2008〕28号）、《银行抵债资产管理办法》（财金〔2005〕53号）等相关金融财务管理制度 | 小额贷款 |
| 2009 | 中国银行业监督管理委员会 | 《关于印发〈小额贷款公司改制设立村镇银行暂行规定〉的通知》 | 为小额贷款公司改制设立村镇银行提供政策指引，对改制的条件、程序和要求、监督管理做出具体规定 | 银行 小额贷款 |

第2章 小额贷款行业在我国的发展

续表

| 颁布年份 | 颁布机构 | 政策法规名称 | 主要内容 | 涉及行业 |
|---|---|---|---|---|
| 2009 | 中国银行业监督管理委员会 | 《关于印发〈商业银行资本充足率监督检查指引〉的通知》 | 为推动商业银行完善风险管理体系和控制机制,实现资本要求与风险水平和风险管理能力的密切结合,提高商业银行抵御风险的能力,对商业银行内部资本充足率从评估程序、评估标准、监督检查程序等方面做出具体的规定 | 银行 |
| 2009 | 国务院 | 《关于进一步明确融资性担保业务监管职责的通知》 | 为加强对融资性担保业务的监督管理,促进融资性担保业健康发展,防范化解融资性担保风险,国务院设立融资性担保业务监管部际联席会议,研究制订促进融资性担保业发展的政策措施,监督管理制度,指导地方人民政府对融资性担保业务进行监管和风险处置,并明确由地方政府负责制定本地区融资性担保机构风险防范和处置的具体办法并组织实施 | 融资担保 |
| 2010 | 中国人民银行、中国银行业监督管理委员会、中国保险监督管理委员会、中国证券监督管理委员会 | 《关于进一步做好中小企业金融服务工作的若干意见》 | 为进一步改进和完善中小企业金融服务,拓宽融资渠道,着力缓解中小企业(尤其是小企业)的融资困难,支持和促进中小企业发展,从制度层面做出的行业发展要求 | 银行 小额贷款 |
| 2010 | 财政部 | 《关于印发〈地方金融企业财务监督管理办法〉的通知》 | 为了加强对地方金融企业的财务监督管理工作,促进地方金融企业健康发展,财政部要求地方财政部门对本级地方金融企业实施财务监督管理,指导下级财政部门开展财务监督管理工作,并对地方金融企业的财务登记、财务监管、财务信息报告、检查监督等方面做出了具体要求 | 银行 小额贷款 |

— 69 —

续表

| 颁布年份 | 颁布机构 | 政策法规名称 | 主要内容 | 涉及行业 |
|---|---|---|---|---|
| 2010 | 国家税务总局 | 《关于金融企业贷款利息收入确认问题的公告》 | 对金融企业在确认贷款利息收入时，属于未逾期贷款（含展期）的利息应先确认利息收入，若逾期90天仍未收回的，可以抵扣当期应纳税所得额 | 银行 小额贷款 |
| 2010 | 中国银行业监督管理委员会 | 《关于印发〈融资性担保机构经营许可证管理指引〉的通知》 | 为规范监管部门对融资性担保机构经营许可证的管理，维护融资性担保市场秩序，促进融资性担保公司依法经营，根据《融资性担保公司管理暂行办法》等有关规定，融资性担保经营许可证文件，由监管部门依法办理该经营许可证的颁发、换发、注销等 | 融资担保 |
| 2010 | 国务院 | 《关于鼓励和引导民间投资健康发展的若干意见》 | 在民间投资不断发展壮大的情况下，鼓励和引导民间资本进入法律法规未明确禁止准入的行业和领域，其中规定了鼓励和引导民间资本进入金融服务领域，允许民间资本发起或参与设立村镇银行、贷款公司、农村资金互助社等金融机构，对小额贷款公司的涉农业务实行与村镇银行同等的财政补贴政策，并支持民间资本发起设立信用担保公司 | 小额贷款 融资担保 |
| 2010 | 中国银行业监督管理委员会 | 《融资性担保机构重大风险事件报告制度》 | 为及时掌握融资性担保机构重大风险事件情况，切实加强对重大风险事件的应急管理，防止系统性风险，要求各地的融资性担保业监管部门制定重大风险事件应急报告机制，应急事件的实施方案，设立重大风险事件的协调处置机制，妥善处理各类重大风险事件秩序维护金融和社会稳定 | 融资担保 |

— 70 —

续表

| 颁布年份 | 颁布机构 | 政策法规名称 | 主要内容 | 涉及行业 |
|---|---|---|---|---|
| 2010 | 中国银行业监督管理委员会、国家发展和改革委员会、工业和信息化部、财政部、中国人民银行、国家工商行政管理总局 | 《融资性担保公司管理暂行办法》 | 为了支持普惠金融发展，促进资金融通，规范融资性担保公司的行为，防范风险，加强对融资性担保管理，促进融资性担保行业健康发展，国家七部委联合对融资性担保机构开展的业务、机构的设立、变更和终止、经营规则、监督管理及法律责任等事项提出了明确要求 | 融资担保 |
| 2010 | 中国银行业监督管理委员会 | 《融资性担保公司内部控制指引》 | 为了防范融资性担保业务风险，促进融资性担保公司稳健经营，要求融资性担保公司建立健全内部控制机构，并划分内部控制职责，明确制约监督机制，相互监督制约的融资性担保公司内部控制制度，防范融资性担保业务风险 | 融资担保 |
| 2010 | 中国银行业监督管理委员会 | 《融资性担保公司治理指引》 | 为了保障融资性担保公司建立明晰的治理结构、科学的决策机制、合理的激励约束机制和有效的监督和评价有据可依，监管部门对融资性担保公司治理进行监督和评价有据可依，要求融资性担保公司建立以股东(大)会、董事会、监事会、高级管理层为主体的组织架构，并对各主体之间相互制衡的责、权、利关系做出制度安排 | 融资担保 |
| 2010 | 中国银行业监督管理委员会 | 《融资性担保公司信息披露指引》 | 规范融资性担保公司的信息披露行为，促进融资性担保公司与银行业金融机构实债权人之间的业务合作，要求融资性担保公司应遵循真实性、准确性、完整性、及时性和可比性原则就年度报告、重大事项等进行披露，并就信息披露的内容和信息披露做出了具体的管理规定 | 融资担保 |

— 71 —

续表

| 颁布年份 | 颁布机构 | 政策法规名称 | 主要内容 | 涉及行业 |
|---|---|---|---|---|
| 2010 | 中国银行业监督管理委员会 | 《融资性担保公司董事、监事、高级管理人员任职资格管理暂行办法》 | 为了加强对融资性担保公司董事、监事、高级管理人员的任职资格管理，促进融资性担保行业合法、慎重经营，人员应当熟悉经济、金融、担保的法律法规，具有良好的合规意识和审慎经营意识，且高级管理人员应从事金融或担保工作三年以上，或从事相关行业工作五年以上；同时对任职资格的资料报送和审批做出了具体规定 | 融资担保 |
| 2010 | 中国银行业监督管理委员会 | 《关于加强融资性担保贷款统计和有关资料转送工作的通知》 | 为掌握银行业金融机构融资性担保贷款情况，完善融资性担保业务统计工作机制，要求各银监局于每年7月底前及2月底前报送银行业金融机构融资性担保贷款统计报表 | 银行融资担保 |
| 2010 | 中国人民银行、中国银行业监督管理委员会 | 《融资性担保公司接入征信系统管理暂行规定》 | 规范融资性担保公司接入征信系统，维护征信系统的安全、稳健运行，使用、退出征信系统做出了具体规定为融资性担保行业的规范 | 融资担保 |
| 2010 | 财政部 | 《关于地方财政部门积极做好融资性担保业务相关管理工作的意见》 | 为更好地履行财政职能，支持和促进融资性担保业规范发展，要求地方财政部门明确目标和任务，积极推动融资性担保体系建设，加强地方融资性担保公司财务监督，防范化解地方金融风险，完善融资性担保行业监管制度体系，促进融资性担保行业健康发展 | 融资担保 |
| 2011 | 中国人民银行 | 《中国人民银行办公厅关于小额贷款公司接入人民银行征信系统及相关管理工作的通知》 | 为防信贷风险，促进信贷业务的发展，保障企业和个人信用信息的安全和合法使用，对小额贷款公司接入人民银行征信系统的工作做出的具体规定，包括组织管理、流程管理、模式规定和相关事项 | 小额贷款 |

## 第2章 小额贷款行业在我国的发展

续表

| 颁布年份 | 颁布机构 | 政策法规名称 | 主要内容 | 涉及行业 |
| --- | --- | --- | --- | --- |
| 2011 | 工业和信息化部、国家统计局、国家发展和改革委员会、财政部 | 《关于印发〈中小企业划型标准规定〉的通知》 | 根据《中华人民共和国中小企业促进法》和《国务院关于进一步促进中小企业发展的若干意见》，为了进一步促进中小企业发展，按照行业进一步明确中小企业的划分 | 银行 小额贷款 融资担保 |
| 2011 | 国务院 | 《关于促进融资性担保行业规范发展意见的通知》 | 鼓励规模较大、实力较强的融资性担保机构在县域和西部地区设立分支机构或开展业务；并要求对融资性担保机构加强扶持资金管理，落实符合条件的融资性担保机构的财税优惠政策，建立扶优限劣的良性发展机制 | 融资担保 |
| 2011 | 中国银行业监督管理委员会 | 《关于银行业金融机构与担保机构开展业务合作的风险提示》 | 为督促各银行业金融机构防范与担保机构合作面临的风险，要求银行业严格审查担保机构的资质，科学测算担保机构风险倍数及其变化情况，考察担保机构内部控制和措施，一步完善自身内部控制和内部控制机制，防范关联交易风险 | 银行 融资担保 |
| 2011 | 中国保险业监督管理委员会 | 《规范保险机构对外担保有关事项的通知》 | 要求保险公司、保险资产管理公司除正常经营管理活动外，不得再对外事担保 | 融资担保 |
| 2011 | 中国银行业监督管理委员会 | 《关于促进银行业金融机构与融资性担保机构业务合作的通知》 | 在兼顾控制风险以支持小微的性质上，分析风险，根据银行和担保合作机构的性质，平等保护银担双方的权益，促进银担合作的健康发展 | 银行 融资担保 |

— 73 —

续表

| 颁布年份 | 颁布机构 | 政策法规名称 | 主要内容 | 涉及行业 |
|---|---|---|---|---|
| 2011 | 商务部、中国银行业监督管理委员会 | 《关于支持商圈融资发展的指导意见》 | 为缓解中小商贸企业融资难题，应在充分认识发展商圈融资的意义的基础上，推广适合商圈特点的融资模式，创造良好融资环境和建立商圈与融资机构合作机制，三方面促进中小商贸企业的融资难题 | 银行 小额贷款 融资担保 |
| 2012 | 财政部 | 《关于印发〈金融企业准备金计提管理办法〉的通知》 | 为了防范金融企业风险，增强金融企业风险抵御能力，促进金融企业稳健经营健康发展，要求金融企业对承担风险和损失的金融资产计提相应的准备金，包括资产减值准备和一般准备，对需要计提的金融资产，计提方法和比例，计提准备金时间，计提准备金后的财务处理等做出了具体规定 | 银行 小额贷款 融资担保 |
| 2012 | 融资性担保业务管理部际联席会议 | 《关于规范融资性担保机构客户担保保证金管理的通知》 | 为规范融资性担保机构客户保证金管理，降低小微企业融资成本，融资性担保机构不收取客户保证金，而通过提高风险识别和管理能力，加强风险担保措施等方式实现对风险的有效控制，若确有需要收取的，应实行专户管理，严禁用于委托管理、投资等 | 融资担保 |
| 2013 | 中国银行业监督管理委员会 | 《关于防范外部风险传染的通知》 | 要求银行业金融机构重点关注商业银行外部风险主要来源：小贷公司、典当行、担保机构、民间融资、融资担保公司开展信用评级、分级管理与授信，同时防范民间融资和非法集资风险，实施统一管理，和报送机制，对风险及时提示，实现信息共享 | 银行 小额贷款 融资担保 |

— 74 —

## 第2章 小额贷款行业在我国的发展

续表

| 颁布年份 | 颁布机构 | 政策法规名称 | 主要内容 | 涉及行业 |
|---|---|---|---|---|
| 2013 | 中国银行业监督管理委员会、国家发展和改革委员会、工业和信息化部、财政部、商务部、中国人民银行、国家工商行政管理总局、国务院法制办公室 | 《关于清理规范非融资性担保公司的通知》 | 为切实规范市场秩序，维护金融与社会稳定，要求各地集中清理规范融资性担保公司，重点是以"担保"名义进行宣传但不经营担保业务的公司，并加强管理措施，严守风险底线 | 融资担保 |
| 2013 | 中国人民银行办公厅 | 《关于小额贷款公司和融资性担保公司接入金融信用信息基础数据库有关事宜的通知》 | 具备接入条件的小额贷款公司、融资性担保公司、村镇银行等机构应当接入金融信用信息基础数据库，实现征信信息的共享 | 小额贷款 融资担保 |
| 2013 | 中国人民银行办公厅 | 《关于开展小额贷款公司信用评级试点工作的通知》 | 为促进小额贷款公司和融资性担保机构规范健康发展，融资性担保风险控制水平，改善金融生态环境，防范金融风险，规范和提升两类机构经营管理和风险控制水平，改善金融生态环境，提高金融对经济的支持和服务水平，按照自愿原则，开展两类公司的信用评级工作 | 小额贷款 融资担保 |
| 2014 | 融资性担保业务监管部际联席会议 | 《关于促进融资性担保机构服务小微企业和"三农"发展的指导意见》 | 为促进融资性担保机构服务小微企业和"三农"发展，要求融资性担保机构规范经营，提高服务质量，推进再担保体系建设，加大服务力度，和环境，深化银担合作，营造良好环境支持发展，形成有利机制和环境 | 融资担保 |

续表

| 颁布年份 | 颁布机构 | 政策法规名称 | 主要内容 | 涉及行业 |
|---|---|---|---|---|
| 2015 | 国务院 | 《关于印发〈推进普惠金融发展规划〉（2016—2020年）的通知》 | 规划要求大力发展普惠金融，将小微企业、农民、城镇低收入人群、贫困人群和残疾人、老年人等特殊群体作为我国普惠金融服务的重点服务对象，让他们能及时获取价格合理、便捷安全的金融服务 | 银行 小额贷款 融资担保 |
| 2015 | 最高人民法院 | 《关于审理民间借贷案件适用法律若干问题的规定》 | 进一步明确民间借贷的相关法律问题，充分保护人民群众和广大民事主体在民间借贷的合法权益，维护正常的资金融通秩序 | 小额贷款 融资担保 |
| 2015 | 最高人民法院 | 《关于适用民间借贷案件司法解释的最新通知》 | 为全国各级人民法院正确及时审理民间借贷纠纷案件提供具有可操作性的司法裁判依据，为维护经济社会和谐发展发挥重要作用 | 小额贷款 融资担保 |
| 2015 | 中国人民银行、工业和信息化部、公安部、财政部、工商行政管理总局、国务院法制办公室、中国银行业监督管理委员会、中国证券监督管理委员会、保险监督管理委员会、国家互联网信息办公室 | 《关于促进互联网金融健康发展的指导意见》 | 互联网金融对促进小微企业发展和扩大就业发挥了现有金融机构难以替代的积极作用，为了促进互联网金融健康发展，深化金融改革，促进金融创新发展，扩大金融业对内对外开放，构建多层次金融体系，对互联网金融的监管责任进行明确，并对机构规范发展提出了明确要求 | 小额贷款 融资担保 |

— 76 —

第 2 章 小额贷款行业在我国的发展

续表

| 颁布年份 | 颁布机构 | 政策法规名称 | 主要内容 | 涉及行业 |
|---|---|---|---|---|
| 2015 | 中国人民银行、中国银行业监督管理委员会、中国证券监督管理委员会、保险监督管理委员会、国家统计局 | 《关于印发〈金融业企业划型标准规定〉的通知》 | 为了推动中小金融机构健康发展，加大金融对实体经济的支持，对金融业企业划分为货币金融服务、资本市场服务、保险业、其他金融业四大类，并将货币金融服务进一步分为货币银行服务和非货币银行服务类金融机构，银行非存款类金融机构，贷款公司、融资担保公司及典当行为非货币银行服务类金融机构，小额贷款公司及典当行为非货币银行服务类金融机构，融资担保公司、小额贷款公司为根据资产总额指标标准将金融企业分为"大、中、小、微"四个规模类型 | 银行<br>小额贷款<br>融资担保 |
| 2015 | 国务院 | 《关于促进融资担保行业加快发展的意见》 | 为主动适应融资担保行业改革转型要求，促进行业加快发展，更好地服务经济社会发展大局，要求政府发挥支持作用，提高再担保体系建设能力；发挥主导作用，推进再担保体系建设，构建可持续履行监管职责，有效履行监管职责，加强风险防控 | 融资担保 |
| 2015 | 中国银行业监督管理委员会 | 《关于 2015 年小微企业金融服务工作的指导意见》 | 建立健全为小微企业服务的融资担保体系，积极发展政府支持的融资担保和再担保合作，丰富小微企业金融服务方式，发挥非存款类金融机构对小微企业金融的支持作用 | 银行<br>融资担保 |
| 2017 | 中国银行业监督管理委员会 | 《关于银行业风险防控工作的指导意见》 | 为贯彻落实中央经济工作会议"把防控金融风险放到更加重要的位置"总体要求，对银行业从加强信用风险管控、完善流动性风险治理机制、加强债券投资业务管理、规范理财和代销业务、分类调整房地产领域风险、加强地方政府债务风险管控、推进互联网金融风险治理、防止民间交叉金融风险、防范重大案件群体事件等方面做出风险防控的要求 | 银行<br>小额贷款<br>融资担保 |

— 77 —

续表

| 颁布年份 | 颁布机构 | 政策法规名称 | 主要内容 | 涉及行业 |
|---|---|---|---|---|
| 2017 | 财政部 | 《金融企业呆账核销管理办法》（2017年修订版） | 为了增强金融企业风险防控能力，促进金融企业健康发展，允许金融企业就承担的风险和损失，在符合认定条件的情况下，按规定程序核销企业的债权和股权，对呆账核销条件、程序、管理和监督做出了具体规定 | 银行<br>小额贷款<br>融资担保 |
| 2017 | 国务院 | 《融资担保公司监督管理条例》 | 为了支持普惠金融发展，促进资金融通，规范融资担保公司的行为，防范风险，以管理条例的形式明确了融资担保行业应当遵守法律法规，审慎经营；同时明确条例要求各级人民政府财政部门要通过资本金投入、建立风险分担机制等方式，对主要为小微企业和农业、农村、农民服务的融资担保公司提供财政支持 | 融资担保 |

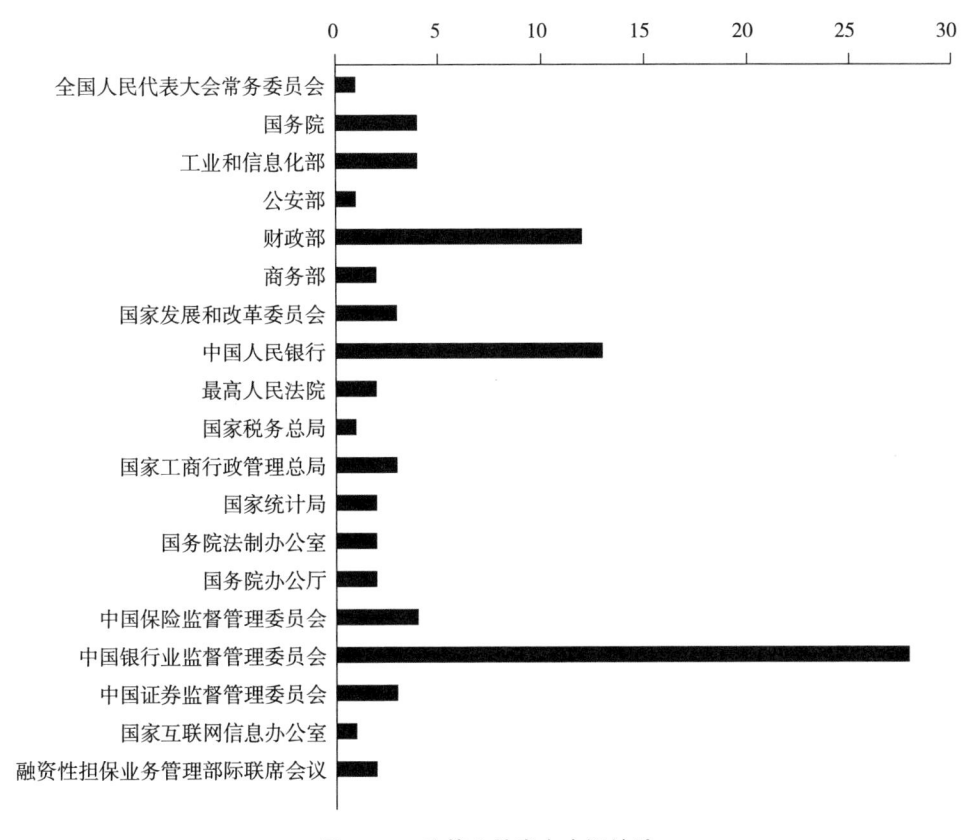

图 2-12 政策文件发布来源统计

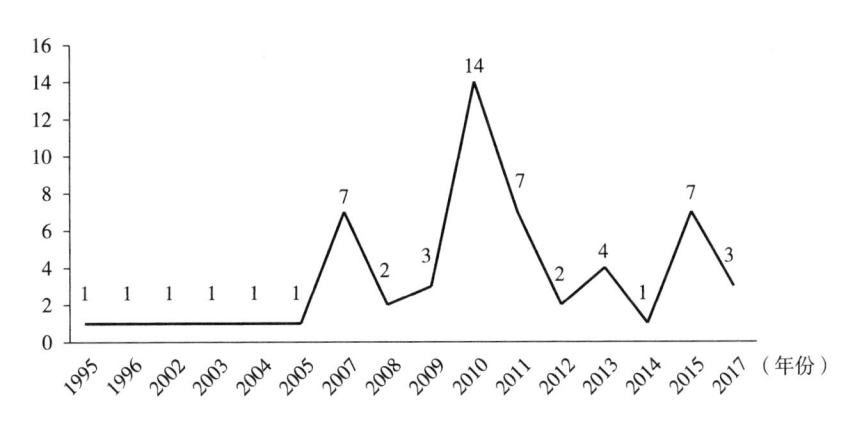

图 2-13 颁布文件数量按年份统计

到 2015 年，由于小额信贷行业第五阶段开始，行业中各种问题开始出现，因此，基于之前的监管文件，又有政策文件的小高峰出现。

(3) 对于金融行业较为重要的信用评级，中国银行业监督管理委员会曾出台文件进行小额贷款公司和融资性担保公司的评级试点工作，但并非强制性命令，而由企业按照自愿原则进行评级，因此评级工作并未在全国所有的企业中开展。

2.2.1.2　小额信贷行业扶持政策类文件

由国家发布的《推进普惠金融发展规划（2016—2020 年）》可以看出，以小额贷款公司和融资性担保公司为代表的小额信贷发展已成为国家发展战略中不可或缺的部分，因此，财政资金和税收政策对小额信贷行业的扶持作用也不可小觑，此类政策文件的梳理如表 2-2 所示。

其中，2012 年的《中小企业信用担保资金管理办法》、2014 年的《中小企业发展专项资金管理暂行办法》和 2016 年的《普惠金融发展专项资金管理办法》对于各类涉及"三农"贷款和担保的奖励补贴是力度较大的财政资金投入文件，具体规定如表 2-3 所示。

小额信贷行业的扶持政策，主要分为以下几部分：

第一，财政部门的专项资金，通过对贷款发放进行补贴，达到降低金融市场利率，促进小额贷款公司和银行小微贷款部门为小微企业提供贷款的意愿。同时，针对涉及"三农"贷款发放进行专项补贴，提高小额贷款公司和银行针对"三农"发放贷款的意愿。

第二，财政部门使用专项资金对信用担保企业进行资金补贴，由于融资性担保行业风险高费率低的原因，企业通常不愿意就小微企业的贷款提供担保，财政部门通过补贴形式，让企业提高针对合格的小微企业贷款提供担保的意愿，促进小微企业获得资金得以发展。例如，2012 年中央财政安排中小企业信用担保资金 14 亿元，对 565 家担保机构开展的 4437 亿元中小企业融资担保业务给予了支持，受益中小企业 17 万户，其中小型微型企业超过 12 万户。

第三，财政部门通过专项资金，对在农村地区提供金融服务的银行进行奖励。使贫困地区能够直接获得金融服务，以增加普惠金融服务的对象。根据财政部统计，2012 年底，财政部门已向试点地区 9844 家县域金融机构拨付了奖励资金 119.47 亿元，累计向全国 957 家新型农村金融机构拨付补贴资金 31.53 亿元，向 1292 家基础金融服务薄弱地区金融机构网点拨付补贴资金 4.67 亿元。

第2章 小额贷款行业在我国的发展

表2-2 小额信贷行业扶持政策类文件

| 颁布年份 | 颁布机构 | 政策法规名称 | 主要内容 | 政策分类 | 涉及行业 |
| --- | --- | --- | --- | --- | --- |
| 2002 | 全国人民代表大会常务委员会 | 《中华人民共和国中小企业促进法》 | 中央财政应当在本级预算中设立中小企业科目，安排中小企业发展专项资金，通过资助、购买服务、奖励等方式，重点用于支持中小企业公共服务体系和融资服务体系建设 | 财政扶持类 | 银行 小额贷款 融资担保 |
| 2008 | 财政部、中国人民银行、人力资源和社会保障部 | 《关于印发〈小额担保贷款财政贴息资金管理办法〉的通知》 | 对由银行、受托运作小额担保基金的担保机构发放的，符合规定条件的小额担保贷款，符合规定的用于从事微利项目的小额担保贷款，符合规定条件的劳动密集型小企业小额担保贷款给予的财政贴息 | 财政扶持类 | 小额贷款 |
| 2010 | 财政部 | 《关于印发〈财政县域金融机构涉农贷款增量奖励资金管理办法〉的通知》 | 为了建立和完善财政促进金融支农长效机制，支持"三农"发展，财政部门对年度涉农贷款平均余额增长幅度超过一定比例，且贷款质量符合规定条件的县域金融机构，对贷款余额超增部分给予一定比例的奖励：财政部门对县域金融机构当年涉农贷款平均余额同比增长超过15%的部分，按2%的比例给予奖励；对年末不良贷款率高于3%且同比上升的县域金融机构，不予奖励 | 财政扶持类 | 银行 小额贷款 |
| 2012 | 财政部、国家税务总局 | 《关于中小企业信用担保企业所得税准备金企业所得税税前扣除政策的通知》 | 符合条件的中小企业，信用担保机构按照不超过当年年末担保责任余额1%的比例计提的担保赔偿准备，允许在企业所得税税前扣除；符合条件的中小企业，信用担保机构按照不超过当年担保收入50%的比例计提的未到期责任准备，允许在企业所得税税前扣除 | 税收相关文件 | 融资担保 |

— 81 —

续表

| 颁布年份 | 颁布机构 | 政策法规名称 | 主要内容 | 政策分类 | 涉及行业 |
|---|---|---|---|---|---|
| 2012 | 财政部、工业和信息化部 | 《中小企业信用担保资金管理办法》 | 中央财政专门用于支持中小企业信用担保机构增强业务能力，扩大中小企业担保业务，改善中小企业特别是小型微型企业融资环境的资金，对符合条件的企业进行业务补助、保费补贴、资本金投入等 | 财政扶持类 | 融资担保 |
| 2014 | 财政部 | 《关于印发〈农村金融机构定向费用补贴资金管理办法〉的通知》 | 为引导和鼓励金融机构主动填补农村金融服务空白，稳步扩大农村金融服务覆盖面，促进农村金融服务体系建设，符合规定条件的新型农村金融机构基础金融服务薄弱地区的银行业金融机构，财政部门按其当年贷款平均余额的2%给予补贴 | 财政扶持类 | 银行 |
| 2014 | 财政部、工业和信息化部、科技部、商务部 | 《关于印发〈中小企业发展专项资金管理暂行办法〉的通知》 | 发挥财政资金对信用担保业务中小企业融资服务机构的激励作用，引导其提升业务能力，规范经营行为，加快中小企业融资服务规模，缓解中小企业信用担保机构（以下简称再担保机构）、中小企业融资担保和再担保业务实力，扩大中小企业融资担保和再担保业务规模 | 财政扶持类 | 银行<br>小额贷款<br>融资担保 |
| 2015 | 国家税务总局 | 《关于执行〈西部地区鼓励类产业目录〉有关企业所得税问题的公告》 | 对于设在西部地区以《西部地区鼓励类产业目录》中新增列类产业项目为主营业务，且其当年主营业务收入占企业收入总额70%以上的企业，自2014年10月1日起，可减按15%税率缴纳企业所得税；《产业结构调整指导目录（2011年本）（修正）》中第三十类"金融服务业"第一条为"信用担保服务体系建设"、小型微型企业、个体工商户及"三农"、小型微型企业、个体工商户的小额贷款服务 | 税收相关文件 | 小额贷款<br>融资担保 |

续表

| 颁布年份 | 颁布机构 | 政策法规名称 | 主要内容 | 政策分类 | 涉及行业 |
|---|---|---|---|---|---|
| 2015 | 财政部、国家税务总局 | 《关于金融企业涉农贷款和中小企业贷款损失准备金税前扣除有关问题的通知》 | 自2014年1月1日至2018年12月31日，金融企业发放的涉农贷款和中小企业贷款进行风险分类后，按照政策要求比例计提的贷款损失准备金，准予在计算应纳税所得税时提额扣除，并对涉农贷款和中小企业贷款进行了具体规定 | 税收相关文件 | 小额贷款 |
| 2015 | 财政部、国家税务总局 | 《关于金融企业贷款损失准备金税前扣除所得税政策的通知》 | 自2014年1月1日至2018年12月31日，政策性银行、商业银行、财务公司、城乡信用社和金融租赁公司等金融企业提取的贷款损失准备金允许在符合条件时，进行企业所得税前扣除，并对准予税前提取贷款损失准备金的贷款资产、准予当年税前扣除的贷款损失准备金计算方法进行了具体规定 | 税收相关文件 | 银行小额贷款 |
| 2015 | 国家税务总局 | 《关于金融企业涉农贷款和中小企业贷款逾期税前扣除问题的公告》 | 对于金融企业符合条件的涉农贷款、中小企业贷款逾期1年以上的，按文件规定可以允许进行所得税前扣除 | 税收相关文件 | 银行小额贷款 |
| 2016 | 财政部 | 《中小企业发展专项资金管理办法》 | 为促进中小企业特别是小型微型企业健康发展，设立中小企业发展专项资金，其中明确提到专项资金支持完善中小企业公共服务体系、中小企业创新活动、融资担保及国内贸易信用保险等 | 财政扶持类 | 融资担保 |
| 2016 | 财政部、国家税务总局 | 《关于营业税改增值税试点相关规定》 | 对于符合条件的担保机构从事中小企业信用担保或者再担保业务取得的收入3年内免征增值税 | 税收相关文件 | 融资担保 |

— 83 —

续表

| 颁布年份 | 颁布机构 | 政策法规名称 | 主要内容 | 政策分类 | 涉及行业 |
| --- | --- | --- | --- | --- | --- |
| 2016 | 财政部 | 《普惠金融发展专项资金管理办法》 | 设立普惠金融发展专项资金，对符合规定的涉农贷款项目给予奖励和补贴，支持农村金融组织体系建设，扩大农村金融服务覆盖面，并对符合政策规定的创业贷款给予贴息帮助 | 财政扶持类 | 银行 小额贷款 |
| 2017 | 财政部、国家税务总局 | 《关于中小企业融资（信用）担保有关准备金企业所得税税前扣除政策的通知》 | 自2016年1月1日起至2020年12月31日，对符合条件的中小企业融资（信用）担保机构按照不超过当年年末担保责任余额1%的比例计提的担保赔偿准备，允许在企业所得税税前扣除；符合条件的中小企业融资（信用）担保机构按照不超过当年担保费收入50%的比例计提的未到期责任准备，允许在企业所得税税前扣除 | 税收相关文件 | 融资担保 |
| 2018 | 财政部、中国人民银行、人力资源和社会保障部 | 《关于进一步做好创业担保贷款财政贴息工作的通知》 | 在创业担保贷款财政贴息政策施行的基础上，通过扩大贷款对象范围，降低贷款申请条件，放宽担保和贴息要求，优化申请办理程序，进一步加大财政资金的支持力度，助力大众创业，万众创新 | 财政扶持类 | 银行 |

— 84 —

表 2-3 财政专项资金扶持项目

| 政策法规名称 | 主要内容 |
| --- | --- |
| 《中小企业信用担保资金管理办法》 | 中央财政专门用于支持中小企业信用担保机构增强业务能力，扩大中小企业担保业务，改善中小企业特别是小型微型企业融资环境的资金，对符合条件的企业进行业务补助、保费补助、资本金投入等；对符合本办法条件的担保机构开展的中型、小型、微型企业担保业务，分别按照不超过年平均在保余额的1%、2%、3%给予补助；对符合本办法条件的再担保机构开展的中型和小型微型企业再担保业务，分别按照不超过年平均在保余额的0.5%和1%给予补助；对担保机构开展的担保费率低于银行同期贷款基准利率50%的中小企业担保业务给予补助，补助比例不超过银行同期贷款基准利率50%与实际担保费率之差，并重点补助小型微型企业低费率担保业务；特殊情况下，对符合本办法条件的担保机构、再担保机构，按照不超过新增出资额的30%给予注资支持 |
| 《中小企业发展专项资金管理暂行办法》 | 发挥财政资金对信用担保机构等中小企业融资服务机构的激励作用，引导其提升业务能力、规范经营行为、加快扩大中小企业融资服务规模，缓解中小企业融资难问题。专项资金安排专门支出支持中小企业信用担保机构（以下简称担保机构）、中小企业信用再担保机构（以下简称再担保机构）增强资本实力、扩大中小企业融资担保和再担保业务规模<br>**业务规模奖励**<br>专项资金对担保机构开展的中小企业特别是小微企业融资担保业务，按照不超过年平均在保余额2%的比例给予补助；<br>对再担保机构开展的中小企业融资再担保业务，按照不超过年平均在保余额0.5%的比例给予补助<br>**增量业务奖励**<br>专项资金对担保机构，按照不超过当年小微企业融资担保业务增长额3%的比例给予奖励；<br>对再担保机构，按照不超过当年小微企业融资再担保业务增长额1%的比例给予奖励<br>**资本金投入支持**<br>专项资金对中西部地区省级财政直接或间接出资新设或增资的担保机构、再担保机构，按照不超过省级财政出资额30%的比例给予资本投入支持，并委托地方出资单位代为履行出资人职责<br>**代偿补偿资金补贴**<br>中央和地方共同出资，设立代偿补偿资金账户，委托省级再担保机构实行专户管理，专项资金出资比例不超过60%<br>**专项奖励**<br>专项资金对积极探索创新小微企业融资担保业务且推广效用显著的担保机构，给予最高不超过100万元的奖励 |

续表

| 政策法规名称 | 主要内容 |
| --- | --- |
| 《普惠金融发展专项资金管理办法》 | 设立普惠金融发展专项资金，对符合规定的涉农贷款项目给予鼓励和补贴，支持农村金融组织体系建设，扩大农村金融服务覆盖面，并对符合政策规定的创业贷款给予贴息帮助<br>金融机构的奖励和补贴<br>对符合条件的县域金融机构当年涉农贷款平均余额同比增长超过13%的部分，财政部门可按照不超过2%的比例给予奖励；<br>专项资金安排支出用于对符合条件的新型农村金融机构和西部基础金融服务薄弱地区的银行业金融机构（网点）给予一定补贴；<br>对符合下列各项条件的新型农村金融机构，财政部门可按照不超过其当年贷款平均余额的2%给予补贴<br>创业担保贷款政策<br>对符合政策规定条件的创业担保贷款给予一定贴息，贫困地区符合条件的个人创业担保贷款，财政部门给予全额贴息；<br>对其他地区符合条件的个人创业担保贷款，财政部门第1年给予全额贴息，第2年贴息2/3，第3年贴息1/3；<br>对符合条件的小微企业创业担保贷款，财政部门按照贷款合同签订日贷款基础利率的50%给予贴息 |

第四，对小额信贷行业的企业实行免征增值税和所得税税率降低为15%的政策，为企业减少税负，助力完成企业的财务绩效目标，以促进企业更好地经营发展，服务整个金融市场。

因此，支持中小企业信用担保服务、完善创业投资扶持机制、实施金融财务政策，再配合税收优惠政策，是积极撬动社会资金流向中小企业，发展、实现惠普金融的重要手段。

## 2.2.2 小额信贷公司的多样性分析

在演化经济学框架下，研究基于扎根理论，对小额信贷公司的多样性进行分析，本书将从资源禀赋、借贷模式与机构组织的多样化三个方面对小额信贷公司的多样性进行深入刻画。

### 2.2.2.1 禀赋多样化

小额信贷的概念起源于孟加拉国，最初的表现形式为格拉明银行（Grameen

Bank），主要功能在于对贫困人口的金融扶植[1]。小额信贷公司的内涵界定不仅局限于贫困人口，不只是向贫困人口提供额度小、无须资产担保的、利率较高的一种信贷方式，它还将受众扩大为贫困、中低收入群体，以及小微企业等特定的目标阶层客户，为其提供特定的金融服务和金融产品等[2]。

从国外对于小额信贷机构的相关研究来看，小额信贷机构的雏形为前述的格拉明银行，主要扶持孟加拉国贫困人口，特别是女性贫困人口。以低收入女性贫困人口为服务对象，让其获得掌握资金的机会，实现对其创收行为的支持，进而满足家庭日常生活的需要[3]。在格拉明银行之后，进一步出现的阳光银行与印度尼西亚的人民银行，其主旨同样在于扶植贫困人口、低收入群体、小微企业等，为其提供特定的金融融资服务。在小额信贷机构不断发展的基础上，小额信贷机构的功能除借贷服务以外，进一步开设储蓄、保险、支付等配套服务，小额信贷机构在业务上不断演进与发展[4]。从国内对于小额信贷机构的相关研究来看，我国小额信贷机构的主体主要分为四类，即综合性商业银行下设的小额信贷部门、专业的小额信贷银行、专业的小额信贷公司、利用农村自由资金成立的互助社[5][6]。翁舟杰（2018）在研究中指出，中国消费金融市场潜力巨大，小额信贷公司在与其他行业公司对比中具有独特的优势，我国小额信贷公司在历经10年的发展过程中，对于扶植"三农"、扶植小微企业、助力普惠金融事业做出了重要的贡献。我国小额信贷公司近期增长规模持续放缓，经营环境日趋严峻，但是，行业发展逐步走向规范，小额信贷公司在发展中蕴含诸多的转型机遇[7]。

从资源禀赋多样性的视角来看，小额信贷公司从资金来源方面面临巨大的挑战，其主要原因在于国家对金融行业监管的逐步规范、金融去杠杆等影响，

---

[1] 倪申东. 小额信贷公司资产证券化发展及前景——以"蚂蚁小贷"为例 [J]. 中国市场, 2019 (31): 36-37.

[2] 周孟亮, 李明贤. 小额信贷扶贫与财务可持续性：作用机制与协调发展研究 [J]. 上海经济研究, 2009 (9): 53-60.

[3] Matin I., Hulme D., Rutherford S. Finance for the poor: From microcredit to microfinancial services [J]. Journal of International Development, 2002, 14 (2): 273-294.

[4] Wajdi Dusuki A. Banking for the poor: The role of Islamic banking in microfinance initiatives [J]. Humanomics, 2008, 24 (1): 49-66.

[5] 雷雨箫. 湖北小额贷款公司存在的问题与对策探讨 [J]. 绿色科技, 2018 (24): 259-260.

[6] 石其晗. 大连小额信贷公司发展研究 [J]. 合作经济与科技, 2019 (1): 67-69.

[7] 翁舟杰. 关系型贷款、市场结构与小额贷款公司使命漂移 [J]. 管理科学学报, 2018, 21 (4): 102-113.

使小额信贷公司的机构数量与从业人员数量持续下降[1]。游宗君、李守伟和王作功（2019）在研究中指出，2018年，小额信贷公司流失相关从业人员1.3万人，截至2019年3月，小额信贷公司为7967家，贷款余额为9272亿元，同比减少273亿元。周鸿卫（2019）在研究中进一步指出，小额信贷公司的主要资源禀赋主要体现于从业人员、资金来源、服务群体、信息等。研究进一步基于农村某地区的实际调研发现，由于信息不对称，从业人员与服务群体间形成信息不对称，以及从业人员和服务群体间的互动机制，对小额信贷公司的绩效产生显著的影响[2]。马涛和郭沛（2014）研究指出，小额信贷公司的资金主要来自于公司股东缴纳的资本金、社会捐赠、商业银行、金融机构的融资等。资金来源的渠道以及资本量直接决定小额信贷公司的业务规模[3]。伍艳（2013）研究进一步指出，从业人员的水平、小额信贷机构的信息渠道、市场规模，对小额信贷公司的绩效影响呈现显著的正相关效应[4]。

2.2.2.2 借贷多样化

小额信贷主要包括：其一，对服务对象提供小额贷款和联保贷款；其二，提供扶贫贷款；其三，非政府组织的小额贷款和扶贫基金等。从目前我国小额信贷公司的主要借贷业务来看，主要包括存贷款业务、小微企业的融资服务、金融咨询、投资理财等[5]。对于不同资源禀赋的小额信贷公司来看，其借贷方式也不尽一致，但是，其共同之处在于，相较于一般的贷款，小额信贷的贷款额度小，成本更高，小额信贷公司在借贷过程中均以较高的存贷差来弥补操作成本[6]。李明贤和李学文（2008）在研究中指出，农户和微型企业由于经营风险高和缺乏抵押品，而且其业务规模小、零散，使正规金融机构对其服务有较高的风险和交易成本，因此正规的金融机构不愿意向小农和微型企业提供贷款。

---

[1] 游宗君，李守伟，王作功．小额信贷市场双重分离的博弈模型［J］．统计与决策，2019，35（8）：173-177．

[2] 周鸿卫，田璐．农村金融机构信贷技术的选择与优化——基于信息不对称与交易成本的视角［J］．农业经济问题，2019（5）：58-64．

[3] 马涛，郭沛．机构—信贷员利益最大化模型：以小额贷款公司为例［J］．金融理论与实践，2014（8）：72-75．

[4] 伍艳．小额信贷对农户民生脆弱性改善的影响研究——以四川省南充、广元为例［J］．西南民族大学学报（人文社会科学版），2013，34（8）：113-118．

[5] 万方，陶晓红．小额信贷的公共性问题：孟加拉的经验与中观化解构［J］．国际经贸探索，2013（7）：103-113．

[6] 王利军，韩和亮．我国农村小额信贷借款人权益保护研究［J］．辽宁工业大学学报（社会科学版），2011，13（4）：4-7，42．

因此，小额信贷是金融服务向贫困人口的扩展，是一种金融服务的创新。虽然它的目标是指向低收入阶层，为他们提供无须担保的小额短期贷款，但它仍然强调存款与贷款业务的结合和资金的有偿使用，以维持金融机构自身的可持续性，并通过一系列严密的制度和规范确保较高的资金回收率[1]。对于借贷多样性研究，学者更多从利率结构、业务种类、风险控制、创新金融产品等方面对小额信贷公司的借贷多样性进行分析。

何军和唐文浩（2017）指出，小额信贷公司在贷款方面将小额信贷项目与金融机构进行融合，实现多元化发展模式，实现福利性和商业性小额信贷模式并存，并充分发挥其作用[2]。何明、张启文（2012）研究指出，小额信贷公司与商业银行进行合作，政府在税收、贴息等方面的政策支持，进一步拓宽融资渠道和小额信贷公司的资金来源[3]。孙乾、张烨秋和孙箫笛（2014）指出，小额信贷公司逐步探索相应的贷款风险控制体系，提高小额信贷公司的风险抵御能力，多家小额信贷公司形成联合风控机制等[4]。

### 2.2.2.3　机构组织多样化

小额信贷公司的组织结构具有多层级，多部门和多职能的特征，是不同管理层级间的有机组合，通过不同的职能划分和职权分工，形成合力，共同完成小额信贷业务下的发展。由此可见，小额信贷公司的组织结构并不能完全等同于一般企业管理的组织结构，一方面，企业的组织结构更多地体现不同职能部门间的关系、地位和部门所起到的作用；另一方面，小额信贷公司的组织结构更多地围绕信贷业务的既定目标，是为了更好地完成信贷业务而形成的[5]。

（1）小额信贷公司的组织结构。小额信贷公司的组织系统由两部分组成：一部分是自身的组织机构，分为四级，即总公司——分公司——业务部——营业点；另一部分是借款人机构，分为三级，即业务中心——业务小组——业务员。总公司主要负责筹款、与政府部门的协调以及对下属部门的培训和管理。不同区域下设分公司，协调该地区的活动，一个分公司下面有多个业务部，每

---

[1] 李明贤，李学文．孟加拉国小额信贷发展的宏观经济基础及中国小额信贷的发展 [J]．农业经济问题，2008（9）：100-106．
[2] 何军，唐文浩．政府主导的小额信贷扶贫绩效实证分析 [J]．统计与决策，2017（11）：171-174．
[3] 何明，张启文．黑龙江省农村小额信贷存在问题及对策 [J]．商业经济，2012（6）：24-25．
[4] 孙乾，张烨秋，孙箫笛．小额信贷风险管理文献综述 [J]．中国市场，2014（47）：81-83．
[5] 马涛，郭沛．国际小额信贷发展趋势及面临问题对我国的借鉴 [J]．经济问题探索，2014（5）：103-108．

个业务部内有相应的工作人员、培训人员、会计和部门负责人。

（2）项目组织方式分析。在前述对小额信贷公司组织结构分析的基础上，进一步分析小额信贷公司的组织方式，鉴于借贷业务的设置是按照职能不同部门进行的划分，在借贷过程中，不可能仅局限于某一个部门进行相应的组织活动，由于职能的局限，往往借贷过程是多个部门协同进行，其组织方式也存在着交互，由此衍生出不同形式的组织方式。具体内容如下：

一是职能式的组织方式。由于借贷过程需要不同的管理部门的参与，则不同的管理部门需要选配不同的人员参与借贷过程，但是不同部门人员的协调都由部门的负责人进行相互沟通，没有总负责人从总体上对借贷过程进行管理。

二是弱矩阵式项目组织方式。类似于职能式的组织方式，需要不同的职能部门选派不同的人员参与，而部门间的协调是通过专门的人员负责，虽然能够提升效率，但是由于没有专门的项目负责人牵头，还是存在较多无法克服的问题，如资源的整合、放款时间、风险控制等关键内容，无法从全局进行管理。

三是矩阵式项目组织方式。比前述职能式的组织方式和弱矩阵式的组织方式有所突破的是，该组织方式专门设置专门业务负责人，从中协调人员、资源、财务、风控等具体的事务，能够从总体上对借贷整个流程形成宏观把控。

# 第3章
# 小额信贷绩效评价方法

对小额信贷机构绩效进行综合评价的关键，一是要有适合小额信贷机构绩效评价的指标体系，二是采用合理有效的综合评价方法。科学的评价理论与方法是保证评价质量的必要条件。本章将详细阐述几种学术界普遍使用的方法，对其特点进行剖析，做出优劣势分析，并阐述引入 AHP 层次分析法与灰色综合评价相结合方法的理由。

## 3.1 方法概述

事实上，对于小额信贷机构绩效评价已经开展或正在开展大量的工作，从相关研究来看，所涉及的评价指标较多。但是，迄今为止，还没有一套标准的指标体系或者标准的绩效范围可以用来衡量小额信贷机构的绩效状况。

层次分析法（AHP）[①]用单准则两两比较，易于准确进行量化，避免了专家对评价标准掌握程度不同而出现的差别，AHP 法适用于对决策结果较难进行直接数量计算的情况。但是，AHP 法依赖于评价者的主观判断和偏好来建立评价层次结构和构造判断矩阵，如果判断出现偏差，那么决策结果可能不准确，可能造成决策失误。AHP 法不适用于因素过多、规模较大的问题，主要应用于方案的基本确定问题。

模糊综合评判法[②]可以按最大隶属度原则根据模糊评价集上的值去评定评价对象所属的等级，使评价结果包含的信息量丰富。该方法过程简单易行，可较好地解决判断的模糊性和不确定性问题，应用前景广泛。该方法在评价指标数量较少的情况下非常实用，可对涉及模糊因素的对象系统进行综合评价。但

---

[①] 李凌丰，谭建荣，赵海霞. 基于 AHP 模糊优先权的虚拟企业伙伴选择方法 [J]. 系统工程理论与实践，2004，24（12）：1-7.

[②] 陈共荣，凌志雄，曾峻. 企业效绩的模糊综合评价法 [J]. 财经问题研究，2004（9）：76-78.

是，模糊综合评判法对评价者要求较高，要求评价者要有丰富的经验。该方法建立权系数矩阵和评判矩阵比较困难，还没有确定隶属函数的系统方法，合成的算法也有待进一步探讨。该方法的评价过程主观判断居多，确定各因素的权重主观性较大，是一种基于主观信息的综合评价方法。

主成分分析方法[①]是一种不依赖于专家主观判断的客观方法，在评价过程中可以排除人为因素影响。该方法能浓缩信息，使指标降维，消除指标的相关性，简化指标的结构，该方法适用于评价指标之间彼此相关程度较大的系统综合评价。但是，主成分分析法运用过程中，要求评价对象的各因素必须是定量指标，有具体的数据值，而且该方法进行统计分析，需要大量数据支撑才能找到统计规律，该方法没有考虑评价指标的权重，因此无法反映现实中评价目标的重要性程度。该方法要求评价指标间相关程度越高越好，评价指标间的相关程度越高，主成分分析的结果越好，综合评价的实际结果也越真实；反之，评价指标间相关程度较小时，每一个主成分承载的信息量较少，需选取较多的主成分，该方法的降维作用则不明显。

因子分析法（Factor Analysis）[②]是一种多变量统计分析方法，能有效地分清大量指标信息之间的关系，识别评价对象的主要影响因素。该方法的权重确定过程是客观的，以各主因子的方差贡献率占总方差贡献率的比重作为权重，避免了评价过程中人为确定权重的主观性。但是，因子分析法需要对原始数据进行标准化处理，经过处理后的相关系数矩阵，对各个指标变异程度的差异也随着标准化的处理过程而消除，失去了原始数据的部分信息，无法全面反映其信息。该方法在指标筛选上也存在问题，对指标不加筛选，或者有意选用一些具有较强相关性的指标，这会造成评价结果失真。

数据包络分析（Data Envelopment Analysis，DEA）[③]是一种通过线性规划的方法来衡量多个决策单元（Decision Making Units—DMU）的效率，而这些决策单元有多个输入因子和不同的效率结果。DEA最早是在1978年由运筹学家A. Charnes，W. W. Cooper和E. Rhodes[④]提出，Charnes等（1978）提出一个以输

---

[①] 李艳双，曾珍香，张闽等．主成分分析法在多指标综合评价方法中的应用［J］．河北工业大学学报，1999，28（1）：94-97．

[②] 郭翠荣，刘亮．基于因子分析法的我国上市商业银行竞争力评价研究［J］．管理世界，2012（1）：176-177．

[③] B Golany，Y. Roll. An application procedure for DEA［J］．Omega，17（3）：237-250．

[④] Faloon, W. W., Eckhardt, R. D., Cooper, A. M., Davidson, C. S. The effect of human serum albumin, mercurial diuretics, and a low sodium diet on sodium excretion in patients with cirrhosis of the liver［J］．Journal of Clinical Investigation，1949，28（4）：595．

入因子为向导的测量在不变规模报酬下的效率,即 CCR 模型。之后,Fare 等(1983)[①] 和 Banker 等(1984)[②] 将 CCR 模型扩展为测量可变规模报酬下的一种假设方法,即 BCC 模型。数据包络分析法在处理多输入,尤其是多输出问题方面具有优势。DEA 法主要应用于确定经济规模和方案评价,该方法在处理不确定性问题时具有简单易行、精度高等优点。但是,DEA 方法与 AHP 方法类似,评价指标和权重设定的主观性过强,缺乏客观的支撑依据,该方法在评价过程中对权系数仅仅是要求非负,除此之外并未作任何限制,这会使评价结果有可能不符合实际或失真。

灰色多层次评价法是用颜色深浅表示信息完备的程度,可以将系统分为三类,即信息完全明确的白色系统、信息完全不明确的黑色系统、信息部分明确部分不明确的灰色系统。经济系统、管理系统、生态系统等都是灰色系统。特别是针对本书对小额信贷机构进行评级时,由于这些机构的特点,许多因素无法客观地定量评价,只能对其定性评价。评价时考虑的因素包括很多定性因素,而这些定性因素多是灰色的、模糊的、难以量化的。灰色评价系统可以通过处理灰元使系统从结构上、模型上、关系上由灰变白,不断加深对系统的认识,获取更多的有效信息,从而达到在信息量不充足的基础上,客观地对小额信贷机构进行综合评价。

## 3.2 绩效评价方法对比

### 3.2.1 层次分析法

#### 3.2.1.1 方法的优点

(1) 系统性的分析方法。层次分析法把研究对象作为一个系统,按照分解、比较判断、综合的思维方式进行决策,成为继机理分析、统计分析之后发

---

[①] Fare, Rolf, Grosskopf, Shawna, Lovell, C. A. Knox. The structure of technical efficiency [J]. Scandinavian Journal of Economics, 1983, 85 (2): 181-190.
[②] Rajiv D. Banker, William W. Cooper, Lawrence M. Seiford, et al. Returns to scale in different DEA models [J]. European Journal of Operational Research, 154 (2): 345-362.

展起来的系统分析的重要工具。系统的思想在于不割断各个因素对结果的影响，而层次分析法中每一层的权重设置最后都会直接或间接影响到结果，而且在每个层次中的每个因素对结果的影响程度都是量化的，非常清晰、明确。这种方法尤其可用于对无结构特性的系统评价以及多目标、多准则、多时期等的系统评价。

（2）简洁实用的决策方法。这种方法既不单纯追求高深数学，又不片面地注重行为、逻辑、推理，而是把定性方法与定量方法有机地结合起来，使复杂的系统分解，能将人们的思维过程数学化、系统化，便于人们接受，且能把多目标、多准则又难以全部量化处理的决策问题化为多层次单目标问题，通过两两比较确定同一层次元素相对上一层次元素的数量关系后，最后进行简单数学运算。即使是具有中等文化程度的人也可了解层次分析的基本原理和掌握它的基本步骤，计算也相对简便，并且所得结果简单明确，容易为决策者所了解和掌握。

（3）所需定量数据信息较少。层次分析法主要是从评价者对评价问题的本质、要素的理解出发，比一般的定量方法更讲求定性的分析和判断。由于层次分析法是一种模拟人们决策过程的思维方式的一种方法，层次分析法把判断各要素的相对重要性的步骤留给了大脑，只保留人脑对要素的印象，化为简单的权重进行计算。这种思想能处理许多用传统的最优化技术无法着手的实际问题。

3.2.1.2 方法的缺点

（1）不能为决策提供新方案。层次分析法的作用是从备选方案中选择较优者。这一作用正好说明了层次分析法只能从原有方案中进行选取，而不能为决策者提供解决问题的新方案。这样，在应用层次分析法的时候，可能就会有这样的情况，即我们自身的创造能力不够，尽管从众多方案中选取了一个最好的方案，但其效果仍然不如企业所做出来的效果好。

（2）定量数据较少，定性成分多，不易令人信服。在如今对科学的方法的评价中，一般都认为一门科学需要比较严格的数学论证和完善的定量方法。但现实世界的问题和人脑考虑问题的过程很多时候并不能简单地用数字来说明一切。层次分析法是一种带有模拟人脑的决策方式的方法，因此必然带有较多的定性色彩。

（3）指标过多时数据统计量大，且权重难以确定。指标的增加意味着要构造层次更深、数量更多、规模更庞大的判断矩阵。那么就需要对许多指标进行两两比较的工作。由于一般情况下，对层次分析法的两两比较是用 1~9 来说明其相对重要性，如果有越来越多的指标，对每两个指标之间的重要程度的判断可能就会出现困难，甚至会对层次单排序和总排序的一致性产生影响，使一致性检验不能通过,也就是说,由于客观事物的复杂性或对事物认识的片面性,通过所构造的判断矩阵求出的特征向量(权值)不一定是合理的。

(4)特征值和特征向量的精确求法比较复杂。在求判断矩阵的特征值和特征向量时,所用的方法和多元统计所用的方法是一样的。在二阶、三阶的时候还比较容易处理,但随着指标的增加,阶数也随之增加,在计算上也变得越来越困难。AHP方法不仅原理简单,而且具有扎实的理论基础,是定量与定性方法相结合的优秀的决策方法,特别是定性因素起主导作用的决策问题。

### 3.2.2 模糊综合评价法

#### 3.2.2.1 方法的优点

由于评价因素的复杂性、评价对象的层次性、评价标准中存在的模糊性以及评价影响因素的模糊性或不确定性、定性指标难以定量化等一系列问题,使人们难以用绝对的"非此即彼"来准确地描述客观现实,经常存在着"亦此亦彼"的模糊现象,其描述也多用自然语言来表达,而自然语言最大的特点是它的模糊性,而这种模糊性很难用经典数学模型加以统一量度。因此,需要利用模糊综合评价法。

模糊综合评价法是一种基于模糊数学的综合评标方法。该综合评价法根据模糊数学的隶属度理论把定性评价转化为定量评价,即用模糊数学对受到多种因素制约的事物或对象做出一个总体的评价。如图3-1所示,它具有结果清晰、系统性强的特点,能较好地解决模糊的、难以量化的问题,适合解决各种非确定性问题。

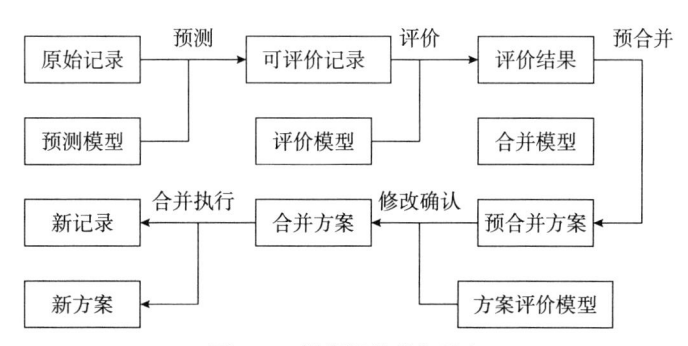

**图3-1 模糊评价执行流程**

资料来源:李雅宁,何广文. 我国小额信贷客户家庭福利水平的模糊评价[J]. 河南社会科学,2011(5):74-80.

#### 3.2.2.2 方法的缺点

方法的缺点是计算复杂，对指标权重矢量的确定主观性较强。尤其当指标集 U 较大，即指标集个数较大时，在权矢量和为 1 的条件约束下，相对隶属度权系数往往偏小，权矢量与模糊矩阵 R 不匹配，结果会出现超模糊现象，进而造成分辨率很差，无法区分谁的隶属度更高，甚至造成评判失败。

### 3.2.3 主成分分析法

#### 3.2.3.1 方法的优点

（1）利用主成分分析法可消除评价指标之间的相关影响，实践证明指标之间相关程度越高，主成分分析法效果越好。

（2）利用主成分分析法可减少指标选择的工作量，在使用其他常见评价方法进行指标评价时，需要花费较多时间对评价指标间的相关影响进行处理，然而主成分分析法可以较为轻松地完成该工作进而使指标选择相对容易。

（3）当评级指标较多时还可以在保留绝大部分信息的情况下用少数几个综合指标代替原指标进行分析，利用主成分分析法进行问题分析时，可以舍弃一部分主成分，只取前后方差较大的几个主成分来代表原变量，从而减少了计算工作量。

（4）在综合评价函数中，各主成分的权数为其贡献率，并且是客观的、合理的，它克服了某些评价方法中权数确定较为主观的缺陷。

（5）主成分分析方法的计算比较规范，还可以利用专门的软件借助计算机进行演算。

#### 3.2.3.2 方法的缺点

（1）在主成分分析法中，首先需要保证所提取的前几个主成分的累计贡献率达到一个较高的水平，同时需要保证这些被提取的主成分都能够给出符合评价目的、实际背景和意义的相关解释，否则主成分将空有信息量而无实际含义。

（2）主成分分析法中，在解释指标含义时常常存在一定的模糊性，因此，提取的主成分个数 m 通常应明显小于原始变量个数 p（除非 p 本身较小），否则维数降低会影响评价的准确性。

## 第 3 章　小额信贷绩效评价方法

### 3.2.4　因子分析法

"因子分析"的名称于 1931 年由 Thurstone 提出，方法的基本目的就是用少数几个因子去描述许多指标或因素之间的联系，以较少的几个因子反映原资料的大部分信息。因子分析法就是寻找这些公共因子的模型分析方法，它是在主成分的基础上构筑若干意义较为明确的公因子，以它们为框架分解原变量，以此考察原变量间的联系与区别，因子分析法的应用流程如图 3-2 所示。

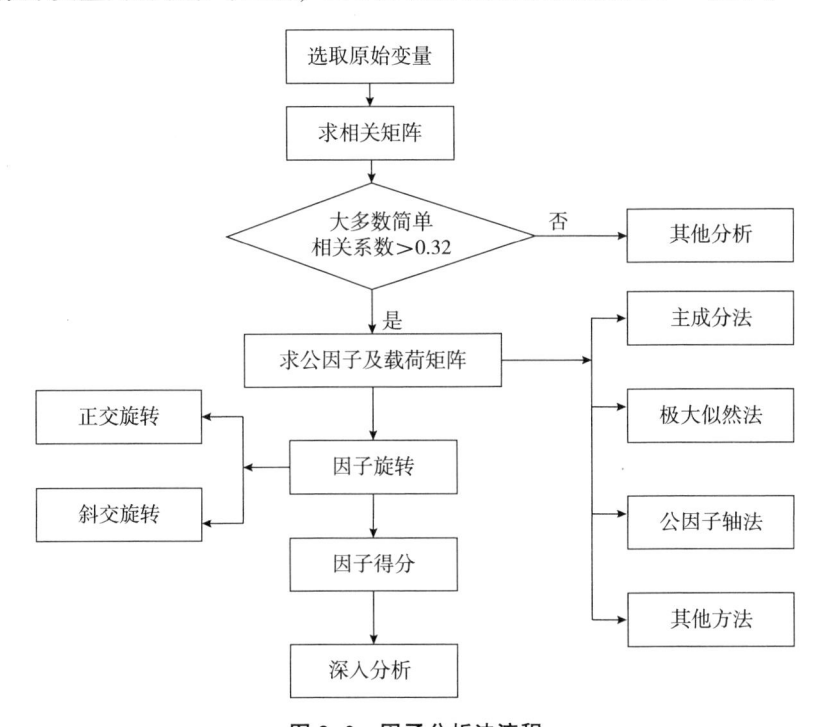

**图 3-2　因子分析法流程**

资料来源：葛秋萍，闫志羽. 基于因子分析法的我国商业银行绩效评价体系研究 [J]. 兰州学刊，2013（3）：118-124.

#### 3.2.4.1　因子分析法的优点

因子分析法能有效地分清大量指标信息之间的关系，识别评价对象的主要影响因素；该方法的权重确定过程是客观的，以各主因子的方差贡献率占总方差贡献率的比重作为权重，避免了评价过程中人为确定权重的主观性。它不是对原有变量的取舍，而是根据原始变量的信息进行重新组合，找出影响变量的共同因子，化简数据，实现降维的目的。同时，方法通过旋转使因子变量更具有可解释性，命名清晰性高。

### 3.2.4.2 因子分析法的缺点

在计算因子得分时采用的是最小二乘法，此法有时可能会失效。

## 3.2.5 数据包络分析法

数据包络分析方法是运用数学工具评价经济系统生产前沿面有效性的非参数方法，它适用于多投入多产出的多目标决策单元的绩效评价。

### 3.2.5.1 数据包络分析法的优点

（1）DEA 方法可以使要改进的单元有明确的、合理的、可行的途径。

（2）DEA 方法具备多输入、多输出问题的处理能力。相较于其他的评价方法，DEA 方法在多输入，特别是多输出问题上的处理能力具有绝对优势，并且 DEA 方法不仅可以用线性规划来判断决策单元对应的点是否位于有效生产前沿面上，同时又可获得许多有用的管理信息。

（3）DEA 方法的应用范围广泛。

（4）DEA 方法无须事先假设决策单元（DMUs）具体生产函数的形式，而从最有利于被评决策单元（DMUs）的角度对其投入、产出指标赋权，所得出的相对效率是其权重相对最优条件下的最大值。

### 3.2.5.2 数据包络分析法的缺点

（1）DEA 方法只能给出相对于"有效前沿面"的信息，而无法给出其他任何指定"参考面"的综合信息。

（2）现有的 DEA 方法对有效单元能给出的信息较少，对 DEA 有效决策单元不能排序，需要其他模型对 DEA 有效单元给出进一步的解释信息。

（3）DEA 方法在择优排序、风险评估、评价组合有效性等多方面的有效性分析上存在不足之处，如在风险评估中不能有效地通过构造各种风险数据包络面来划分风险区域、预测风险大小以及给出风险状况综合排序等。

（4）DEA 方法无法评价一类含有模糊因素的问题。在现代综合评判过程中各因素的权重分配主要靠人的主观判断，当因素较多时，权数难以恰当分配。

## 3.2.6 灰色多层次评价法

灰色多层次评价法[①]是用颜色深浅表示信息完备的程度,可以将系统分为三类,即信息完全明确的白色系统、信息完全不明确的黑色系统、信息部分明确部分不明确的灰色系统。经济系统、管理系统、生态系统等都是灰色系统。小额信贷机构的绩效评价是一项系统工程,对复杂系统进行综合评价,需要多个指标来进行多层次评价。在对定性指标进行评价过程中,评价信息受人为因素影响,评价者提供的评价信息是不确切、不完全的,具有灰色性,这就意味着用一般的系统评价方法很难对其进行合理的评价。因此,对这类评价问题运用灰色系统理论较适宜,根据评价标准经过科学的计算,得出综合性的评价结论。

### 3.2.6.1 灰色多层次评价法的优点

灰色多层次评价法通过鉴别因素之间的发展趋势的相异程度,进行关联分析,并对原始数据进行生成处理来寻找系统变动的规律,生成较强规律性的数据序列,然后建立相应的多层次评价模型,从而对研究的问题的现状进行综合有效的评价。其用等时等距观测到的样本对对象特征的一系列数量构造灰色多层次评价模型,对对象某一时期的特征量进行综合评估。

(1) 对于克服评价人员主观性,可以有效避免评价人员因为知识结构、认知水平以及个人经验的制约会对评价信息的全面性和准确性产生影响。

(2) 对于不确定信息评价,可以避免评价信息的不确定而产生的偏差,运用该方法后可以增强评价结果的有效性、客观性与公正性。

(3) 对于其他灰色程度的评价信息利用,这类的评价方法只考虑了评价信息对各类权向量中的最大权重,其余则被忽略,因此许多信息遭到了丢失,最终导致评价结果失效。运用灰色多层次评价方法可以综合考虑评价指标的各类权向量,充分利用所有信息,得到信息量较全面的评价结果。

### 3.2.6.2 灰色多层次评价法的缺点

(1) 对于灰色层次评价模型建立,灰色多层次评价方法将不确定量视为灰色量,提出了灰色多层次系统建模的具体方法,方法较为复杂,考虑的指标多,对后续处理提出了挑战。

(2) 对于灰度描述,灰度是信息不完全原理的应用,是"多"与"少"的

---

① 胡笙煌. 主观指标评价的多层次灰色评价法 [J]. 系统工程理论与实践, 1996, 16 (1): 12-20.

辩证统一，是"局部"与"整体"的转换，对此需要研究并准确把握对象的评价指标体系，因为对其信息量的多少性判断上较为模糊，最终会导致评价结果出现非唯一性，而通过评价结果所做出的决策也非唯一性。

（3）对于模型处理，灰色层次评价系统行为现象若不准确，数据会出现杂乱性等特点。

## 3.3　评价方法选择

本书的建模方法选择主要建立在确定小额信贷机构绩效综合评价系统层级结构的基础上，在综合分析上述不同评价方法的优缺点后认为：对于小额信贷机构绩效综合评价指标体系会有多层次、多因素和多指标等特点，其评价系统层次结构与AHP层次分析法所展示的类似。同时，在指标选择中发现，有部分指标存在信息不确定性以及无法量化等特点，故为使其能够量化，将不确定量认为是灰度，且小额信贷机构评价体系受众多因素的影响，各因素之间的关系并不平等，评价中的定性指标准确性难以界定，具有很高的灰色性，故本书最终选取层次分析法作为指标权重赋予的方法并结合灰色综合评价方法进行综合评价。

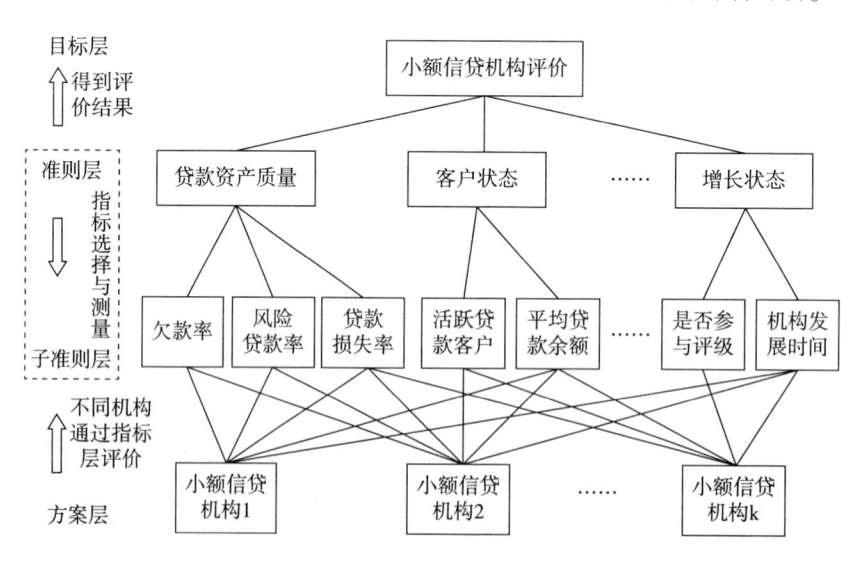

**图 3-3　小额贷款机构评价体系层次结构**

资料来源：周筱蕊，杨力，刘敦虎.小额信贷机构绩效综合评价模型研究[J].西南民族大学学报（人文社会科学版），2015（36）：133-136.

## 第3章 小额信贷绩效评价方法

虽然模糊综合评价方法也是针对不确定性的问题进行分析的方法，其中隶属函数理论可以确定某个不确定事物属于或者不属于所描述概念的程度，研究机构的可持续发展程度、机构目前的运营状况、业务发展速度、财务可生存衡量条件，但是在社会科学和管理科学等领域方面还存在很多不确定或者模糊的因素。在扩张范围的深度等指标下运用模糊综合评价方法并不恰当。若本书采用模糊综合评价方法来对小额信贷机构进行综合评价，业内会对其评价方法的合理性存在质疑，此外模糊综合评价方法中会存在缺乏学习能力的模糊逻辑，其评价结果会在一定程度上受到局限，理论上很难保证模糊系统的稳定性，模糊逻辑不是在传统数学的基础上建立的，所以更难以验证逻辑系统的正确性。

主成分分析法中会提取前几个主成分的累计贡献率达到一个较高的水平（变量降维后的信息量须保持在一个较高水平上），这些被提取的主成分必须都能够给出符合实际背景和意义的解释，在很多时候无法给提取出的各个主成分进行准确命名。另外，主成分分析法中对于指标的选择具有较高的要求，需要指标可以准确量化的水平较高，此外在选择出累计贡献率达到一个较高水平后（一般选择达到70%~85%），会删除掉剩余的成分，则会使近15%~30%的有效信息缺失，使最终的评价结果的可信度受到业内人士的质疑。在因子分析法中，在计算因子得分时采用的是最小二乘法，此方法对于样本数据的整体性要求较高，要求数据分布有很强的规律性。而本书考虑的因素和指标层众多，在使用因子分析法中出现因子分析法"失灵"的可能性较大。

数据包络分析方法对于样本收集需要满足的条件要求较强，特别是具有凸性和锥性的要求。DEA方法只能给出相对于"有效前沿面"的信息，而无法给出其他任何指定"参考面"的综合信息。现有的DEA方法对有效单元能给出的信息较少，对DEA有效决策单元不能排序，特别是DEA方法无法评价一类含有模糊因素的问题。在现代综合评判过程中各因素的权重分配主要靠人的主观判断，当因素较多时，权数难以恰当分配。而如何增强模糊综合评判结果的客观性就是难题所在。而本书中很多指标是定性指标，需要增强模糊综合判断结果，得到客观的小额信贷机构的评价，故该方法在实现本书的目的上存在很大的不足。

故本书针对第三方评级的小额信贷机构受众多指标的因素的影响，各个因素之间的关系不评级，且评价指标中的定性指标等特点，并在综合分析各种前述评价方法优缺点的基础之上，选择层次分析法作为指标权重赋予的方法并结合灰色综合评价方法进行综合评价。不同评价方法对于本书适用性质说明如表3-1所示（具体指标选择说明详见第4章）。

表3-1 不同评价方法对本书适用性性质说明

| 一级指标 | 二级指标 | 指标性质 | AHP | 模糊评价 | 主成分 | 因子分析 | DEA | 灰色多层次 |
|---|---|---|---|---|---|---|---|---|
| 贷款 | 欠款率 | 定量指标 | √ | √ | × | × | √ | √ |
| 资产质量 | 风险贷款率 | 定量指标 | √ | √ | × | × | √ | √ |
|  | 贷款损失率 | 定性指标 | 较为适用 | 较为适用 | × | × | × | √ |
| 客户状态 | 活跃贷款客户数（NAB） | 定量指标 | √ | √ | × | × | √ | √ |
|  | 客户平均贷款余额（ALPB） | 定量指标 | √ | √ | × | × | √ | √ |
| 还款率 | 资产收益率 | 定量指标 | √ | √ | × | × | √ | √ |
|  | 按时偿还贷款量 | 定量指标 | √ | √ | × | × | √ | √ |
| 生产率与效率 | 贷款周转次数 | 定量指标 | √ | √ | × | × | √ | √ |
|  | 单位货币借贷成本 | 定量指标 | √ | √ | × | × | √ | √ |
| 业务发展速度 | 新增贷款本息额 | 定性指标 | √ | √ | × | × | × | √ |
|  | 贷款本息回收计划完成 | 定量指标 | 较为适用 | 较为适用 | × | × | √ | √ |
| 财务盈利能力 | 经营性自足能力 | 定性指标 | √ | √ | × | × | √ | √ |
|  | 财务性自足能力 | 定性指标 | √ | √ | × | × | × | √ |
| 增长能力 | 资产回报率（ROA） | 定量指标 | √ | √ | × | × | √ | √ |
|  | 资本回报率（ROE） | 定量指标 | √ | √ | × | × | √ | √ |

第3章 小额信贷绩效评价方法

续表

| 一级指标 | 二级指标 | 指标性质 | AHP | 模糊评价 | 主成分 | 因子分析 | DEA | 灰色多层次 |
|---|---|---|---|---|---|---|---|---|
| 财务可持续发展条件 | 操作自负盈亏率（OSS） | 定量指标 | √ | √ | × | × | √ | √ |
|  | 财务自负盈亏率（FSS） | 定量指标 | √ | √ | × | × | √ | √ |
|  | 操作可持续比率（OSR） | 定量指标 | √ | √ | × | × | × | √ |
|  | 资金来源/制度/贷款实施可持续性 | 定性指标 | 较为适用 | 较为适用 | × | × | × | √ |
|  | 经济（金融）可持续比率（ESR） | 定量指标 | √ | √ | √ | √ | √ | √ |
|  | 总资产 | 定量指标 | √ | √ | √ | √ | √ | √ |
|  | 贷款规模 | 定量指标 | √ | √ | √ | √ | √ | √ |
| 市场竞争力状况 | 现有借款人数量 | 定量指标 | √ | √ | √ | √ | √ | √ |
|  | 现有员工数量 | 定量指标 | √ | √ | √ | √ | √ | √ |
|  | 接受服务的客户比例 | 定量指标 | √ | √ | √ | √ | √ | √ |
|  | 管理效率 | 定量指标 | √ | √ | √ | √ | √ | √ |
|  | 流动性比率 | 定量指标 | √ | √ | √ | √ | √ | √ |
| 扩张范围的深度 | 平均贷款期限 | 定量指标 | √ | √ | √ | √ | √ | √ |
|  | 贷款占比 | 定量指标 | √ | √ | √ | √ | √ | √ |
| 增长状态指标 | 是否参与评级 | 定性指标 | 较为适用 | 较为适用 | × | × | × | √ |
|  | 机构发展时间 | 定性指标 | 较为适用 | 较为适用 | × | × | × | √ |

— 103 —

续表

| 指标 | | 不同评价方法对于本书的适用性 | | | | |
|---|---|---|---|---|---|---|
| 一级指标 / 二级指标 | 指标性质 | AHP | 模糊评价 | 主成分 | 因子分析 | DEA | 灰色多层次 |
| 评价方法适用性结论 | | √方法原理简单，定性评价指标体系权重应考虑灰色性 | ×评价结果没有灰色多层次评价，方法精确且没有AHP方法易操作 | ×丢失信息量过大 | ×丢失信息量过大 | ×关键定性指标不适用 | √处理较为复杂，但运用此方法进行综合评价效果较其他方法更好 |

资料来源：周筱蕊，杨力，刘敦虎. 小额信贷机构绩效综合评价模型研究 [J]. 西南民族大学学报（人文社会科学版），2015 (36)：133-136.

## 3.4　本章小结

本章详细阐述了几种学术界普遍使用的方法，并对其特点进行剖析，明确指出其优点和缺陷。AHP 方法不仅原理简单，而且具有扎实的理论基础，是定量与定性方法相结合的优秀决策方法，在小额信贷绩效研究的指标体系中具有良好的决策赋权效果，而小额信贷机构的绩效评价是一项系统工程，对复杂系统进行综合评价，需要多个指标来进行多层次评价。在对定性指标进行评价过程中，评价信息受人为因素影响，评价者提供的评价信息是不确切、不完全的，具有灰色性，这就意味着用一般的系统评价方法很难对其进行合理评价。因此，对这类评价问题运用灰色系统理论较适宜。因此，在众多的综合评价方法的对比中，本书采用的是将层次分析法与灰色系统评价法相结合的方式对小额信贷机构绩效问题进行分析。运用层次分析法进行评价指标体系权重确定，再运用灰色评价法进行综合评价，最大限度地利用各种灰类程度的评价信息，尽量避免评价结果失效，在评价精度上也优于模糊综合评价等方法。

本书站在第三方的立场，采用专家评议，运用灰色多层次评价方法对我国小额信贷机构进行评级。将定量与定性分析相结合、静态分析与动态分析相结合，做到量化与质化兼有、主观与客观并存，结合灰色系统理论对我国小额信贷机构的各项运营指标、组织构成、可持续发展状况等情况选定定量与定性指标，建立评价体系层，根据 AHP 方法及调研取得的样本数据建立各指标的权重向量，得到对小额信贷机构的第三方评级的评价结果。

# 第4章
# 小额信贷机构绩效影响模型研究

对于成功的小额信贷机构来说，良好的公司治理和绩效管理是关键[①]。高效率的绩效管理机制能让资本要素和生产要素更好地结合，是机构发展和获得效益的重要切入点。本章以第三方评级机构为切入点，分析第三方评级与小额信贷机构绩效的关系模型，讨论影响小额信贷机构绩效的关键因素和变量，并对前文建立的小额信贷机构综合评价体系进行验证。

## 4.1 第三方评级与小额信贷机构绩效关系模型构建的基础

第三方评级机构在资本市场中有至关重要的作用，它追求在风险和收益的最佳平衡点上，引导机构投资者和私有资本在世界范围内进行自由资产配置[②]。第三方评级机构的出现，对小额信贷机构的绩效评价也日趋规范，同时，众多小额信贷机构也以第三方评级机构的评价指标作为自身绩效改进的依据，因此研究第三方评级与小额信贷机构绩效的关系模型有助于后续建立小额信贷机构绩效的综合评价体系。

### 4.1.1 关系模型构建的现实背景

不同于一般的金融机构、股份制商业银行，小额信贷机构的绩效不只是盈

---

① 周筱蕊，杨力，刘敦虎. 小额信贷机构绩效综合评价模型研究[J]. 西南民族大学学报（人文社会科学版），2015（36）：133-136.

② Langohr H., Langohr P. The rating agencies and their credit ratings [M] // The Rating Agencies and Their Credit Ratings: What They Are, How They Work, and Why They are Relevant. 2006.

## 第4章 小额信贷机构绩效影响模型研究

利指标，在支持贫困人口脱贫、扶持中小企业发展的基础上，小额信贷机构也不可避免地需要考虑其盈利能力和绩效。对于小额信贷机构来讲，不管是从扶贫的角度还是从金融发展改革的角度来考虑，其存在的必要性和发展的合理性，以及所提供的服务理念、需要完成的服务目标，都取决于其自身的运行绩效。根据小额信贷机构的服务范围和可持续性，Yaron（1994）提出一个被普遍应用的评价小额信贷机构绩效的组织结构[1]，这个结构中，服务范围代表被服务客户的数量以及提供的服务的质量，可持续性则意味着机构能产生合理且足够的利润来维持机会成本和资本的投入。

然而，近年来随着市场规模的不断扩张，小额信贷机构也有了较快的发展，但在高速发展的背后，小额信贷机构的管理问题日益突出，主要表现为日益严重的资金供给不足、内部管理制度缺失、人才流失严重等问题，这些问题的凸显使小额信贷机构在日趋激烈的市场竞争下很难做到良性的长期经营，也就无法实现可持续的发展。因此，为了规范小额信贷机构的管理，强化其综合绩效，国际范围内开始迅速掀起一股小额信贷机构商业化的浪潮（主要表现为进入资本市场融资、构建公司化运行模式等）。与此同时，小额信贷机构评级市场也逐渐发展起来。

所谓小额信贷机构评级是指根据小额信贷机构的财务表现，给小额信贷机构评级，广大投资者可以根据评级级别来考察小额信贷机构运营状况，并决定投资去向。如果小额信贷机构可以达到这些要求，那么小额信贷机构财务状态就比较好，可以盈利。小额信贷机构评级也可理解为第三方评估机构基于机构收集和报告的相关信息对机构进行全方位的业绩评价[2]。

第三方信用评级机构在资本市场中有至关重要的作用，它追求在风险和收益的最佳平衡点上，引导机构投资者和私有资本在世界范围内进行自由资产配置。截至2010年，国际上已有近20家从事小额信贷机构评级工作的机构，既包括标准普尔、惠誉等传统评级机构，也包括 PlaNet Rating、Microfinance Rating 和 M—CRIL 等从事小额信贷机构评级的专业机构，其中最为活跃、业务量最大的5家机构分别为 PlaNet Rating、Microfinance Rating、MicroRate、M—CRIL 和 PCR，占市场份额80%左右[3]。

---

[1] Yaron J. What makes rural finance institutions successful? [J]. World Bank Research Observer, 1994, 9（1）：49-70.
[2] 焦瑾璞，陈瑾. 建设中国普惠金融体系：提供全民享受现代金融服务的机会和途径 [M]. 北京：中国金融出版社，2009.
[3] 袁吉伟. 国际小额信贷机构评级研究 [J]. 吉林金融研究，2012（10）：22-27.

从理论上看，评级结果既可以成为投资者和捐赠者提供资金支持的重要参考，也有利于小额信贷机构规范治理、完善监管，进而改善其经营绩效。那么，评级是否促进了小额信贷机构改善绩效？这是本书关注的重点。

### 4.1.2 关系模型构建的理论依据

目前，国内外有关小额信贷机构评级及其与绩效关系的研究并不多见①。已有的相关研究主要集中于"信用评级"②、"国外的实践经验"③ 以及"评级指标分析"④ 等。而针对"第三方评级是否有助于小额信贷机构绩效改善"这一问题尚没有形成系统的研究成果。现有研究可以简单总结以下几点结论：

（1）对小额信贷行业的市场效率评价并形成有效保障其市场效率的机制，是当前小额信贷业发展成熟过程中所面临的核心问题。为更好地确保小额信贷机构的成效发展，需要借助专业的评级机构⑤。

（2）专业评级机构产生的独立信息可以提高资金的配置效率，尤其是在没有专门针对小额信贷机构股票和债券交易市场的情况下，它会帮助捐助者和投资者找到最合适的小额信贷机构⑥；同时拥有良好评级结果的小额信贷机构也能够增强自身的吸引力，在吸纳更多客户的同时，吸引更多的资金支持。

（3）学者的研究结果表明诸多因素会影响小额信贷机构的评级结果，在众多的影响因素中，机构规模、财务可持续性、总资产量、活跃客户数量以及制度的持续性等被广泛地提及⑦，而这些因素对小额信贷机构的评级有正向的影响，同时也对小额信贷机构的可持续发展起关键作用。

（4）实证研究的结果发现，小额信贷机构评级主要关注的是机构的信用价值、真实性和经营水平，而评级内容主要包括机构的规模、盈利和风险，这和

---

① 梁巧慧，胡金焱．小额信贷机构：一个国外研究理论述评 [J]．山东社会科学，2015（1）：125-130．
② 王建平．我国小额信贷机构信用评级问题探析 [J]．金融与经济，2015（1）：90-92．
③ 张正平，何广文．国际小额信贷可持续发展的绩效、经验及其启示 [J]．金融理论与实践，2012（11）：84-92．
④ 徐静娴．我国小额贷款的信用评级机制探析 [J]．金融经济，2013（6）：73-75．
⑤ 张正平，王麦秀，胡亚男．评级促进了小额信贷机构改进绩效吗？——基于国际数据的实证检验 [J]．现代财经（天津财经大学学报），2014（2）：44-54．
⑥ Zhang Z. P., Sheng Y. The commercialization of micro-finance institutions and their performance [J]. Finance Forum, 2013.
⑦ Ben Soltane Bassem. Governance and performance of microfinance institutions in mediterranean countries [J]. Journal of Business Economics & Management, 2009, 10（1）：31-43.

其他金融机构的信用评级内容基本相同,忽略了小额信贷的社会作用。

(5)农村金融机构的绩效评价是当前我国业内评价的重点。着重讨论了农村金融机构经营绩效综合评估体系的构建问题,在研究方法方面探索了利用模糊综合评价与 AHP 层次分析法相结合[1]、BP 神经网络[2]、Logit 回归模型[3]等多种方法构建绩效综合评价模型。

(6)近年来,小额信贷机构评级问题在学术界逐渐升温[4]。研究纷纷就评级与小额信贷机构商业化问题进行探讨,研究认为评级有利于促进小额信贷机构商业化,应推进我国小额信贷评级行业的发展,同时采取规范的方法与国际接轨,在考虑国内机构特征属性的基础上引入国际小额信贷评级机构。

综上所述,国内外对小额信贷机构评级都有了较为广泛的关注[5],部分研究已经就两者间的关系进行了研究分析,但仅有的几篇实证文献讨论的是小额信贷机构评级结果的影响因素,而对评级与小额信贷机构改善绩效间关系的分析不多。因此,本书在前人研究的基础上,从国际范围内筛选了 154 家经 PlaNet Rating 评级的小额信贷机构作为样本,建立计量模型实证检验评级对小额信贷机构财务绩效和社会绩效的影响。

## 4.2 第三方评级与小额信贷机构绩效关系模型构建与变量定义

以下讨论了第三方评级与小额信贷机构绩效的关系模型,本书中将小额信贷机构的绩效分为财务绩效和社会绩效,并以此作为自变量,随后设计了相关变量因子分别用于测量两个自变量,基于这样的分析,本书建立了第三方评级与小额信贷机构绩效关系模型。

---

[1] 谭民俊,王雄,岳意定. FPR-UTAHP 评价方法在农户小额信贷信用评级中的应用[J]. 系统工程,2007,25(5):55-59.

[2] 王誉澍. BP 算法在农户小额信贷信用评级中的应用[J]. 金融经济,2010(22):123-124.

[3] 魏岚. 农户小额信贷风险评价体系研究[J]. 财经问题研究,2013(8):125-128.

[4] 杨学东. 我国民间金融规范化问题研究——以湖北省十堰市为例[J]. 湖北经济学院学报(人文社会科学版),2013(10):30-31.

[5] 袁吉伟. 国际小额信贷机构评级研究及启示[J]. 吉林金融研究,2012(10):26-31.

### 4.2.1 关系模型构建

基于 Hartarska 和 Nadolnyak（2008）对评级与小额信贷机构融资规模关系的实证模型[①]，本书分别构建了检验小额信贷机构评级与其财务绩效和社会绩效的计量模型，其中，检验评级对财务绩效影响的计量模型如模型（4-1）所示：

$$F_{It} = C +_a A_t +_\beta B_t +_\varphi R_t + \varepsilon t \qquad (4-1)$$

在模型（4-1）中，F 是描述小额信贷机构财务绩效的变量；A 是描述小额信贷机构性质的变量，包括机构规模、成立年限、机构类型等方面；B 是描述小额信贷机构经营状况的变量，包括资本结构、贷款结构、风险贷款、经营效率等方面；R 为虚拟变量，主要描述小额信贷机构是否接受过评级。检验评级对社会绩效影响的计量模型如模型（4-2）所示：

$$S_{It} = C +_a A_t +_\beta B_t +_\varphi R_t + \varepsilon t \qquad (4-2)$$

在模型（4-2）中，S 是描述小额信贷机构社会绩效的变量，其他变量与模型（4-1）相同。

### 4.2.2 变量定义

#### 4.2.2.1 被解释变量——财务绩效（F）

根据小额信贷机构的特征[②]，针对小额信贷机构的财务绩效（F）进行研究。本书在第5章所构建的小额信贷机构绩效综合评价指标体系中选用"资产回报率"（ROA）"资本回报率"（ROE）和"经营自负盈亏率"（OSS）衡量小额信贷机构的财务绩效。而这些指标也是小额信贷机构得以持续发展的关键指标。

其中，"资产回报率"（ROA）衡量机构资金投入所产生的经济收益，"资本回报率"（ROE）衡量机构所产生的获利情况，"经营自负盈亏率"（OSS）

---

[①] Hartarska V., Nadolnyak D. Does rating help microfinance institutions raise funds? Cross-country evidence [J]. International Review of Economics & Finance, 2008, 17 (4): 558-571.

[②] 胡宗义，罗柳丹．小额信贷缓减农村贫困的效用研究——基于面板模型的分析 [J]．财经理论与实践，2016, 37 (3): 10-15.

衡量机构经营可持续的实现程度①,如表 4-1 所示。另外,操作自负盈亏率是小额信贷机构核心关注点。它是金融收入与金融费用、贷款损失、操作费用之和的比值。该指标反映了小额信贷机构可持续发展能力②。

**表 4-1 变量定义**

| 类型 | 指标及符号 | 定义 |
| --- | --- | --- |
| 被解释变量 | 资产回报率(ROA) | (调整后的净经营收入-税收)/调整后的平均总资产 |
|  | 资本回报率(ROE) | (调整后的净经营收入-税收)/调整后的平均总资本 |
|  | 经营自负盈亏率(OSS) | 经营收入/(经营支出+贷款损失准备+管理支出) |
|  | 活跃贷款数(NAB) | 经过坏账冲销调整后,仍然有贷款需要偿还的客户数量 |
|  | 客户平均贷款余额(ALPB) | 调整后的贷款总额/(调整后的活跃贷款户数×人均 GNI) |
| 解释变量 | 总资产(A) | 对通货膨胀、贷款损失准备金和坏账冲销调整后的资产总量 |
|  | 机构发展时间(Age) | 机构成立至今所经历的年数 |
|  | 机构类型(ST) | 虚拟变量;若为 NGO 或 NBFI,其值为 0,否则为 1 |
|  | 资本比率(Capital) | 调整后的总资本/调整后的总资产 |
|  | 贷款占比(Loan) | 贷款占总资产比率 |
|  | 风险贷款率(P30) | 偿还期限超过 30 天的贷款(包括重新协商的逾期贷款)/总贷款 |
|  | 流动性比例(Liquid) | 现金和银行存款/总资产 |
|  | 管理效率(Cost) | 管理费用/总资产 |
|  | 是否参与评级(R) | 虚拟变量,如果机构当年接受评级则 R=1,否则为 0 |

#### 4.2.2.2 被解释变量——社会绩效(S)

根据小额信贷机构的特征,针对小额信贷机构的社会绩效(S)③,本书在第 5 章所构建的小额信贷机构绩效综合评价指标体系中选用"活跃贷款户数"(NAB)和"客户平均贷款额"(ALPB)衡量小额信贷机构的社会绩效。其中,

---

① 李雅宁,赵睿.福利、绩效与我国小额信贷的可持续性[J].河南社会科学,2015,23(6):71-75.
② 刘阳.基于 MIX 数据的小额信贷机构财务可持续性分析[D].上海交通大学硕士学位论文,2014.
③ 杜晓山,孙同全,张群.公益性及商业性小额信贷社会绩效管理比较研究[J].现代经济探讨,2011(5):44-49.

"NAB"衡量机构服务的广度,值越大,机构服务的被排除在正规金融体系之外的客户数越多,社会绩效就越好[①];"ALPB"衡量机构服务的深度,客户平均贷款额越小,表明机构服务的客户相对越贫困,机构服务触及社会底层的程度越深[②]。

值得注意的是,"活跃贷款户数"(NAB)反映的是客户数量的问题,客户是小额信贷机构利润的提供者,客户数量大表明小额信贷机构潜在利润多。机构的客户数多代表机构业务量大,给越多的客户贷款,就有越多的利息收入。客户数量和小额信贷机构的收入是密切相关的。客户数量是小额信贷机构覆盖面的表现,它影响着小额信贷机构的财务可持续发展能力的大小。同时,"客户平均贷款额"(ALPB)该指标可以衡量小额信贷机构的工作效率,如果这个指标高,可以说小额信贷机构的收益成本率较高,机构收益较大,财务可持续更容易达到。

#### 4.2.2.3 解释变量

(1)总资产(A)。研究从评价指标体系中选用"总资产"衡量小额信贷机构的规模。一般而言,小额信贷机构的规模越大,其盈利能力和抗风险水平就越强。研究中用 LnA 作为 A 的替代指标。

(2)机构发展时间(Age)。研究按机构成立年限将其分为"新设机构"(4年以下,含4年)、"年轻机构"(4~8年,含8年)和"成熟机构"(大于8年)三类,分别设置指标为"-1"、"0"和"1"。

(3)机构类型(ST)。Cull(2009)研究表明,按照 MIX 专业网站的分类标准,小额信贷机构可分为五类,即"Bank"(银行)、"Credit Union:Cooperative"(信用社:合作社)、"NBFI"(非银行金融机构)、"NGO"(非政府组织)和"Other"(其他)。由于 NGO 和 NBFI 类小额信贷机构的社会目标与资金安排与其他商业机构不同[③],这两类小额信贷机构更偏向实现社会目标,进而影响机构的绩效。为此,本书设置了虚拟变量,用"0"表示 NGO 和 NBFI 两类机构,"1"表示其他三类机构。

(4)资本比率(Capital)。对小额信贷机构而言,由于主要的盈利产生于

---

① 张正平,圣英.商业化与小额信贷机构绩效[J].金融论坛,2013,18(10):58-64.
② 中国小额信贷社会绩效管理研究课题组,杜晓山,张群.商业性小额信贷社会绩效评价——基于哈尔滨银行的案例分析[J].农村金融研究,2011(4):63-68.
③ Cull R., Demirgüçkunt A., Morduch J. Microfinance meets the market [J]. Journal of Economic Perspectives, 2009, 23 (1): 167-192.

贷款发放后的利息带来的收入，因此，在同等条件下贷款与总资产的比重从侧面反映了该机构创造收益的能力强弱，其比重越大，创造利润的能力也越强。

（5）逾期30天贷款占总贷款比例（P30）。此指标是衡量机构贷款风险的重要标志，P30是指小额信贷机构逾期超过30天的贷款（包括重新协商的逾期贷款）占总贷款的比例。

（6）现金和银行存款占总资产比例（Liquid）。由于机构常常面临现金或银行存款过剩以及不足的难题，当现金和银行存款过剩，说明机构的资产配置不合理，资产效率没有更好地得到利用；而不足时又会出现支付风险。而这两个方面的难题是测评机构流动性风险的关键。因此，本书用"现金和银行存款与总资产的比例"来衡量小额信贷机构的流动性风险。

（7）管理费用占总资产比例（Cost）。"管理费用占总资产比例"衡量了小额信贷机构的管理费效率，也是影响机构财务绩效和社会绩效的重要因素。

（8）是否接受评级（R）。样本机构均是在经营2~3年以后经PlaNet Rating进行充分测量评级，本书引入评级虚拟变量，当机构在第N年接受过评级，R=1，其他R=0（虚拟变量）。

## 4.3 样本选择及其分析

本书在样本选取时，一方面考虑了样本的代表性，另一方面主要考虑该关系模型研究对本书后续综合评价指标体系建立的影响，因此，本书选取的样本不仅是国内的小额信贷机构，还包括了大量外国的小额信贷机构，目的是希望关系模型能够充分展示第三方评级与小额信贷机构绩效的关系，同时更加深入、全面地反映影响小额信贷机构综合绩效的关键指标。

### 4.3.1 样本选择

小额信贷机构的研究样本选择需要进行较为严格的筛选，但是很多专业的评级机构帮助本书完成了较多工作，故本书选择的小额信贷机构样本需具备两个条件，即经专业小额信贷评级机构 PlaNet Rating 评级；向国际小额信贷信息交换机构 MIX 专业网站上传过相应的数据。

样本选择的实施具体步骤如下：

步骤一：确定研究时间范围为 2005~2013 年，将该时间窗口内经 PlaNet Rating 评级过的小额信贷机构选作分析的对象，筛选后获得 218 家机构作为目标样本。

步骤二：以这 218 家机构为目标样本，在 MIX 网站上寻找相关的指标数据，结果有 37 家机构在 MIX 网站上没有披露数据，须从目标样本中剔除。

步骤三：结合步骤一和步骤二，将目标样本评级时间与其在 MIX 上披露经营信息的时间进行匹配，以具备两年经营信息，且在 PlaNet Rating 与 MIX 上有信息备案要求为基线，剔除不满足要求的小额信贷机构样本，最终确定样本为 154 家小额信贷机构。

### 4.3.2 样本分析

#### 4.3.2.1 地区分布

样本机构主要分布在五个城市：上海、北京、中国香港、广州和成都。研究样本在区域上分布合理，具有良好的地区代表性。

#### 4.3.2.2 机构类型

本书选取的 154 个观测样本中包含了 5 类小额信贷机构。其中，非银行类金融机构（NBIF）占比为 28.9%，信用社和合作社占比为 16.4%，其他类型占比为 13%，NGO 占比为 47.4%，这类小额信贷机构的资金主要依靠捐助，因此向资金供给者传递经营良好信息的需求更强烈，参与评级无疑是传递其经营信息的重要方式。从选取的小额信贷机构的类型上看，涵盖了非银行类金融机构（NBIF）、信用社和合作社、NGO 以及其他等多种类型，这使样本在类型上多样化且具有良好的代表性。

#### 4.3.2.3 机构性质

在样本中，机构是否为营利性机构、是否接受监管等属性存在着较大差异，而这些属性均会影响其财务绩效和社会绩效，如表 4-2 所示。

表 4-2　样本机构性质分析

| 时间/监管 | 是否盈利 | 2005 年 机构数量 | 占比 | 是否受监管 | | | 2013 年 机构数量 | 占比 | 是否受监管 | | |
|---|---|---|---|---|---|---|---|---|---|---|---|
| | | | | 是 | 否 | 不明确 | | | 是 | 否 | 不明确 |
| 是 | | 21 | 22.6% | 21 | 0 | 0 | 33 | 27.7% | 29 | 4 | 0 |
| 否 | | 72 | 77.4% | 36 | 36 | 0 | 86 | 72.3% | 35 | 49 | 2 |
| 合计 | | 93 | 100% | 57 | 36 | 0 | 119 | 100% | 64 | 53 | 2 |

资料来源：国际第三方评级机构公布的经评级的小额信贷机构数据。

通过分析可以发现：

首先，机构的营利属性和监管情况是时间变量，会随着时间的改变而发生变化。相同的机构在不同的时间内可能会由营利机构变为公益性组织，或从接受监管到放弃接受监管。例如，2005 年 93 家机构中有 21 家营利性机构，而 2013 年有 33 家营利性机构；此外，2005 年有 36 家非营利机构接受监管，在 2013 年只有 35 家非营利性机构接受监管。

其次，2005 年非营利机构接受监管的程度要低于营利性机构。2005 年 93 家机构中有 21 家是营利性机构，均接受监管，而非营利性机构 72 家中，只有 36 家接受监管；2013 年的 119 家机构，33 家营利性机构中约 87.88% 的机构接受监管，86 家非营利性机构中约仅有 40.70% 的接受监管。

最后，不接受监管的机构中非营利性机构占比更高。以 2013 年的 119 家机构为例，64 家受监管的机构中，营利性机构和非营利性机构分别占 45.31% 和 54.69%；53 家不被监管的机构中，非营利性机构占 92.45%。

## 4.4　实证检验及结果分析

以下讨论实证检验的统计结果，并对结果进行分析讨论。

## 4.4.1 单位根检验

对于经济数据的分析，数据平稳性对研究尤为重要[①]。单位根检验（Unit Root Method）是时间序列平稳性的一种检验方法，是经济学模型建立的基础[②]。本书选择了 5 种不同的单位根检验方法，即 Levin-Lin-Chut（LLC）、Im-Pesaran-Shin（IPS）、ADF-Fisher、PP-Fisher 和 HadriZ-stat。上述这些检验方法主要用于验证回归模型中运用数据的稳定性。

### 4.4.1.1 解释变量单位根检验

通过单位根检验发现，解释观测值较为平稳，满足回归分析平稳性对样本数据的要求（2005~2013 年），如表 4-3 所示。

表 4-3 解释变量单位根检验结果

| 变量 | 方法 | LLC | IPS | ADF-Fisher | PP-Fisher | Hadri Z-stat |
|---|---|---|---|---|---|---|
| LnA | Statistic | -18.97 | -2.57 | 332.41 | 513.84 | 19.07 |
|  | Prob | 0.000 | 0.010 | 0.000 | 0.000 | 0.000 |
|  | Obs | 671.00 | 671.00 | 671.00 | 721.00 | 870.00 |
| Capital | Statistic | -19.87 | -6.07 | 399.87 | 447.91 | 16.01 |
|  | Prob | 0.000 | 0.000 | 0.000 | 0.000 | 0.000 |
|  | Obs | 659.00 | 659.00 | 659.00 | 721.00 | 870.00 |
| Loan | Statistic | -38.24 | -5.89 | 339.89 | 439.27 | 15.06 |
|  | Prob | 0.000 | 0.000 | 0.000 | 0.000 | 0.000 |
|  | Obs | 671.00 | 671.00 | 671.00 | 721.00 | 870.00 |
| P30 | Statistic | -27.21 | -5.07 | 366.17 | 371.07 | 16.55 |
|  | Prob | 0.000 | 0.000 | 0.000 | 0.000 | 0.000 |
|  | Obs | 641 | 641 | 641 | 683 | 831 |

---

① 王兰芳，胡悦. 创业投资促进了创新绩效吗？——基于中国企业面板数据的实证检验 [J]. 金融研究，2017（1）：177-190.

② Banker R. D. Maximum likelihood, consistency and data envelopment analysis: A statistical foundation [J]. Management Science, 1993, 39 (10): 1265-1273.

续表

| 变量 | 方法 | LLC | IPS | ADF-Fisher | PP-Fisher | Hadri Z-stat |
|---|---|---|---|---|---|---|
| Liquid | Statistic | -91.74 | -10.87 | 388.75 | 437.17 | 15.07 |
|  | Prob | 0.000 | 0.000 | 0.000 | 0.000 | 0.000 |
|  | Obs | 658 | 658 | 658 | 677 | 835 |
| Cost | Statistic | -19.86 | -5.04 | 343.78 | 490.13 | 14.99 |
|  | Prob | 0.000 | 0.000 | 0.000 | 0.000 | 0.000 |
|  | Obs | 673.00 | 673.00 | 673.00 | 701.00 | 851.00 |

资料来源：笔者根据相关模型运算后自制。

#### 4.4.1.2 被解释变量的单位根检验

通过单位根检验发现，解释观测值较为平稳，满足回归分析平稳性对样本数据的要求，如表4-4所示。

表4-4 被解释变量单位根检验结果

| 变量 | 方法 | LLC | IPS | ADF-Fisher | PP-Fisher | Hadri Z-stat |
|---|---|---|---|---|---|---|
| ROA | Statistic | -40.17 | -31.09 | 391.47 | 449.87 | 15.07 |
|  | Prob | 0.000 | 0.010 | 0.000 | 0.000 | 0.000 |
|  | Obs | 659.00 | 659.00 | 659.00 | 721.00 | 870.00 |
| ROE | Statistic | -110.14 | -20.05 | 369.78 | 439.85 | 17.07 |
|  | Prob | 0.000 | 0.010 | 0.000 | 0.000 | 0.000 |
|  | Obs | 659.00 | 659.00 | 659.00 | 721.00 | 870.00 |
| OSS | Statistic | -39.16 | -7.06 | 391.35 | 429.81 | 14.21 |
|  | Prob | 0.000 | 0.010 | 0.000 | 0.000 | 0.000 |
|  | Obs | 681.00 | 681.00 | 681.00 | 721.00 | 870.00 |

资料来源：笔者根据相关模型运算后自制。

## 4.4.2 变量相关性分析

### 4.4.2.1 解释变量的相关性分析

解释变量间的相关性矩阵如表4-5所示。

表4-5 解释变量间的相关性矩阵

| 解释变量 | Age | ST | LnA | Capital | Loan | Liquid | P30 | Cost | R |
|---|---|---|---|---|---|---|---|---|---|
| Age | 1.00 | — | — | — | — | — | — | — | — |
| ST | 0.17 | 1.00 | — | — | — | — | — | — | — |
| LnA | 0.73 | 0.09 | 1.00 | — | — | — | — | — | — |
| Capital | -0.11 | -0.22 | -0.41 | 1.00 | — | — | — | — | — |
| Loan | -0.39 | -0.07 | -0.79 | 0.38 | 1.00 | — | — | — | — |
| Liquid | 0.59 | 0.39 | 0.28 | 0.21 | -0.42 | 1.00 | — | — | — |
| P30 | 0.70 | 0.47 | 0.31 | 0.32 | 0.14 | 0.46 | 1.00 | — | — |
| Cost | 0.31 | 0.31 | 0.10 | -0.09 | -0.18 | 0.38 | 0.08 | 1.00 | — |
| R | 0.21 | 0.28 | 0.09 | 0.10 | 0.01 | 0.21 | 0.28 | -0.07 | 1.00 |

注：此表中解释相关系数的对称性，"—"表示不赘述相同数值。
资料来源：笔者根据相关模型运算后自制。

（1）由于Age与另外三个变量LnA、Liquid、P30有高度的相关性，相关性均大于0.5，且Age所反映的信息量可以为LnA、Liquid、P30所替代，因此在模型回归中可剔除变量Age，以提高模型回归的准确性。

（2）LnA与Loan相关系数最大，为-0.79，应剔除其中一个，但理论上机构的规模和贷款占总资产的比例都是影响其财务绩效和社会绩效的重要因素，为了更好地反映实际情况，研究用LgE作为衡量小额信贷机构规模的替代指标。

（3）Age与Loan相关系数为-0.39，ST与Liquid、P30相关系数分别为0.39与0.47，Liquid与P30、Cost相关系数分别为0.46与0.38，上述相关程度小于0.5，在可接受范围内，可用于模型回归分析。

### 4.4.2.2 解释变量和被解释变量之间的相关分析

从表4-6显示的数据可以分析得出以下结论：

(1) 从回归模型中去除 Age 变量对模型回归结果的影响可以忽略。在被解释变量相关性分析中，对模型的回归影响较弱，为了避免自相关决定将 Age 剔除，表 4-6 则表明，Age 与其他指标如机构财务绩效指标、社会绩效指标的相关性都较小，在 0.1 以下，对其进行剔除处理是可行的。

(2) 机构规模与资本回报率负相关[①]。LgE 与 ROE 的相关数为 -0.779，这可能与样本中非营利性机构的比例高有关。在 2013 年样本中非营利性机构的比例较高，在 2013 年样本中非营利性机构占总机构数的 72.3%，非营利性机构更多的是为了普及金融服务，更好地服务穷人而非追求利润，因此在实现财务可持续后利润通常会保持在一定水平。在利润一定的情况下，机构规模扩大就导致了资本回报率的降低。

(3) 机构偿付能力指标 Liquid、衡量风险的指标 P30 与机构财务绩效（ROA、ROE、OSS）均为负相关，与理论研究相符，而影响程度则需要通过模型回归进行分析。

表 4-6 解释变量与被解释变量之间的相关性

| 变量 | ROA | ROE | OSS | NAB | ALPB |
| --- | --- | --- | --- | --- | --- |
| Age | -0.060 | 0.050 | -0.193 | -0.038 | 0.028 |
| ST | 0.009 | -0.189 | -0.128 | -0.500 | 0.858 |
| LgE | 0.228 | -0.779 | 0.268 | 0.201 | 0.119 |
| Capital | 0.059 | -0.579 | 0.338 | 0.157 | -0.220 |
| Loan | 0.049 | -0.595 | 0.099 | 0.246 | 0.099 |
| Liquid | -0.367 | -0.378 | -0.150 | -0.228 | 0.338 |
| P30 | -0.200 | -0.368 | -0.329 | 0.071 | 0.300 |
| Cost | -0.333 | 0.338 | -0.068 | -0.069 | -0.419 |
| R | 0.072 | 0.121 | -0.117 | -0.078 | 0.1489 |

资料来源：笔者根据相关模型运算后自制。

## 4.4.3 回归结果分析

为了降低数据缺失对回归结果的影响[②]，本书在模型回归中将部分数据缺

---

[①] 钱苹, 张帏. 我国创业投资的回报率及其影响因素 [J]. 经济研究, 2007 (5): 78-90.
[②] 邓明. 基于 GMM 的缺失数据回归模型的半参数估计 [J]. 统计与信息论坛, 2013 (3): 10-16.

失较多的样本剔除，最终用 128 家小额信贷机构的 877 组数据（部分样本的年度数据缺失）进行回归分析。

### 4.4.3.1 评级与财务绩效的回归结果

由表 4-7 可知，以显著性水平 15% 情形下考虑模型分析结果（小额信贷机构评级与财务绩效间的回归结果）发现，虚拟变量 R 与资本回报率存在正向相关关系。这意味着小额信贷机构在第 N 年评级与否，会对财务绩效产生正向影响，即评级可以促进小额信贷机构的发展。

表 4-7 评级与小额信贷机构财务绩效的回归结果

| 变量和检验统计 | ROA | ROE | OSS |
| --- | --- | --- | --- |
| C | −362.51* (198.52) | −23.17 (18.51) | 110.11*** (26.07) |
| AR（1） | 1.21*** (0.01) | 0.49*** (0.03) | 0.35*** (0.07) |
| ALPB | 0.60* (0.33) | 0.00 (0.02) | 0.19 (0.03) |
| LgE | 41.07* (20.14) | 3.98** (1.97) | 0.09 (2.67) |
| ST | −749.67*** (271.08) | 11.94* (7.02) | 1.33 (7.87) |
| Capital | 1.19 (1.27) | 0.33*** (0.14) | 0.49*** (0.12) |
| Loan | 0.81 (1.30) | 0.12 (0.11) | 0.18 (0.20) |
| P30 | −8.00* (2.91) | −1.40*** (0.26) | −1.81*** (0.41) |
| Cost | −2.00 (4.14) | −2.51*** (0.41) | −1.41 (0.62) |
| R | −23.01 (29.04) | 4.41 (2.80) | −1.29 (4.51) |

续表

| 变量和检验统计 | ROA | ROE | OSS |
|---|---|---|---|
| F-statistic | 649.60* | 240.01* | 12.011 |
| Adjusted $R^2$ | 0.89 | 0.34 | 0.191 |
| No of observations | 454 | 454 | 454 |
| DW | 1.48 | 1.79 | 1.88 |

注："*"表示15%显著性水平下；"**"表示10%显著性水平下；"***"表示5%显著性水平下；"****"表示1%显著性水平下。

资料来源：笔者根据相关模型运算后自制。

更进一步地，通过滞后一个单位进行回归，验证小额信贷机构评级与小额信贷机构财务绩效之间的关系[1]。从表4-8可以发现以下结论：

表4-8 评级变量分别滞后一期、两期和当期回归结果对比

| 滞后期数 | ROA | ROE | OSS |
|---|---|---|---|
| R (t-1) | 1.69 (24.01) | 0.81 (2.44) | 6.12* (4.17) |
| R | -23.01 (27.99) | 4.41* (2.81) | -1.28 (4.31) |
| R (t+1) | -7.01 (24.97) | 6.12*** (2.87) | 0.69 (3.87) |

注："*"表示15%显著性水平下；"**"表示10%显著性水平下；"***"表示5%显著性水平下；"****"表示1%显著性水平下。

资料来源：笔者根据相关模型运算后自制。

（1）在显著性水平15%标准下发现，虚拟变量 $R_t$ 与 $ROE_t$、$OSS_{t+1}$ 均正相关，即对小额信贷机构评级有利于其当期资本回报率的提高，同时提高机构实现经营自负盈亏的程度。

（2）在5%的显著性水平下，$ROE_{t-1}$ 与 $R_t$ 正相关，即机构资本回报率高会促使机构接受评级。

（3）评级与机构财务绩效可以相互促进。$ROE_{t-1}$ 与 $R_t$、$R_t$ 与 $ROE_t$ 均正相

---

[1] 张正平．中国NGO小额信贷机构治理效率实证检验[J]．社会科学战线，2017（5）：59-67.

关,即机构财务绩效(ROE)提高会促使机构愿意接受评级,而评级又会促使机构财务绩效(ROE)的进一步改善。这种相互影响的路径为:一方面,接受评级后的小额信贷机构变得更加透明,更容易受到市场力量的约束,因此其改善财务绩效的激励增强了;另一方面,财务绩效得到改进后,小额信贷机构有更大的动力进一步扩大机构的规模和覆盖面,这就需要更多的资金支持,而通过评级方式获得资本市场投资人的支持无疑是最佳的方式。

#### 4.4.3.2 评级与社会绩效的回归结果

由表4-9可知,在5%的显著性水平下,R与NAB负相关,即小额信贷机构评级导致当期活跃贷款户数减少,而即使在15%的显著性水平下,R与客户平均贷款余额(ALPB)之间也不存在相关关系。

表4-9 评级与小额信贷机构社会绩效的回归结果

| 变量和检验统计量 | NAB | ALPB |
| --- | --- | --- |
| C | −3778.14**** <br> (151.01) | 3.01 <br> (29.10) |
| AR(1) | 0.01**** <br> (0.00) | 0.91**** <br> (0.01) |
| ROE | 0.19** <br> (0.11) | −0.09**** <br> (0.05) |
| ALPB | −0.19* <br> (0.17) | 0.00*** <br> (0.00) |
| LnE | 15.99* <br> (11.01) | 3.38 <br> (2.91) |
| ST | −119.87 <br> (231.04) | 84.03**** <br> (25.77) |
| Capital | −2.61**** <br> (0.59) | 84.31**** <br> (0.19) |
| Loan | 1.40*** <br> (0.61) | 0.31** <br> (0.14) |
| P30 | −0.29 <br> (1.10) | −0.71 <br> (0.49) |

续表

| 变量和检验统计量 | NAB | ALPB |
|---|---|---|
| Cost | -0.21<br>(1.97) | -0.72<br>(0.53) |
| R | -20.11***<br>(9.03) | 0.58<br>(2.31) |
| F-statistic | 1161.08* | 501.33* |
| Adjusted $R^2$ | 0.93 | 0.87 |
| No of observations | 666 | 666 |
| DW | 0.94 | 2.69 |

注："*"表示15%显著性水平下；"**"表示10%显著性水平下；"***"表示5%显著性水平下；"****"表示1%显著性水平下。

资料来源：笔者根据相关模型运算后自制。

为了进一步验证评级与小额信贷机构社会绩效之间的关系[①]，将评级和各项指标分别滞后一期处理，运用模型分析结果，如表4-10所示。

表4-10 评级变量分别滞后一期、两期和当期回归结果对比

| 滞后期数 | NAB | ALPB |
|---|---|---|
| R (-1) | 18.96***<br>(8.78) | -4.31***<br>(1.91) |
| R | -19.94***<br>(7.87) | 1.11<br>(2.31) |
| R (1) | -3.91<br>(8.67) | -1.29<br>(2.44) |

注："*"表示15%显著性水平下；"**"表示10%显著性水平下；"***"表示5%显著性水平下；"****"表示1%显著性水平下。

资料来源：笔者根据相关模型运算后自制。

第一，在5%显著性水平的情况下，进行滞后一期和延长一期，虚拟变量R会对NAB产生较大的影响。其中，滞后一期产生正向影响，而延迟一期则产生

---

① 周孟亮. 我国小额信贷社会绩效评价指标设计研究 [J]. 农村金融研究, 2011 (2): 53-58.

了负向影响。结果表明参加评级影响当期活跃贷款数下降,但是下期会增加。在15%显著性水平下,滞后一期的活跃贷款数与虚拟变量R之间没有相关,即客户数量波动对小额信贷机构评级的激励效果不明显。

第二,进行滞后一期和延长一期,虚拟变量R会对客户平均贷款余额产生负相关影响。即机构接受评级,会影响下一阶段的ALPB指标,而对本期指标影响不大。

## 4.5 结论及启示

通过对小额信贷机构评级与其绩效关系的实证检验可以得到如下结论。

(1) 评级与小额信贷机构财务绩效相互促进。总体上看,评级与小额信贷机构财务绩效之间可以相互促进,即机构财务绩效的改善有利于促使其参与评级,而评级又可以促进机构财务绩效的改进。但值得注意的是,评级对不同的财务绩效指标的影响存在一定差异。

第一,评级与机构资产回报率不存在相关关系。实证结果表明,即使在15%的显著性水平下,仍可以认为R(-1)、R(1)与ROA的相关系数为0,即机构资产回报率对其是否接受评级没有影响,同时机构是否评级也不会影响其当期甚至下一期的资产回报率。

第二,机构资本回报率与评级相互影响。在15%的显著性水平下,R(-1)、R与ROE均正相关,表明机构资本回报率的提高可以促使小额信贷机构参与评级,而机构接受评级也会对其资本回报率产生影响,但这种影响仅限于当期。

第三,评级对机构经营可持续能力产生持续影响。在15%的显著性水平下,R与OSS正相关,机构在第t期接受评级有利于机构第t+1期经营可持续能力的提高。

(2) 评级与小额信贷机构经营可持续能力的提高。一方面,评级对机构社会目标的实现产生一定影响:小额信贷机构在第t期接受评级时,当期机构活跃贷款客户数量将降低,但第t+1期活跃贷款户数增加,同时降低活跃客户的平均贷款额度。这意味着,尽管小额信贷机构参与评级不利于其当期社会目标的实施,但对下一期社会绩效会有明显的改善作用,即评级在某种程度上起到了监督小额信贷机构实现社会目标的作用。另一方面,实证结果表明,小额信贷机构社会绩效不会对其是否接受评级产生影响。

(3) 评级与小额信贷机构绩效改进的作用。上述研究结论表明,评级与对小额信贷机构改进绩效有显著的促进作用。评级不仅有利于小额信贷机构改善其财务绩效，还可以发挥监管作用，促进其社会目标的实现。因此，在我国小额信贷评级几乎一片空白[1]的背景下，应该积极推进我国小额信贷评级市场的发展。

一方面，积极引入国际专业小额信贷评级机构。由于小额信贷机构与商业银行在发展模式、公司治理、业务构成等方面存在显著差异，因此国际小额信贷评级行业以专业评级机构（如 PlaNet Rating、MicriRate）为主体。鉴于此，我国应为国际专业小额信贷评级机构的进入创造条件，例如，2011年4月中国小额信贷机构联席会为 PlaNet Rating 在北京举办小额信贷机构评级培训就是一个很好的尝试。

另一方面，应大力培育本土化的小额信贷评级机构。考虑到我国小额信贷市场的特殊性以及各类小额信贷机构的差异性，2012年8月江苏省人民政府金融工作办公室印发了《江苏省农村小额贷款公司监管评级指标体系（暂行）》，从小额贷款公司守法经营、合规经营、风险防范等情况依据指标体系进行分析并给出评级结果，该结果将成为金融工作办公室分类监管的重要依据；2013年5月，中国小额信贷机构联席会发布了《小额贷款公司分类评价体系课题研究报告（征求意见稿）》，从经营环境、管理素质、风险控制、资金管理、运营效率与盈利能力、社会绩效六个方面，将小贷公司分类评价结果依次分为三等九级，这是我国小额信贷机构本土化评级的有益探索。

## 4.6 本章小结

如表 4-11 所示，根据小额信贷第三方评级结果与小额信贷机构之间的关系模型，选取小额信贷市场数据库的样本数量对关系模型进行实证分析，通过研究从中抽取出"模型指标"，作为后续建立小额信贷机构绩效综合评价系统的重要指标来源。

---

[1] 袁吉伟. 国际小额信贷机构评级研究 [J]. 吉林金融研究, 2012（10）: 22-27.

表 4-11 小额信贷机构绩效综合评价"模型指标"来源

| 指标类型 | 具体指标 | 指标说明 |
| --- | --- | --- |
| 财务指标 | 资产回报率（ROA） | 体现小额信贷机构的可持续发展能力 |
| | 资本回报率（ROE） | |
| | 经营自负盈亏率（OSS） | |
| 社会绩效指标 | 活跃贷款数（NAB） | 体现小额信贷机构的工作效率与社会服务能力 |
| | 客户平均贷款余额（ALPB） | |
| 规模/范围/增长指标 | 总资产（A） | 体现小额信贷机构的发展现状、服务范围以及后期增长力 |
| | 机构发展时间（Age） | |
| | 资本比率（Capital） | |
| | 贷款占比（Loan） | |
| | 风险贷款率（P30） | |
| | 流动性比例（Liquid） | |
| | 管理效率（Cost） | |
| | 是否参与评级（R） | |

资料来源：笔者根据相关资料调查整理后自制。

# 第5章
# 基于第三方评级的小额信贷机构综合绩效评价体系构建

本章节在前文对不同绩效评价方法的对比研究的基础上,一方面,针对小额信贷机构绩效的综合评价建立评价指标,本书在系统阅读了大量国内外文献后,根据我国小额信贷机构实际运营情况,系统分析了小额信贷机构绩效的关键影响因素,对不同指标的抽取进行了详细的论证与说明,获取了"机构指标"。另一方面,本书基于第三方评级机构的角度,建立了第三方评级与小额信贷机构绩效关系模型,分别构建了检验小额信贷机构与其财务绩效和社会绩效的计量模型,从中选取对我国小额信贷机构进行评价的指标,获取了"模型指标"。因此,基于上述两方面的研究,在系统分析小额信贷机构绩效的关键因素后,获取"文献指标",进而将建立小额信贷机构绩效综合评价模型,拟将评价体系分为贷款资产质量评价子系统 $U_1$、内部运营状况评价子系统 $U_2$、可持续发展条件评价子系统 $U_3$、规模/范围/增长评价子系统 $U_4$ 四个子系统,并详细阐述各个子系统中包含的具体指标,对指标的内涵及性质进行详细说明。同时,在对比多种分析方法的基础上,本书选取层次分析法作为指标权重赋予的方法,并结合灰色综合评价方法进行综合评价。

## 5.1 指标构建说明

关于评价指标体系的构建,本节主要从指标、指标体系、指标体系构建目的、指标体系构建原则等几个方面进行基础性说明,为后文构建全面、合理的评价指标体系工作做好铺垫。

### 5.1.1 指标与指标体系

被评价的因素是指标,指标体系是被评价的全部因素的集合。通过指标体系判断预期目标就是评价的过程。在进行评价工作之前，应将评价所依据的目标具体化，确定好各项指标的权重系数以及各项指标的含义描述。

评价指标具备以下基本特点：

（1）普遍性和特殊性相结合。它有两层含义，小额信贷机构作为一类金融企业，它具有一般企业的特征，以综合绩效强弱评判为内容反映研究企业发展情况的，这是其普遍性。而小额信贷机构作为一种特殊的金融机构，在绩效的评价上有特殊的要求，其指标体系的构成又不同，这是其特殊性。构成指标体系的各项指标，应包括反映小额信贷机构绩效普遍性的指标和反映研究小额信贷机构发展特殊性的指标。

（2）软指标与硬指标同时并存。软指标是目前尚无法用技术方法测定的指标，其值来源于人们的主观评价。硬指标是可以通过技术方法测定出来结果的指标，其值主要通过技术测定得到，也可以把这类指标称为定量指标。软指标与硬指标同时并存，且可结合运用，使对问题的说明更为全面。

（3）相对指标和绝对指标的结合。各指标的权重系数是预先确定的固定值，对所有评价过程都一样，是统一不变的绝对值。各指标的评价结果是由各评价对象的相对比较确定的，不同评价对象相互比较，得出的评价结果是不同的。

（4）单项指标与综合指标的综合。评价指标体系的综合指标包括评价过程中涉及的主体和客体的相关指标和最终综合评价结果。

## 5.1.2 构建目的与原则

评价指标是评价内容的客观载体和外在表现，是评价方法的具体表达。评价思想和评价思路通过指标设置得以贯彻实施。但是，单项指标只能反映小额信贷机构运营过程中某一方面的情况，企业不能为了追求某一方面的指标而忽视其他方面的指标，因此，有必要建立科学的指标体系，对小额信贷机构的绩效进行综合评价。

从国际小额信贷的发展来看，其根本的宗旨始终如一，即运用创新的金融手段和制度为目标群体提供持续有效的金融服务。要向目标群体提供持续的金融服务，首先需要机构本身具有可持续性，即在运作小额信贷业务时，小额信贷机构能够弥补成本进而可以获取合理利润。从许多成功的小额信贷实践来看，也证明了这一点。尤其，在小额信贷的发展进入正规化阶段之后，正规金融机构在开展小额信贷时，其面临的是更加市场化的目标，即正规金融机构在开展小额信贷的同时需要实现合理的利润。因此，对小额信贷机构（包括从事小额信贷的正规金融机构）的绩效评价是小额信贷评价的一个重要内容。

对小额信贷机构绩效评价已经开展和正在开展大量的工作，从相关研究来看，所涉及的评价指标较多。但是迄今为止，还没有一套标准的指标体系或者标准的绩效范围可以用来衡量小额信贷机构的绩效状况。同时，企业运营是一个复杂的系统工程，它是由多层次、多目标所组成的总体，因此设置科学的评价指标体系是一个复杂的系统工程，必须遵循一定的原则。

（1）实用性原则。选择评价指标时，必须从小额信贷行业发展的实际出发，充分体现小额信贷机构运营的特点，以提高分析评价的应用价值。影响企业经营成功的因素有很多，企业的绩效评价指标体系不可能对影响企业经营成功的每一个因素进行衡量。但指标体系的设计应有利于反映企业的特质。

（2）科学性原则。评价指标的设计应该充分全面考虑，兼顾评价研究的任务和客观现象本身的特点、本质和规律。

（3）可行性原则。评价指标的设计应确保所有的指标所使用的数据均可从现有的数据资料中获得，以保证评价过程有据可依、真实客观。

（4）互补性和独立性原则。任何单一的指标不可能全面地反映企业的绩效情况，所以需要使用多种指标来反映企业的绩效，但评价指标体系又不能过于复杂，否则指标体系缺乏可操作性。这要求评价指标体系既全面、真实地反映企业绩效，各项指标之间又不交叉重叠，指标间功能上相互独立，内容上相互补充，指标体系评价范围相对全面、均衡，以使评价指标内容具有互补性。

（5）定量指标与定性指标相结合的原则。定量评价是运用数学方法对评价对象进行具体的量的分析和比较。定性评价是对评价对象的基本属性和特征进行抽象分析。定量评价由于其评价结论精确可靠，符合现代科学研究精神。但是它的运用也有局限性，客观世界中的事物不是全部能用数量关系来测评描述的，事物的运动变化状况也不是量化可穷尽的，所以能量化的尽量量化，不能量化的不要强行，要把定量与定性有机结合起来。

（6）平衡性原则。所谓平衡性是指评价指标体系应做到财务指标与非财务指标相结合、短期效益指标与长期效益指标相结合、动态指标与静态指标相结合、定量指标与定性指标相结合。

## 5.2　相关指标体系研究分析

为了建立统一的小额信贷机构综合评价指标体系，促进小额信贷机构的内部管理与外部监管规范，促进小额信贷事业的发展具有重要意义。从宏观层面来讲，国家要对小额信贷项目进行引导和监管，需要有统一的评价指标体系；从微观层面来讲，现有的非政府小额信贷机构要生存和发展，也必须采用先进的财务会计技术和工具，加强管理与控制，实现财务报告、贷款质量和业务发展情况的透明化。

### 5.2.1 绩效评价机构指标

本书根据对一般金融企业绩效评价内容和方法的分析（详见第1章），结合小额信贷行业的绩效分析，根据对比分析，从中抽取出小额信贷机构绩效评价的"机构指标"，为后续建立综合评价系统提供支撑，如表 5-1 和表 5-2 所示。

表 5-1 一般小额信贷机构绩效评价指标分析

| 序号 | 评价指标 | 指标说明 | 指标类型 | 备注 |
| --- | --- | --- | --- | --- |
| 1 | 服务范围 | 服务范围代表了被服务客户的数量以及提供的服务的质量 | 非机构指标 | Yanron 提出的基础评价结构 |
|  | 可持续性 | 可持续性则意味着机构能产生合理且足够的利润来维持机会成本和资本的投入 | 非机构指标 |  |
| 2 | 社会绩效评价 | (1) 服务对象的数量、质量、接受服务的效果；<br>(2) 小额信贷产品的构架；<br>(3) 机构的服务宗旨；<br>(4) 机构的内部管理、政策执行；<br>(5) 社会及政治的干预 | 非机构指标 | 依据财务指标和非财务指标相结合的思路 |
| 3 | 经济绩效评价 | 杜邦财务分析指标系统（权益乘数、ROE/ROA 等） | 非机构指标 |  |
| 4 | 财务绩效评价 | (1) 可持续性与盈利能力；<br>(2) 资产负债管理；<br>(3) 投资组合的质量；<br>(4) 资本的效率与资本生产力 | 非机构指标 | 重点关注财务指标 |

资料来源：笔者根据相关资料调查整理后自制。

表 5-2 小额信贷机构绩效评价的"机构指标"分析

| 序号 | 评级机构/方法 | 指标说明 | 关键指标 |
|---|---|---|---|
| 1 | Microrate 机构 | 将小额信贷机构的 21 个指标进行归类,其中比较具有代表性的指标:"贷款资产质量"反映了盈利资产的百分比;"生产效率和效率"指标反映的是小额信贷机构对其资源的使用效率,其资源包括资产配置和人力资源 | 贷款资产质量、生产效率和效率 |
| 2 | MIR 评级 | MicroRate 主要关注小额信贷商业背景、管理和运营、组织结构、投资组合的风险以及财务状况 | 资产回收、权益回收、运营自给率、资产收益、利润边际、总体费用、贷款损失、经营费用、营业费用效率、贷款者成本、贷款笔数成本、短期风险等 |
| 3 | GIRAFE 评价方法 PlaNet 机构 | 重点关注:管理(Governance)、信息(Information)、风险管理(Risk Management)、运营(Activities)、资金和流动性(Funding and Liquidity)、效率和利润(Efficiency and Profitability)6 个方面 | |
| 4 | MIX 评级 | 该体系主要是以小额信贷机构的财务表现为基准,对小额信贷机构进行绩效评价,如总体财务表现,费用表现,收益表现,风险及流动性表现以及效率表现等 | |

资料来源:笔者根据相关资料调查整理后自制。

基于上述分析,本书提出小额信贷机构绩效综合评价应该是在第三方评级的背景下以小额信贷机构的管理和运行系统为研究对象,对构成这一系统的各子系统进行规划、设计、协调与控制,并在科学发展观的指导下,体现以人为本和可持续发展,以系统科学为理论基础,构建研究小额信贷机构绩效的综合评价指标体系及运用系统工程理论中恰当的方法进行综合评价。

## 5.2.2 绩效评价文献指标

本书将从小额信贷的机构绩效与金融机构绩效评估两个方面对国内外相关指标体系进行综述,从中抽取出小额信贷机构绩效综合评价的"文献指标",实现"文献指标""机构指标""模型指标"的全面、系统融合,建立更为科学、规范的小额信贷机构绩效综合评价系统。

### 5.2.2.1 小额信贷机构绩效指标

在国外研究文献中,Robinson(2003)研究了印度尼西亚小额信贷商业化的现状,从市场竞争力状况、企业效率和业务发展速度三个方面评价了小额信贷的机构绩效[1]。Montgomery(2005)指出小额信贷机构商业化有实现赢利的需求,并认为客户状态,服务对象定位、业务发展速度对小额信贷的机构绩效有显著影响[2]。Olivares-Polamco(2005)以拉丁美洲 28 家小额信贷机构为样本,实证分析了贷款额度,按时还款数量、贷款周转速度对绩效的影响,并分析了贷款额度增大、还款数量减少以及贷款周转速度下降对机构绩效的影响差异[3]。Brau 和 Woller(2004)实证研究了影响小额信贷的机构绩效影响因素,发现机构规模、活跃贷款客户数、服务范围、风险贷款率对小额信贷的机构绩效有显著影响[4]。Kai(2009)研究了 71 个国家 450 家小额信贷机构在 2003~2006 年的非平衡面板数据,证实了竞争力状况(总资产、现有借款人数、管理效率、流动性比率)加剧对财务可持续的影响[5]。Chandra(2010)研究发现,商业化小额信贷的机构发展时间、管理效率、吸引资金能力以及资产回报率对小额信贷的机构绩效有正向影响。而欠款率、贷款损失率和风险贷款数量对小额信贷的机构绩效有负向影响[6]。Montgomery 和 Weiss(2011)实证研究了巴基斯坦的小额信贷银行的机构绩效影响因素,认为平均贷款占比、流动性比率、操作可持续比率、资金来源可持续性、资本/资产回报率和经营自足能力的提高能够有效改善机构绩效[7]。Sparavigna 等(2012)对影响小额信贷的机构绩效影响因素分析发现,机构绩效主要关注的是财务盈利增长能力、业务发展速度、财务可持续发展条件与业务扩张能力,而评价指标包括资产回报率、经营能力、贷款

---

[1] Robinson M. S. The Microfinance Revolution [M] // The Microfinance Revolution [R]. World Bank, 2003: 781-783.

[2] Montgomery J. W. H. Great expectations: Microfinance and poverty reduction in Asia and Latin America [J]. Oxford Development Studies, 2005, 33 (3-4): 391-416.

[3] Olivares-Polanco F. Commercializing microfinance and deepening outreach? Empirical evidence from Latin America [J]. Journal of Microfinance, 2005, 7 (2): 47-69.

[4] Brau J. C., Woller G. M. Microfinance: A comprehensive review of the existing literature [J]. Journal of Entrepreneurial Finance, 2004, 9 (1): 1-28.

[5] Kai H. Competition and wide outreach of microfinance institutions [J]. MPRA Paper, 2009, 29 (4): 2628-2639.

[6] Chandra A. Pursuing efficiency while maintaining outreach: Microfinance in India [J]. Social Science Electronic Publishing, 2010.

[7] Montgomery H., Weiss J. Can commercially-oriented microfinance help meet the millennium development goals? Evidence from Pakistan [J]. World Development, 2011, 39 (1): 87-109.

本息回收完成率、财务自负盈亏率、贷款期限和贷款占比等①。

在国内文献研究中，值得注意的是对小额信贷的机构绩效影响因素的实证研究较少。孙若梅（2006）依据河北省易县扶贫合作社的数据研究发现，贷款规模的扩大不仅可以提高小额贷款的机构绩效，而且可以帮助农户提高家庭收入②。李明贤和周孟亮（2010）认为小额信贷公司的业务扩张能力和财务的可持续发展能够有效改善机构绩效③。巴曙松（2012）认为中国小额贷款市场已经形成竞争，小额贷款公司的竞争力状况决定小额信贷的机构绩效④。

#### 5.2.2.2 金融机构绩效评估综述

Boumans（2001）认为金融机构绩效评估应主要从财务可生存条件以及财务可持续发展条件两个方面来进行评估，并选取财务性自足能力、资产回报、资本回报、财务自负盈亏率和经济（金融）可持续比率为主要测量指标⑤。Boumans（2005）对于选取的测量指标进行了补充，认为经营性自足能力、资金来源/制度/贷款实施可持续性和操作可持续比率应纳入财务可持续发展的测量指标体系内。Chiou（2012）认为内部运营状况和外部扩展能力是金融机构绩效评估的重要因素，通过测量资产收益率、资产周转率、总资产、员工数量和客户数量来对内部运营状况和外部扩展能力进行评价，形成金融机构绩效评估体系⑥。

在国内，潘淑娟和李思多（2010）通过资产收益率、不良资产率、资本充足率、存贷比、资产流动性和覆盖客户群体数的测量，运用 AHP 方法对农村金融机构绩进行实证评估⑦。余丹（2012）通过外部扩展能力、市场竞争状况和内部增长能力三个方面对金融机构绩效进行评估，并选取村镇银行为实证分析

---

① Sparavigna A., Marazzato R. An analysis of the drivers of microfinance rating assessments [J]. Plant Physiology, 2012, 111 (2): 713-719.

② 孙若梅. 小额信贷在农村信贷市场中作用的探讨 [J]. 中国农村经济, 2006 (8): 34-43.

③ 李明贤, 周孟亮. 我国小额信贷公司的扩张与目标偏移研究 [J]. 农业经济问题, 2010 (12): 58-64.

④ 巴曙松, 韦勇凤, 孙兴亮. 中国小额信贷机构的现状和改革趋势 [J]. 金融论坛, 2012 (6): 18-25.

⑤ Boumans M. Measure for measure: How economists model the world into numbers [J]. Social Research, 2001, 68 (2): 427-453.

⑥ JerShiou Chiou, BorYi Huang, PeiShan Wu, et al. The impacts of diversified operations on lending of financial institution [J]. Journal of Business Economics & Management, 2012, 13 (4): 587-599.

⑦ 潘淑娟, 李思多. 利益相关者视角下农村金融机构绩效评估体系构建 [J]. 经济理论与经济管理, 2010 (8): 66-73.

对象，系统分析了外部扩展能力、市场竞争状况和内部增长能力对金融机构的绩效影响[①]。黄承伟和陆汉文（2010）从金融机构风险与安全的角度，通过测量贷款损失率、风险贷款量和欠款率等指标，对金融机构绩效进行评估，指出有效减少贷款损失率、风险贷款量和欠款率能够显著提高金融机构绩效[②]。

#### 5.2.2.3 文献指标构建

综上所述，通过对小额信贷的机构绩效与金融机构绩效评估文献梳理，将绩效的影响因素进行归纳总结，如表 5-3 所示。

表 5-3 绩效的影响因素

| 项目 | 测量指标 | 指标来源（文献） |
| --- | --- | --- |
| 1 | 欠款率 | Robinson（2003）、Brau 和 Woller（2004） |
| 2 | 风险贷款 | Montgomery（2005）、Kai（2009）、周孟亮（2010） |
| 3 | 贷款损失率 | Olivares-Polamco（2005）、Kai（2009）、周孟亮（2010） |
| 4 | 活跃贷款客户数 | Robinson（2003）、Begona 和 Cinca（2007） |
| 5 | 客户平均贷款余额 | Montgomery（2005）、Sparavigna 等（2012）、孙若梅（2006） |
| 6 | 按时偿还贷款量 | Montgomery 和 Weiss（2011）、巴曙松（2012） |
| 7 | 资产收益率 | Olivares-Polamco（2005）、周孟亮（2010） |
| 8 | 贷款周转次数 | Montgomery（2005）、Sparavigna 等（2012） |
| 9 | 单位货币借贷成本 | Montgomery 和 Weiss（2011）、周孟亮（2010） |
| 10 | 新增贷款本息额 | Kai（2009） |
| 11 | 贷款本息回收计划完成 | Montgomery 和 Weiss（2011）、周孟亮（2010） |
| 12 | 经营性自足能力 | Olivares-Polamco（2005） |
| 13 | 财务性自足能力 | Chiou（2012）、巴曙松（2012） |
| 14 | 资产回报率 | Chiou（2012） |
| 15 | 资本回报率 | Chiou（2012） |
| 16 | 操作自负盈亏率 | Boumans（2005） |

---

① 余丹. 村镇银行覆盖面与可持续性的协调发展研究——基于普惠制的视角 [J]. 农村经济与科技，2012，23（11）：65-67.

② 黄承伟，陆汉文. 贫困村互助资金的安全性与风险控制——7 省 18 个互助资金试点的调查与思考 [J]. 华中师范大学学报（人文社会科学版），2010，49（5）：14-20.

续表

| 项目 | 测量指标 | 指标来源（文献） |
| --- | --- | --- |
| 17 | 财务自负盈亏率 | Boumans（2005） |
| 18 | 资金来源/制度/贷款实施可持续性 | Boumans（2005） |
| 19 | 操作可持续比率 | Boumans（2005） |
| 20 | 经济（金融）可持续比率 | Montgomery 和 Weiss（2011） |
| 21 | 总资产 | Boumans（2001）、潘淑娟和李思多（2010） |
| 22 | 贷款规模 | Boumans（2001）、潘淑娟和李思多（2010） |
| 23 | 现有借款人数量 | Chiou（2012）、黄承伟和陆汉文（2010） |
| 24 | 管理效率 | Boumans（2001）、潘淑娟和李思多（2010） |
| 25 | 流动性比率 | Boumans（2001）、Chandra（2010） |
| 26 | 平均贷款期限 | Montgomery 和 Weiss（2011）、余丹（2012） |
| 27 | 贷款占比 | Montgomery 和 Weiss（2011）、黄承伟和陆汉文（2010） |
| 28 | 发展时间 | Chandra（2010） |

资料来源：笔者根据相关资料调查整理后自制。

## 5.3　指标体系构建

评价指标体系的构建是评价的基础，对小额信贷机构绩效的评价，首先要有一套适用于小额信贷机构绩效测评的指标体系。乔安娜·雷格伍德（1999）在其所著的《小额金融信贷手册：金融业和公司运作的透视与展望》一书中，对机构绩效评价的指标进行了较全面的概述，通常认为，用以反映一个小额信贷机构绩效的指标主要包括以下六类：贷款资产质量；生产率与效率；财务生存性；收益；杠杆率和资本充足状况；规模、范围和增长[①]。

国际小额信贷信息交流网络（MIX）使用评级方法来衡量小额信贷机构的绩效。其衡量主要包括总体财务表现、风险及流动性表现、费用表现、效率表

---

① Ledgerwood J., Bank W. Microfinance handbook: An institutional and financial perspective [M]. Washington, DC: The World Bank, 1999.

现、收益表现，具体分解指标如下：

（1）总体财务表现（Overall Financial Performance），包括了资产回收表现（Return on Assets）、权益回收表现（Return on Equity）、运营自给率（Operational Self-sufficiency）。

（2）收益表现（Revenues），包括资产收益表现（Financial Revenue/Assets）、利润边际表现（Profit Margin）、名义投资产出表现（Yield on Gross Portfolio/Nominal）、实际投资产出表现（Yield on Gross Portfolio/Real）。

（3）费用表现（Expenses），包括总体费用表现（Total Expense/Assets）、贷款损失表现（Provision for Loan Impairment/Assets）、经营费用表现（Operating Expense/Assets）、人工成本表现（Personnel Expense/Assets）、管理费用表现（Administrative Expense/Assets）和财务费用表现（Financial Expense/Assets）。

（4）效率表现（Efficiency），包括营业费用效率表现（Operating Expense/Loan Portfolio）、人工成本效率表现（Personnel Expense/Loan Portfolio）、贷款者成本表现（Cost per Borrower）、贷款笔数成本表现（Cost per Loan）。

（5）风险及流动性表现（Risk and Liquidity），包括短期风险表现（Portfolio at Risk>30 Days）、长期风险表现（Portfolio at Risk>90 Days）、坏账表现（Write-off Ratio）、贷款损失表现（Loan Loss Rate）、风险覆盖表现（Risk Coverage）、非营利性流动资产表现（Non-earning Liquid Assets of Total Assets）。根据小额信贷机构的财务表现，给小额信贷机构评级，广大投资者可以根据评级级别来考察小额信贷机构运营状况，并决定投资去向。

根据乔安娜·雷格伍德的研究成果和MIX的评级指标，本书在系统梳理与分析现有研究文献的基础上，提出小额信贷机构绩效综合评价的"文献指标"，并将其与"机构指标""模型指标"进行融合进而构建综合评价系统。同时，本书将小额信贷机构绩效的评价体系，在前文相关分析的基础上进一步细化为贷款资产质量评价子系统 $U_1$、内部运营状况评价子系统 $U_2$、可持续发展条件评价子系统 $U_3$、规模/范围/增长评价子系统 $U_4$，在其组成结构规模上有其复杂性，并且这些子系统内部的各组成部分，在结构规模上也有其复杂性。

### 5.3.1 构建思路

指标体系是综合评价的结构框架，一般来说，评价指标体系的构建过程有以下几个程序步骤：

（1）收集相关资料。评价的相关资料主要通过田野调查获取第一手资料和

## 第5章 基于第三方评级的小额信贷机构综合绩效评价体系构建

数据,通过查阅相关数据库获取二手资料和数据,对信息资料进行收集和分析来加深对小额信贷机构绩效评价的理解。

(2)目标分析。通过明确定义研究小额信贷机构分析评价的总目标及分目标,使各个目标的内涵外延边界清晰,并分析评价要达到的目的。

(3)指标分析与筛选。评价指标体系是一个树状递阶层次结构,由评价对象的目标和衡量这些目标的指标按照隶属关系构成。指标的选择应考虑全面,运用隶属度分析、相关性分析等手段,结合前人的研究文献列出初选指标,再根据研究对象的特点与实际情况,进一步简化原有指标,选择代表性强的指标参与评价。在指标的分析与筛选过程中,为尽可能保证评价过程的真实有效,应将定性指标与定量指标结合起来。

(4)指标权重分析。指标权重反映了各指标对目标的相对重要程度或贡献,对不同指标应赋予不同的权重。

(5)指标体系的确定与检验。该步骤是广泛征求相关专家学者的意见和建议,反复检验指标体系的运用效果,确定最终的评价指标体系。

### 5.3.2 指标构成

对于小额信贷机构绩效评价已经开展和正在开展大量的工作,从相关研究来看,所涉及的评价指标较多。但是迄今为止,还没有一套标准的指标体系或者标准的绩效范围可以用来衡量小额信贷机构的绩效状况。然而对小额信贷机构绩效的评价是小额信贷机构得以持续化发展的关键环节。本书中指标体系是在对小额信贷机构的管理进行系统分析的基础上,遵循上述指标体系构建原则,结合小额信贷机构的实际情况后加以制定,根据小额信贷机构的运营特点,指标体系被划分为贷款资产质量评价子系统、内部运营状况评价子系统、可持续发展条件评价子系统、规模/范围/增长评价子系统四个评价子系统,将其作为评价体系的准则层,同时对每个子系统中的评价指标进行了选取,充分考虑了小额信贷机构运营的基础条件、运营的现状、可持续发展的条件以及在规模、范围、增长等方面的条件,并以第三方评级为切入点在其中着重体现了操作自负盈亏率(OSS)、财务自负盈亏率(FSS)、资产回报率(ROA)、资本回报率(ROE)、活跃贷款客户数(NAB)、客户平均贷款余额(ALPB)等多个评级关键指标。整个指标体系分为三个层次,分别为目标层、准则层和指标层,构建了小额信贷机构绩效分析评价指标体系,如表5-4所示。

表 5-4　小额信贷机构综合绩效评价指标体系

| 目标层 | 准则层 | | 指标层 |
|---|---|---|---|
| 小额信贷机构绩效综合评价 W | 贷款资产质量评价子系统 $U_1$ | 提供了有关为盈利资产的百分比 | 欠款率 $V_{11}$ |
| | | | 风险贷款 $V_{12}$ |
| | | | 贷款损失率 $V_{13}$ |
| | 内部运营状况评价子系统 $U_2$ | 客户状态 | 活跃贷款客户数（NAB） $V_{21}$ |
| | | | 客户平均贷款余额（ALPB） $V_{22}$ |
| | | 还款率 | 按时偿还贷款量 $V_{23}$ |
| | | | 资产收益率 $V_{24}$ |
| | | 生产率与效率 | 贷款周转次数 $V_{25}$ |
| | | | 单位货币借贷成本 $V_{26}$ |
| | | 业务发展速度 | 新增贷款本息额 $V_{27}$ |
| | | | 贷款本息回收计划完成 $V_{28}$ |
| | | | 人工成本效率 $V_{29}$ |
| | 可持续发展条件评价子系统 $U_3$ | 财务可生存衡量条件 | 经营性自足能力 $V_{31}$ |
| | | | 财务性自足能力 $V_{32}$ |
| | | | 资产回报率（ROA） $V_{33}$ |
| | | | 资本回报率（ROE） $V_{34}$ |
| | | | 实际投资产出表现 $V_{35}$ |
| | | 财务可持续发展条件 | 操作自负盈亏率（OSS） $V_{36}$ |
| | | | 财务自负盈亏率（FSS） $V_{37}$ |
| | | | 资金来源/制度/贷款实施可持续性 $V_{38}$ |
| | | | 操作可持续比率（OSR） $V_{39}$ |
| | | | 经济（金融）可持续比率（ESR） $V_{310}$ |
| | | | 营业费用效率 $V_{311}$ |

续表

| 目标层 | 准则层 | 指标层 | |
|---|---|---|---|
| 小额信贷机构绩效综合评价 W | 规模/范围/增长评价子系统 $U_4$ | 市场竞争力状况经营活动的规模 | 总资产 $V_{41}$ |
| | | | 贷款规模 $V_{42}$ |
| | | | 现有借款人数量 $V_{43}$ |
| | | | 现有员工数量 $V_{44}$ |
| | | | 接受服务的客户比例 $V_{45}$ |
| | | | 管理效率 $V_{46}$ |
| | | | 总体费用 $V_{47}$ |
| | | | 流动性比率 $V_{48}$ |
| | | 扩张范围的深度 | 平均贷款期限 $V_{49}$ |
| | | | 贷款占比 $V_{410}$ |
| | | | 贷款笔数成本 $V_{411}$ |
| | | 增长状态指标 | 是否参与评级 $V_{412}$ |
| | | | 机构发展时间 $V_{413}$ |
| | | | 短期风险能力 $V_{414}$ |

资料来源：笔者根据相关资料调查整理后自制。

## 5.3.3 指标内涵及说明

在评价指标体系中，四个二级指标的内容分别是从小额信贷机构的运营条件、生存条件和可持续发展条件进行考察的，指标体现了小额信贷机构贷款资产质量、内部运营状况、规模/范围/增长状况以及可持续发展条件，在第三方评级的视角下评价的重点集中在对小额信贷机构生存条件和可持续发展条件的评价上。

5.3.3.1 贷款资产质量评价子系统

贷款资产质量评价子系统反映了有关盈利资产的百分比。定量指标包括以下三个方面：

(1) 欠款率，指欠款金额与应付还款金额的比率。

(2) 风险贷款率，指不良贷款，亦即非正常贷款或有问题贷款，贷款本息的回收已经发生困难甚至根本不可能收回；风险贷款的风险率是测评贷款风险的"生死线"，该测评标准可以用于贷款的全程。既可以用于考察不同款项的借贷与否，同样也可以用于评价不同小额信贷机构对于风险的规避能力大小。

(3) 贷款损失率，贷款损失率指银行发放出去的贷款中发生坏账损失占各项贷款平均余额的比重。它是反映银行信贷部门工作质量的指标之一。贷款损失率=经有权单位批准损失额/各项贷款平均余额×100%。坏账损失指银行发放出去的贷款，由于对方关停或经营管理不善造成各种损失，形成产不抵债，根本无法收回的贷款；各项贷款平均余额指工，商各类放款总和的平均余额。

#### 5.3.3.2 内部运营状况评价子系统

(1) 客户状态。客户状态指标反映了小额信贷机构客户的数量、质量。指标包括：①活跃贷款客户数（NAB），反映了机构中活跃的客户数量。②客户平均贷款余额（ALPB），是一段时期内每日贷款余额的平均水平。它反映一段时间内贷款规模的一般水平，实际上是计算期贷款时点数的序时平均数。平均贷款余额=计算期贷款积数/积数期日历日数。

(2) 还款率。还款率是反映企业能否到期还款的比率，其计算公式为：已偿还的到期贷款/已到期的贷款×100%。还款率是小额信贷机构利润的保证。小额信贷机构把资金贷出并回收后获取利息收入。如果没有资金的回收，即还款率较低，这样机构的本金发生损失，更不可能有利息产生，利润无从保证。指标包括：①按时偿还贷款量，反映企业能否到期还款的比率，其计算公式为：已偿还的到期贷款/已到期的贷款×100%。②资产收益率，一个反映收益的指标，不仅体现还款的数量还测量还款的质量；资产收益率，也叫资产回报率（ROA），它是用来衡量每单位资产创造多少净利润的指标。计算公式为：资产收益率=净利润/平均资产总额×100%。

(3) 生产率与效率。生产率与效率反映了小额信贷机构业务处理能力的效率，即在借款业务发生过程中的投入与产出，重点是衡量单位借款的成本和周转速率。指标包括：①贷款周转次数，贷款周转次数也叫作贷款周转率，是指报告期一定数量的信贷资金贷出、收回反复周转的次数。它是反映贷款周转速度的指标，以考核资金的流动性、周转性和偿还性，贷款周转率，信贷资金的周转次数越多，说明资金利用效率越高。②单位货币借贷成本，反映小额信贷机构资金借出的成本状况。

(4) 业务发展速度。业务发展速度指标反映小额信贷机构业务增长的速率。指标包括：①新增贷款本息额。②贷款本息回收计划完成情况，该指标反映了机构完成业务的情况。体现了机构业务目标实现的程度。

### 5.3.3.3 可持续发展条件评价子系统

小额信贷界主流观点认为，小额信贷机构成功的两个标准是目标客户的规模和覆盖深度（贫困程度）与小额信贷机构的财务可持续性。可见小额信贷机构的财务可持续在小额信贷可持续中的重要性。本书中引入了国际小额信贷信息交流网络（MIX）使用的评级方法来衡量小额信贷机构的财务绩效。这也是本评价指标体系的核心问题。可持续发展条件评价子系统包括财务可生存衡量条件和财务可持续衡量条件两个部分。

（1）财务盈利增长能力评价。财务盈利增长能力反映了小额信贷机构的市场指标，包括财务、收益、费用风险等。这些指标的考核和使用在某种程度上加强了机构财务可持续发展的可能性。体现了提供机构利用其赚取的收益来抵付其成本的能力。指标包括：①经营性自足能力。②财务性自足能力。③资产回报率（ROA），也叫作资产收益率，它是用来衡量每单位资产创造多少净利润的指标。计算的方法为公司的年度盈利除以总资产值，资产回报率一般用百分比表示。④资本回报率（Return on Equity, ROE），是比较同一行业内不同企业盈利能力的重要指标。资本回报率是一种类似于投资回报率（Return on Investment）的会计计算方法，是用以评估公司盈利能力的指标，可以用作比较同一行业内不同企业盈利能力的拥有指标。资本回报率是将现年税后盈利除以年初与年底总股本的平均数字而计算出来的。这是衡量公司盈利的指标，显示了在支付款项给其他资本供应者之后，股东提供的资本所获得的回报率。

（2）财务可持续发展条件评价。财务可持续发展条件反映了小额信贷机构财务可持续的核心是盈利，收入和成本成为财务可持续关键因素。本书采取了来自国际小额信贷信息交流网络（MIX）的两项关键指标来评价小额信贷机构的财务可持续条件，这两项指标是操作自负盈亏率（OSS）和财务自负盈亏率（FSS）（金融自负盈亏率）。操作自负盈亏率是小额信贷机构核心关注点。它是金融收入与金融费用、贷款损失、操作费用之和的比值。财务自负盈亏率是调整后的操作自负盈亏率，它是金融收入与调整后的金融费用、贷款损失、操作费用之和的比值。这两个指标衡量小额信贷机构可持续发展能力。

除主要利用国际流行的操作自负盈亏率（OSS）和财务（金融）自负盈亏率（FSS）外，还根据中国小额信贷机构的具体情况，选择了其他一些指标，包括：资金来源/制度/贷款实施可持续性；操作可持续比率（OSR）；经济（金融）可持续比率（ESR）。

其中,"资金来源/制度/贷款实施可持续性"直接关系到小额信贷机构未来发展的情况,也是小额信贷机构财务方面可持续发展的重要指标。该指标反映了小额信贷机构未来的发展,是小额信贷机构能否良好、持续、长久发展的重要准绳。

Morduch（1997）在研究中指出,操作可持续率/经济可持续率是财务发展中较为重要的指标[①]。这两个指标是基于盈亏平衡率,其中为实现小额信贷机构在运作过程中,以及在未来发展中必须要全面注意和提升的利率指数表现为"操作可持续比率";实现小额信贷机构在经济过程中,以及在未来经济发展中必须要全面注意和提升的利率指数表现为"经济可持续比率"。

针对小额信贷机构财务方面的具体情况,对小额信贷机构绩效进行相应评价,可以为相关利益群体提供直观、可信的评价信息,为考察小额信贷机构的运营情况、未来发展趋势等,提供投融资选择。

5.3.3.4 规模/范围/增长评价子系统

规模/范围/增长评价子系统反映了小额信贷机构成长的状态,是对其在财务、费用风险以及受益等方面的总体描述。指标包括经营活动的规模、扩张范围的深度以及增长状态指标。

（1）市场竞争力状况。市场竞争力状况反映了小额信贷机构当前的发展状态。指标包括以下几个方面：

一是总资产,对通胀、贷款损失准备金和坏账冲销调整后的资产总量。

二是贷款规模。

三是现有借款人数量,客户是小额信贷机构利润的提供者,客户数量大表明小额信贷机构潜在利润大。机构的客户数多代表机构业务量大,给越多的客户贷款,就有越高的利息收入。客户数量和小额信贷机构的收入是正相关关系。客户数量是小额信贷机构覆盖面的表现,它影响着小额信贷机构的财务可持续发展能力的大小。

四是现有员工数量,反映了机构的人力资源状况,员工数量是小额信贷机构规模的衡量指标。小额信贷机构规模大,则员工多。员工是小额信贷机构最主要的工作承担者,承担小额信贷机构大部分信贷业务。同时,员工工资也是小额信贷机构最主要的成本。这个成本就是小额信贷机构支付给工作人员的工资、奖金等费用,这占据了小额信贷机构成本的很大比例。员工数量影响小额

---

① 罗慧,曹毅.可持续发展指标体系的研究与展望[J].首都师范大学学报（自然科学版）,2010, 31（2）:54-57.

信贷机构的成本高低，也影响小额信贷机构利润大小。

五是接受服务的客户比例，反映机构提供服务的水平和能力。这个指标是小额信贷机构的总客户数比上总员工数。该指标可以衡量小额信贷机构的员工工作效率，如果这个指标高，可以说小额信贷机构员工的收益成本率较高，机构收益较大，财务可持续更容易达到。

六是管理效率，反映管理费用/总资产的比率关系，体现机构在管理上的投入与产出。

七是流动性比率，现金和银行存款/总资产，用于测量企业偿还短期债务的能力。一般来说，流动性比率越高，企业偿还短期债务的能力越强。一般情况下，营业周期、流动资产中应收账款数额和存货的周转速度是影响流动性比率的主要因素。

（2）扩张范围的深度。扩张范围的深度指标反映了小额信贷机构实施业务的范围和费用风险，指标包括：①平均贷款期限，是按照平均年限计算方法求出的借款人支配全部贷款金额的时间。②贷款占比，贷款占总资产比率。

（3）增长状态指标。增长状态指标反映了小额信贷机构在机构建设过程中的状态，主要从是否参与评级角度进行考虑。指标包括：①是否参与评级。②机构发展时间：机构成立至今所经历的年数。

以上内容对指标体系中的指标内涵进行详细说明，表5-5从定量和定性角度分析了各个指标的性质。

**表 5-5 小额信贷机构评级指标体系指标内涵及性质说明**

| 一级指标 | 指标 | |
|---|---|---|
| | 二级指标 | 指标性质 |
| 贷款资产质量 | 欠款率 | 定量指标 |
| | 风险贷款率 | 定量指标 |
| | 贷款损失率 | 定性指标 |
| 客户状态 | 活跃贷款客户数 | 定量指标 |
| | 客户平均贷款余额 | 定量指标 |
| 还款率 | 资产收益率 | 定量指标 |
| | 按时偿还贷款量 | 定量指标 |

续表

| 一级指标 | 二级指标 | 指标性质 |
| --- | --- | --- |
| 生产率与效率 | 贷款周转次数 | 定量指标 |
| | 单位货币借贷成本 | 定量指标 |
| 业务发展速度 | 新增贷款本息额 | 定量指标 |
| | 贷款本息回收计划完成 | 定性指标 |
| | 人工成本效率 | 定量指标 |
| 财务可生存衡量条件 | 经营性自足能力 | 定性指标 |
| | 财务性自足能力 | 定性指标 |
| | 资产回报率 | 定量指标 |
| | 资本回报率 | 定量指标 |
| | 实际投资产出表现 | 定量指标 |
| 财务可持续发展条件 | 操作自负盈亏率 | 定量指标 |
| | 财务自负盈亏率 | 定量指标 |
| | 操作可持续比率 | 定量指标 |
| | 资金来源/制度/贷款实施可持续性 | 定性指标 |
| | 经济（金融）可持续比率 | 定量指标 |
| | 营业费用效率 | 定量指标 |
| 市场竞争力状况 | 总资产 | 定量指标 |
| | 贷款规模 | 定量指标 |
| | 现有借款人数量 | 定量指标 |
| | 现有员工数量 | 定量指标 |
| | 接受服务的客户比例 | 定量指标 |
| | 管理效率 | 定量指标 |
| | 总体费用 | 定量指标 |
| | 流动性比率 | 定量指标 |
| 扩张范围的深度 | 平均贷款期限 | 定量指标 |
| | 贷款占比 | 定量指标 |
| | 贷款笔数成本 | 定量指标 |

续表

| 一级指标 | 指标 | |
|---|---|---|
| | 二级指标 | 指标性质 |
| 增长状态指标 | 是否参与评级 | 定性指标 |
| | 机构发展时间 | 定性指标 |
| | 短期风险能力 | 定性指标 |

资料来源：笔者根据相关资料调查整理后自制。

从表 5-5 中可知，本评价指标体系中包含大量的定量分析指标，这符合小额信贷机构评估对象的特性。

## 5.4 指标拟合度检验

本书希望通过前文对小额信贷机构综合绩效评价体系的指标进行相关性分析、相关性检验、因子分析，从而达到对所选择指标进行合理归类，构建相应的变量所对应的不同因子系统，便于后续研究工作的进行。

### 5.4.1 数据来源分析

在样本选择分析中，选择 154 例小额信贷机构作为本书的研究对象。样本机构主要分布在国内的五个主要城市：上海、北京、香港特别行政区、广州、成都。研究的样本在区域上分布合理，具有良好的地区代表性。从选择的 154 例小额信贷机构的贷款资产质量、内部运营状况、可持续发展条件、规模/范围/增长状况等方面进行考察，并分别针对小额信贷机构综合绩效中的客户状态、业务发展速度、市场竞争力状况、经营规模等方面进行了相关实地调研，在调研过程中逐步获取所选择样本中不同小额信贷机构的相关运营数据，并从国际 MIX 专业网站中获取小额信贷机构所上传的运营数据。从调研对象实际运营过程以及相关评级网站中获取相关的数据，为本书研究小额信贷机构综合绩效评价奠定相应的数据基础。

针对资产质量，包含反映了有关小额信贷机构盈利资产百分比的定量指标，在实际调研过程中，通过从小额信贷机构日常运营中贷款流程、风险贷款率和贷款损失率等方面入手，通过查阅相关小额信贷机构专业评级网站、实地走访不同小额信贷机构等方式逐一获取相关指标的实际数据。

针对内部运营状况，包含了客户状态、还款率、生产率和效率以及业务发展速度定性与定量指标。那么在实际调研中，对于业务发展速度中的定性指标采取和业内资深的专业人士进行访谈、讨论、头脑风暴等方式确定不同小额信贷机构在业务发展速度方面的测量，将定性指标向定量指标转化。同时针对其余的定量指标，从小额信贷机构内部相关部门的数据库中逐一获取。

针对可持续发展条件，关注小额信贷机构财务生存、财务可持续发展等方面的评价，是基于现阶段经营自足能力、财务自足能力、资产回报率、自负盈亏率等指标对小额信贷机构的可持续发展条件进行评价。指标中既包含定量指标也包含较多定性指标。采用菲尔德方法，设计专家调研问卷和专家咨询函，选取业内资深的专业人士和高校该领域研究的学者，针对经营自足能力、财务自足能力和资金来源进行专家调研。对定量指标通过实地调研和登录小额信贷机构专业评级网站获取相应的数据。

针对规模/范围/增长，包含了市场竞争力状况、经营活动规模、扩张范围深度等方面的指标，需要通过调研小额信贷机构的市场环境及其小额信贷机构内部发展规划后，获取相应的定量指标数据。针对定性指标，结合专家咨询方法来获取不同指标的数据。通过不同的数据获取方法，达到获取该系统不同指标数据的目的。

### 5.4.2 因子相关性分析

在进行因子分析前，本书先进行了相关分析，对所选择的 37 个变量之间的相关系数进行了计算，根据皮尔逊相关指数，如果 P 值小于 0.05，拒绝原假设，即认为两个变量之间存在相关性。

通过检验，37 个变量之间皮尔逊相关系数的 P 值都小于 0.05，彼此都具有相关性，在这种情况下，采用因子分析对变量之间的线性关系进行变换，将原来的多个变量重新组合成相互独立但是能包含所有变量总体信息的少数几个指标，而在通过对变量总体信息降低维度的过程中最难处理的是变量间会出现多重共线性问题，该问题会影响到降维处理过程中的效果，以及结果的科学性和可信性，所以在进行上述降维工作的同时，必须规避多重共线性的出现。在经过重新组合后得到的少数几个指标，对其赋予新的经济含义，从而进行下一步分析。

## 5.4.3 相关检验

在进行因子分析前，首先检验该组变量或者指标是否适合用来做因子分析，本书采用传统的 Bartlett 球形检验法和 Kaiser-Meyer-Olin（KMO）检验法对数据进行检验，Bartlett 球形检验针对变量之间的相关系数矩阵，原假设相关系数矩阵是单位矩阵，如果得到的结果是 P 值小于 0.05，拒绝原假设，可以做因子分析，证明该组变量适合做因子分析，通过 KMO 检验值与 1 的接近程度判断该组变量是否适用于此分析方法，根据 SPSS 软件，得到表 5-6 中的结果。

表 5-6 KMO 和 Bartlett 球形检验

| Kaiser-Meyer-Olin 抽样充分性的测度（KMO） | 0.724 |
|---|---|
| Bartlett 球形检验的卡方近似值 | 420.980 |
| 自由度 | 236 |
| 显著性（P 值） | 0.000 |

根据表 5-6，KMO 值为 0.724，可以做因子分析；Bartlett 球形检验的 P 值远小于 0.05，根据 P 值可以拒绝原假设。表 5-6 中的结果表明，数据通过了 KMO 检验和 Bartlett 球形检验，即可以进行下一步因子分析。

## 5.4.4 因子分析

用因子分析方法对变量进行检验。

采用 SPSS 统计软件进行因子分析，得到相关矩阵的特征值与方差贡献表，如表 5-7 所示。

从表 5-7 可以看出，旋转后，根据选取主成分个数的原则（累计贡献率大于 85%以上），选取了 4 个主成分 F1~F4，认为 4 个主成分能够展现我们在最初观测的所有变量的 85.675%的信息。

表 5-7　相关矩阵的特征值与方差贡献（累计贡献率大于 85%）

| 因子 | 初始特征值 | | | 提取出的因子方差贡献 | | | 提取出的因子旋转后的方差贡献 | | |
|---|---|---|---|---|---|---|---|---|---|
| | 特征值 | 方差贡献率（%） | 累计方差贡献率（%） | 特征值 | 方差贡献率（%） | 累计方差贡献率（%） | 特征值 | 方差贡献率（%） | 累计方差贡献率（%） |
| $F_1$ | 25.466 | 49.934 | 49.934 | 25.466 | 49.934 | 49.934 | 24.403 | 47.850 | 47.850 |
| $F_2$ | 8.159 | 15.998 | 65.932 | 8.159 | 15.998 | 65.932 | 7.855 | 15.401 | 63.251 |
| $F_3$ | 5.226 | 6.325 | 72.257 | 5.226 | 6.325 | 72.257 | 2.538 | 7.977 | 71.228 |
| $F_4$ | 4.572 | 5.043 | 85.075 | 4.572 | 9.917 | 85.675 | 2.414 | 6.2081 | 85.004 |

因子载荷矩阵表示的是第 i 个变量和第 j 个公共因子之间的相关系数，该系数的含义是变量和公共因子之间的关系，该值越大说明公共因子与变量之间的关系越密切，即公共因子所提取的该变量的信息越大。通常情况下，可以根据因子载荷矩阵，提取出与公共因子关系较大的变量，将这些变量组合在一起，对它们的共性进行研究，根据共性对该公共因子进行定义和命名，使公共因子有属于它的现实意义。本书在进行因子分析的过程中，运用方差最大正交旋转法，通过相位变换，将因子载荷矩阵进行调整，基于不同的因子，尽可能地拉开差距，甚至两极分化，目的是更加清晰地表现出各个因子中的各个指标的贡献率，从而使各个变量与公共因子之间的关系更容易判断，调整后的因子载荷见表 5-8。

表 5-8　旋转后的因子载荷矩阵

| 指标变量 | F1 | F2 | F3 | F4 | 项目 |
|---|---|---|---|---|---|
| $V_{11}$ | **0.987** | -0.037 | -0.008 | 0.020 | |
| $V_{12}$ | **0.983** | -0.042 | -0.022 | 0.065 | |
| $V_{13}$ | -0.017 | **0.981** | 0.060 | 0.017 | |
| $V_{21}$ | 0.092 | **0.975** | 0.011 | -0.007 | |
| $V_{22}$ | 0.001 | **0.968** | 0.033 | -0.016 | |
| $V_{23}$ | 0.005 | **0.774** | 0.296 | 0.064 | |

第 5 章 基于第三方评级的小额信贷机构综合绩效评价体系构建

续表

| 指标变量 | F1 | F2 | F3 | F4 | 项目 |
|---|---|---|---|---|---|
| $V_{24}$ | 0.005 | **0.735** | 0.296 | 0.064 | |
| $V_{25}$ | −0.067 | **0.664** | −0.054 | 0.011 | |
| $V_{26}$ | −0.016 | **0.954** | 0.221 | 0.042 | |
| $V_{27}$ | −0.043 | **0.922** | 0.274 | −0.105 | |
| $V_{28}$ | −0.066 | **0.910** | 0.190 | 0.279 | |
| $V_{29}$ | 0.201 | 0.011 | 0.367 | 0.199 | 剔除 |
| $V_{31}$ | −0.009 | −0.054 | **0.806** | −0.049 | |
| $V_{32}$ | −0.047 | −0.054 | **0.803** | 0.228 | |
| $V_{33}$ | −0.139 | 0.402 | **0.716** | 0.324 | |
| $V_{34}$ | −0.040 | 0.019 | **0.690** | 0.291 | |
| $V_{35}$ | −0.306 | 0.302 | 0.152 | 0.063 | 剔除 |
| $V_{36}$ | −0.008 | 0.556 | **0.570** | 0.260 | |
| $V_{37}$ | −0.076 | −0.105 | **0.564** | −0.010 | |
| $V_{38}$ | −0.023 | 0.007 | **0.724** | −0.030 | |
| $V_{39}$ | 0.359 | 0.173 | **0.699** | 0.157 | |
| $V_{310}$ | −0.182 | 0.183 | **0.676** | −0.263 | |
| $V_{311}$ | 0.008 | −0.055 | 0.072 | **0.774** | 剔除 |
| $V_{41}$ | −0.117 | 0.249 | −0.031 | **0.735** | |
| $V_{42}$ | −0.092 | 0.064 | 0.093 | **0.922** | |
| $V_{43}$ | 0.022 | 0.011 | 0.031 | **0.620** | |
| $V_{44}$ | −0.158 | 0.088 | 0.070 | **0.657** | |
| $V_{45}$ | −0.046 | 0.045 | 0.096 | **0.893** | |
| $V_{46}$ | −0.031 | 0.185 | 0.039 | **0.913** | |
| $V_{47}$ | 0.230 | −0.384 | 0.296 | 0.139 | 剔除 |
| $V_{48}$ | 0.185 | 0.108 | −0.020 | **0.882** | |
| $V_{49}$ | 0.012 | 0.186 | 0.084 | **0.813** | |
| $V_{410}$ | 0.470 | 0.302 | 0.185 | **0.957** | |

续表

| 指标变量 | F1 | F2 | F3 | F4 | 项目 |
|---|---|---|---|---|---|
| $V_{411}$ | 0.143 | 0.281 | 0.435 | 0.048 | 剔除 |
| $V_{412}$ | 0.014 | 0.102 | 0.095 | **0.912** | |
| $V_{413}$ | −0.006 | −0.055 | −0.045 | **0.810** | |
| $V_{414}$ | 0.329 | −0.087 | −0.009 | −0.064 | 剔除 |

根据旋转后的因子载荷矩阵，从57个指标中提取4个公因子，可以得到以下结论：

(1) 与第一因子F1关系较大的变量主要有："欠款率$V_{11}$""风险贷款$V_{12}$""贷款损失率$V_{13}$"。根据上述大部分变量的特征，我们把第一因子归属为贷款资产质量。

(2) 与第二因子F2关系较大的变量主要有："活跃贷款客户数$V_{21}$""客户平均贷款余额$V_{22}$""按时偿还贷款量$V_{23}$""资产收益率$V_{24}$""贷款转次数$V_{25}$""单位货币借贷成本$V_{26}$""新增贷款本息额$V_{27}$""贷款本息回收计划完成$V_{28}$"。根据上述变量的特征，我们把第二因子归属为内部运营状况。

(3) 与第三因子F3关系较大的变量主要有："经营性自足能力$V_{31}$""财务性自足能力$V_{32}$""资产回报率$V_{33}$""资本回报率$V_{34}$""操作自负盈亏率$V_{36}$""财务自负盈亏率$V_{37}$""资金来源/制度/贷款实施可持续性$V_{38}$""操作可持续比率$V_{39}$""经济（即金融）可持续比率$V_{310}$"。根据上述变量的特征，我们把第三因子归属为可持续发展条件。

(4) 与第四因子F4关系较大的变量主要有："总资产$V_{41}$""贷款规模$V_{42}$""现有借款人数量$V_{43}$""现有员工数量$V_{44}$""接受服务的客户比例$V_{45}$""管理效率$V_{46}$""流动性比率$V_{48}$""平均贷款期限$V_{49}$""贷款占比$V_{410}$""是否参与评级$V_{412}$""机构发展时间$V_{413}$"。根据上述变量的特征，我们把第四因子归属为规模/范围/增长。

(5) 剔除了不显著的6个变量，因为可以从因子分析中发现，它们不属于任何一个因子。这6个变量为：$V_{29}$、$V_{35}$、$V_{311}$、$V_{47}$、$V_{411}$、$V_{412}$。

公共因子能充分反映原始变量之间的相互关系，且可以使繁多的变量变得更加精练，以公共因子代替原始变量，可以对评价的主体做出更深入的认识，为进一步的分析和决策提供了巨大的便利。通过因子分析，将多个变量的信息反映到4个公共因子中，这4个公共因子反映了85%以上的原始变量中的信息。

## 5.4.5 指标修订

分析结果显示，通过剔除与因子不相关的指标值，获得与因子相关的测量指标，并根据大部分变量的特征，分别将不同因子的归属性进行了分析。构成了小额信贷机构绩效综合评价指标体系。对于剔除的指标，本书重新对剩余相关程度较高的指标进行了重新编号，并通过咨询专家意见以及参考相关文献资料，最终得到如表5-9所示的小额信贷机构绩效综合评价体系。

**表5-9 小额信贷机构绩效综合评价指标体系（修订）**

| 目标层 | 准则层 | 指标层 | |
|---|---|---|---|
| 小额信贷机构绩效综合评价W | 贷款资产质量评价子系统$U_1$ | 提供了有关盈利资产的百分比 | 欠款率 $V_{11}$ |
| | | | 风险贷款 $V_{12}$ |
| | | | 贷款损失率 $V_{13}$ |
| | 内部运营状况评价子系统$U_2$ | 客户状态 | 活跃贷款客户数（NAB）$V_{21}$ |
| | | | 客户平均贷款余额（ALPB）$V_{22}$ |
| | | 还款率 | 按时偿还贷款量 $V_{23}$ |
| | | | 资产收益率 $V_{24}$ |
| | | 生产率与效率 | 贷款周转次数 $U_{25}$ |
| | | | 单位货币借贷成本 $V_{26}$ |
| | | 业务发展速度 | 新增贷款本息额 $V_{27}$ |
| | | | 贷款本息回收计划完成 $V_{28}$ |
| | 可持续发展条件评价子系统$U_3$ | 财务可生存衡量条件 | 经营性自足能力 $V_{31}$ |
| | | | 财务性自足能力 $V_{32}$ |
| | | | 资产回报率（ROA）$V_{33}$ |
| | | | 资本回报率（ROE）$V_{34}$ |
| | | 财务可持续发展条件 | 操作自负盈亏率（OSS）$V_{35}$ |
| | | | 财务自负盈亏率（FSS）$V_{36}$ |
| | | | 资金来源/制度/贷款实施可持续性 $V_{37}$ |
| | | | 操作可持续比率（OSR）$V_{38}$ |
| | | | 经济（金融）可持续比率（ESR）$V_{39}$ |

续表

| 目标层 | 准则层 | 指标层 | |
|---|---|---|---|
| 小额信贷机构绩效综合评价 W | 规模/范围/增长评价子系统 $U_4$ | 市场竞争力状况经营活动的规模 | 总资产 $V_{41}$ |
| | | | 贷款规模 $V_{42}$ |
| | | | 现有借款人数量 $V_{43}$ |
| | | | 现有员工数量 $V_{44}$ |
| | | | 接受服务的客户比例 $V_{45}$ |
| | | | 管理效率 $V_{46}$ |
| | | | 流动性比率 $V_{47}$ |
| | | 扩张范围的深度 | 平均贷款期限 $V_{48}$ |
| | | | 贷款占比 $V_{49}$ |
| | | 增长状态指标 | 是否参与评级 $V_{410}$ |
| | | | 机构发展时间 $V_{411}$ |

通过模型分析以及结合专家的意见，得到了以上的指标体系，根据该指标体系，结合目前我国小额信贷机构的具体情况，可以初步认为该指标体系表是较为合理的。总的来说，在本书挖掘的 37 个指标体系中，除去小额信贷机构普遍不适用的指标以及在经过因子分析后不合理的指标，剩余的 31 个指标作为该指标体系的二级指标，在与小额信贷机构研究领域的专家及业内人士进行交流和讨论后，普遍认为具有一定的合理性。具体来说，首先从准则层来说，共有 4 个子系统，包含贷款资产质量、内部运营状况、可持续发展条件以及规模/范围/增长，覆盖了机构内部状况、专家以及市场环境等诸多方面内容，无论是从哪个角度来评价小额信贷机构综合绩效，这些方面的要素都是必不可少的；其次从二级指标的层次来说，基本上反映了小额信贷机构综合绩效的情况，有些指标反映的问题是大致相同的，这从另一方面说明了这一类指标对小额信贷机构综合绩效水平的重要性。将指标层进行合理的二级分类，有助于我们更加深刻地理解小额信贷机构综合绩效的内涵与外延，更能帮助我们在下文中对该问题的分析在方法选择方面有更好的把握及理解。

根据以上分析，可以得到，影响小额信贷机构综合绩效的因素主要有 4 个，即贷款资产质量、内部运营状况、可持续发展条件以及规模/范围/增长，这 4 个方面的绩效表现共同决定了小额信贷机构绩效方面的综合情况。

## 5.5 指标权重确定

指标的权重反映了各评价因素在研究小额信贷机构绩效评价指标体系中所起的作用和重要性程度。本书采用层次分析法，结合专家打分和适当的数学模型计算确定权重。

### 5.5.1 确定权重的程序

20世纪70年代初，美国教授T. L. Satty提出一种定量与定性相结合的系统分析方法——层次分析法（AHP）。该方法的原理在于，通过划分相互联系的有序层次把复杂问题的各种因素进行条理化处理，由参评人员根据其自身对一定客观现实的判断，对每一层次中各因素两两比较的相对重要性进行定量表示，然后利用数学方法确定每一层次的各个因素的权重。AHP法的主要特点是引入了两两比较[①]。具体步骤表现为以下几个方面：

（1）构造两两比较判断矩阵。假定C层次元素中$C_K$与下一层次中$D_1$，$D_2$，…，$D_n$有联系，对各元素进行两两评比打分（如表5-10所示），由专家根据标度值来判断两个指标的相对重要性程度，构造出判断矩阵，通常将判断矩阵记为B。

表5-10 各层次相对重要性两两比较

| $C_K$ | $D_1$, $D_2$, …, $D_n$ |
| --- | --- |
| $D_1$ | $d_{11}$, $d_{12}$, …, $d_{1n}$ |
| $D_2$ | $d_{21}$, $d_{22}$, …, $d_{2n}$ |
| … | … … … … |
| $D_n$ | $d_{n1}$, $d_{n2}$, …, $d_{nn}$ |

---

[①] 潘晓丽，翟丽丽. 层次分析法在高等教育经济效益评价中的应用[J]. 技术经济，2001（11）：60-61.

$$B = \begin{bmatrix} d_{11} & \cdots & d_{1n} \\ \vdots & \ddots & \vdots \\ d_{n1} & \cdots & d_{nn} \end{bmatrix}$$

其中，$C_K$ 是上层次中的一个元素，是 $D_1$，$D_2$，$\cdots$，$D_n$ 各元素两两比较判断矩阵的准则，$D_1$，$D_2$，$\cdots$，$D_n$ 是下层次中与 $C_K$ 有关的元素。$d_{ij}$ 是针对元素 $C_K$ 之下层次中元素 $d_{ij}$ 与元素 $d_{ij}$ 相对重要性的比较判断的标度值。

即：①$D_i$ 与 $D_j$ 同样重要，则有 $d_{ij} = 1$；②$D_i$ 比 $D_j$ 稍微重要，则有 $d_{ij} = 3$；③$D_i$ 比 $D_j$ 明显重要，则有 $d_{ij} = 5$；④$D_i$ 比 $D_j$ 强烈重要，则有 $d_{ij} = 7$；⑤$D_i$ 比 $D_j$ 绝对重要，则有 $d_{ij} = 9$。相反，如果 $D_i$ 劣于 $D_j$，则分别有：$d_{ij} = 1/3$，$d_{ij} = 1/5$，$d_{ij} = 1/7$，$d_{ij} = 1/9$。

对于矩阵 B，有：$d_{ij} \times d_{ji} = 1$，$d_{ji} = 1/d_{ij}$，其中 i = 1，2，$\cdots$，n，j = 1，2，$\cdots$，n。如果有：$d_{ij} \times d_{jk} = d_{ik}$（i，j，k = 1，2，$\cdots$，n），则表明矩阵 B 具有完全一致性。

（2）相对重要程度的计算。在实践中可以采用求和法或求根法来计算近似的特征值。

介绍求和法的步骤：①归一化处理判断矩阵 B 的每一列：$\overline{d}_{ij} = \dfrac{d_{ij}}{\sum\limits_{k=1}^{n} d_{ki}}$；②将判断矩阵按行相加：$\overline{W}_i = \sum\limits_{j=1}^{n} \overline{d}_{ij}$；③再对向量 $\overline{W} = [\overline{W}_1, \overline{W}_2, \cdots, \overline{W}_n]^T$ 进行归一化：$W_i = \dfrac{\overline{W}_i}{\sum\limits_{i=1}^{n} \overline{W}_i}$。这样得出向量：$W = [W_1, W_2, \cdots, W_n]^T$，其中，$W_i$ 就是表明 $D_1$，$\cdots$，$D_n$ 各个指标相对优先程度的指标权数。

介绍求根法的步骤：①计算判断矩阵 B 每行元素乘积：$M_j = \prod\limits_{j=1}^{n} d_{ij}$；②计算 $M_j$ 的几何平均值：$\overline{W}_i = \sqrt[n]{M_j}$；③归一化：$W_i = \dfrac{\overline{W}_i}{\sum\limits_{i=1}^{n} \overline{W}_i}$。这样同样得出向量：$W = [W_1, W_2, \cdots, W_n]^T$，其中，$W_i$ 就是表明 $D_1$，$\cdots$，$D_n$ 各个指标相对优先程度的指标权数。

（3）进行一致性检验。检验判断矩阵 B 的一致性（相容性），可以利用 $\lambda_{max}$ 与 n 之差来进行检验。$\lambda_{max}$ 可用下式求出，即 $\lambda_{max} = \dfrac{1}{n} \sum\limits_{i=1}^{n} [(BW)_i / W_i]$。一

致性指标由下式求出，即 $CI = \frac{\lambda_{max} - n}{n-1}$。计算随机一致性比值：$CR = \frac{CI}{RI}$，当 CR < 0.1 时，矩阵判断 B 的一致性可以接受。根据判断矩阵的阶数 n，在表 5-10 中可查到相应判断矩阵的平均随机一致性指标 RI。

### 5.5.2 层次分析法确定权重

根据上一节中建立的小额信贷机构绩效综合评价指标体系，先确定贷款资产质量评价子系统 $U_1$、内部运营状况评价子系统 $U_2$、可持续发展条件评价子系统 $U_3$、规模/范围/增长评价子系统 $U_4$ 的相对权重大小，再分别确定各个三级指标对这四个准则层评价指标权重的大小。

本书分别选择 154 家机构的中高层管理者、相关行业人士、政府监管部门相关工作人员以及高校内相关领域的专家，组成了 100 人的专家访谈组（专家组成情况如表 5-11 所示），并按照下列规范步骤进行专家访谈调查。

表 5-11 受访专家情况说明

| 受访专家来源 | 数量（人） | 比例（%） | 选择要求 |
| --- | --- | --- | --- |
| 154 家样本机构的中层管理人员 | 30 | 30 | 有小额信贷机构管理从业经验 2~3 年 |
| 154 家样本机构的高层管理人员 | 15 | 15 | 有小额信贷机构管理从业经验 3~5 年 |
| 小额信贷机构行业人士 | 25 | 25 | 有小额信贷机构管理从业经验 2 年以上的行业精英 |
| 高校内相关领域专家 | 20 | 20 | |
| 含企业管理领域专家 | (5) | | 从事企业绩效管理领域研究 |
| 含金融证券领域专家 | (10) | | 从事金融市场管理领域研究 |
| 含技术经济评价与分析领域专家 | (10) | | 从事技术经济评价与分析领域研究 |
| 政府监管部门相关工作人员 | 10 | 10 | 从事小额信贷机构监管工作 1 年以上的政府管理人员 |
| 合计 | 100 | 100 | |

步骤 1：对 25 人的"小额信贷机构行业人士"以及 10 人的"政府监管部

门相关工作人员"进行焦点访谈，让大家就各自对小额信贷机构绩效评价的内涵、主要影响因素以及关键评价指标、指标重要性程度等主题畅所欲言，主持人在其中主要扮演引导大家不跑题的角色，另外配备两名记录员，访谈过程全程记录。

步骤2：使用深度访谈方法对154家机构的45名中高层管理者进行深度采访，挖掘其对小额信贷机构绩效及关键评价指标的看法。

步骤3：召开小型学术会议，邀请高校相关领域的20名专家，就小额信贷机构绩效管理的研究情况，以及评价方法、评价体系等进行研讨，着重对本书中提出的评价指标系统进行全面分析。

步骤4：以德尔菲专家评分法的规范操作步骤为依据，邀请100名专家采用座谈会的形式，首先对步骤1和步骤2收集资料进行评价和过滤；其次，进行第一轮的指标重要性评分；根据专家的评分情况再次进行第二轮的评分；反复进行多次评分，直至专家的评分趋于一致。在得到专家对综合评价系统中各指标重要性程度的评分后，以此作为后续分析的基础。

下面详细列出确定四个准则层指标权重的计算过程，因三级指标权重的计算过程与下述四个准则层指标权重的计算过程相同，所以不再列出，只给出最后结果。

（1）构造准则层指标之间的判断矩阵。将贷款资产质量评价子系统 $U_1$、内部运营状况评价子系统 $U_2$、可持续发展条件评价子系统 $U_3$、规模/范围/增长评价子系统 $U_4$ 四项经过调查，由各个专家调查表中的评判打分情况综合确定各层判断矩阵的参数，得到指标权重对比表（见表5-12）。根据权重对比表，写成矩阵形式即可得到判断矩阵 B。

表5-12 准则层指标权重对比

| B | $U_1$ | $U_2$ | $U_3$ | $U_4$ |
| --- | --- | --- | --- | --- |
| $U_1$ | 1 | 1 | 2 | 1 |
| $U_2$ | 1 | 1 | 2 | 1 |
| $U_3$ | 1/2 | 1/2 | 1 | 1/2 |
| $U_4$ | 1 | 1 | 2 | 1 |

资料来源：专家调查表数据。

（2）计算判断矩阵每行元素乘积，如式（5-1）所示。

$$M_j = \prod_{j=1}^{n} d_{ij} = \begin{bmatrix} 2.0000 \\ 2.0000 \\ 0.1250 \\ 2.0000 \end{bmatrix} \tag{5-1}$$

(3) 计算 $M_j$ 的几何平均值，如式（5-2）所示。

$$\overline{W}_i = \sqrt[n]{M_j} = \sqrt[4]{M_j} = \begin{bmatrix} 1.1892 \\ 1.1892 \\ 0.5946 \\ 1.1892 \end{bmatrix} \tag{5-2}$$

(4) 向量 $\overline{W}_i$ 归一化，计算结果如式（5-3）所示。

$$W_i = \frac{\overline{W}_i}{\sum_{i=1}^{n} \overline{W}_i} = \begin{bmatrix} 0.2857 \\ 0.2857 \\ 0.1429 \\ 0.2857 \end{bmatrix} \tag{5-3}$$

(5) 计算判断矩阵的最大特征根，如式（5-4）和式（5-5）所示。

$$BW = \begin{bmatrix} 1.0 & 1.0 & 2.0 & 1.0 \\ 1.0 & 1.0 & 2.0 & 1.0 \\ 0.5 & 0.5 & 1.0 & 0.5 \\ 1.0 & 1.0 & 2.0 & 1.0 \end{bmatrix} \begin{bmatrix} 0.2857 \\ 0.2857 \\ 0.1429 \\ 0.2857 \end{bmatrix} = \begin{bmatrix} 1.1429 \\ 1.1429 \\ 0.5716 \\ 1.1429 \end{bmatrix} \tag{5-4}$$

$$\lambda_{max} = \frac{1}{n} \sum_{i=1}^{n} [(BW)_i / W_i] = \frac{1}{4} \sum_{i=1}^{4} \begin{bmatrix} 1.1429 \\ 1.1429 \\ 0.5716 \\ 1.1429 \end{bmatrix} / \begin{bmatrix} 0.2857 \\ 0.2857 \\ 0.1429 \\ 0.2857 \end{bmatrix} = 4.0003 \tag{5-5}$$

(6) 一致性检验，如式（5-6）所示。

$$CI = \frac{\lambda_{max} - n}{n-1} = \frac{4.0003 - 4}{4-1} = 0.0001 \tag{5-6}$$

当 $n=4$ 时，$RI=0.90$。得出：$CR = \frac{CI}{RI} = 0.0001 < 0.1$。

因此，判断矩阵具有满意一致性。根据以上计算，得到表 5-13 所示结果。

表 5-13  准则层相对指标层次判断矩阵 B；$U_1 \sim U_4$

| B | $U_1$ | $U_2$ | $U_3$ | $U_4$ | $W_i$ | 一致性检验 |
|---|---|---|---|---|---|---|
| $U_1$ | 1 | 1 | 2 | 1 | 0.2857 | $\lambda_{max} = 4.0003$ |
| $U_2$ | 1 | 1 | 2 | 1 | 0.2857 | CI = 0.0001  RI = 0.90 |
| $U_3$ | 1/2 | 1/2 | 1 | 1/2 | 0.1429 | $CR = \dfrac{CI}{RI} = 0.0001 < 0.1$ |
| $U_4$ | 1 | 1 | 2 | 1 | 0.2857 |  |

资料来源：调查数据经过计算后自制。

按照上述方法分别计算贷款资产质量评价子系统 $U_1$（见表 5-14）、内部运营状况评价子系统 $U_2$（见表 5-15）、可持续发展条件评价子系统 $U_3$（见表 5-16）、规模/范围/增长评价子系统 $U_4$（见表 5-17）的子指标对这四个准则层影响的权重大小。然后将数据汇总（见表 5-18），得到各指标权重大小。

表 5-14  贷款资产质量评价子系统 $U_1$；$V_{11} \sim V_{13}$

| $U_1$ | $V_{11}$ | $V_{12}$ | $V_{13}$ | $W_i$ | 一致性检验 |
|---|---|---|---|---|---|
| $V_{11}$ | 1 | 1 | 1 | 0.3333 | $\lambda_{max} = 3.0000$ |
| $V_{12}$ | 1 | 1 | 1 | 0.3333 | CI = 0.0000  RI = 0.58 |
| $V_{13}$ | 1 | 1 | 1 | 0.3333 | $CR = \dfrac{CI}{RI} = 0.0000 < 0.1$ |

资料来源：调查数据经过计算后自制。

表 5-15  内部运营状况评价子系统 $U_2$；$V_{21} \sim V_{28}$

| $U_2$ | $V_{21}$ | $V_{22}$ | $V_{23}$ | $V_{24}$ | $V_{25}$ | $V_{26}$ | $V_{27}$ | $V_{28}$ | $W_i$ | 一致性检验 |
|---|---|---|---|---|---|---|---|---|---|---|
| $V_{21}$ | 1 | 1 | 1/3 | 1/2 | 2 | 1 | 1/3 | 1/3 | 0.0743 |  |
| $V_{22}$ | 1 | 1 | 1/3 | 1/2 | 2 | 1 | 1/3 | 1/3 | 0.0743 | $\lambda_{max} = 8.0178$ |
| $V_{23}$ | 3 | 3 | 1 | 1 | 2 | 2 | 1 | 1 | 0.1757 | CI = 0.0025 |
| $V_{24}$ | 2 | 2 | 1 | 1 | 3 | 2 | 1 | 1 | 0.1670 | RI = 1.41 |
| $V_{25}$ | 1/2 | 1/2 | 1/2 | 1/3 | 1 | 1/2 | 1/3 | 1/3 | 0.0525 | $CR = \dfrac{CI}{RI} =$ |
| $V_{26}$ | 1 | 1 | 1/2 | 1/2 | 2 | 1 | 1/2 | 1/2 | 0.0865 | $0.0018 < 0.1$ |
| $V_{27}$ | 3 | 3 | 1 | 1 | 3 | 2 | 1 | 1 | 0.1848 |  |
| $V_{28}$ | 3 | 3 | 1 | 1 | 3 | 2 | 1 | 1 | 0.1848 |  |

资料来源：调查数据经过计算后自制。

## 第5章 基于第三方评级的小额信贷机构综合绩效评价体系构建

表 5-16 可持续发展条件评价子系统 $U_3$； $V_{31} \sim V_{39}$

| $U_3$ | $V_{31}$ | $V_{32}$ | $V_{33}$ | $V_{34}$ | $V_{35}$ | $V_{36}$ | $V_{37}$ | $V_{38}$ | $V_{39}$ | $W_i$ | 一致性检验 |
|---|---|---|---|---|---|---|---|---|---|---|---|
| $V_{31}$ | 1 | 1 | 1/3 | 1 | 1/3 | 1/2 | 1/2 | 1 | 1 | 0.0693 | |
| $V_{32}$ | 1 | 1 | 1/3 | 1 | 1/3 | 1/2 | 1/2 | 1 | 1 | 0.0693 | |
| $V_{33}$ | 3 | 3 | 1 | 1 | 1/2 | 1 | 1 | 2 | 2 | 0.1422 | $\lambda_{max}=9.2049$ |
| $V_{34}$ | 1 | 1 | 1 | 1 | 1/3 | 1 | 1 | 1 | 1 | 0.0913 | CI = 0.0256 |
| $V_{35}$ | 3 | 3 | 2 | 3 | 1 | 1 | 1 | 2 | 3 | 0.1961 | RI = 1.45 |
| $V_{36}$ | 2 | 2 | 1 | 1 | 1 | 1 | 1 | 2 | 3 | 0.1468 | $CR=\dfrac{CI}{RI}=$ |
| $V_{37}$ | 2 | 2 | 1 | 1 | 1 | 1 | 1 | 2 | 1 | 0.1300 | 0.0018<0.1 |
| $V_{38}$ | 1 | 1 | 1/2 | 1 | 1/2 | 1/2 | 1/2 | 1 | 1 | 0.0758 | |
| $V_{39}$ | 1 | 1 | 1/2 | 1 | 1/2 | 1/3 | 1 | 1 | 1 | 0.0783 | |

资料来源：调查数据经过计算后自制。

表 5-17 规模/范围/增长评价子系统 $U_4$； $V_{41} \sim V_{49}$； $V_{410} \sim V_{411}$

| $U_4$ | $V_{41}$ | $V_{42}$ | $V_{43}$ | $V_{44}$ | $V_{45}$ | $V_{46}$ | $V_{47}$ | $V_{48}$ | $V_{49}$ | $V_{410}$ | $V_{411}$ | $W_i$ | 一致性检验 |
|---|---|---|---|---|---|---|---|---|---|---|---|---|---|
| $V_{41}$ | 1 | 1 | 1 | 1/2 | 1 | 1/2 | 1 | 2 | 1 | 1/2 | 1/2 | 0.0731 | |
| $V_{42}$ | 1 | 1 | 1 | 1 | 1 | 1/2 | 1/2 | 3 | 2 | 1 | 1 | 0.0916 | |
| $V_{43}$ | 1 | 1 | 1 | 1/2 | 1 | 1 | 1 | 2 | 1 | 1 | 1 | 0.0778 | |
| $V_{44}$ | 2 | 1 | 2 | 1 | 1 | 1 | 1 | 3 | 2 | 1 | 1 | 0.1178 | $\lambda_{max}=11.3754$ |
| $V_{45}$ | 1 | 1 | 1 | 1 | 1 | 1 | 1 | 2 | 1 | 1 | 1 | 0.0940 | CI = 0.0375 |
| $V_{46}$ | 2 | 2 | 2 | 1 | 1 | 1 | 1 | 3 | 1 | 1 | 1 | 0.1178 | RI = 1.48 |
| $V_{47}$ | 1 | 2 | 1 | 1 | 1 | 1 | 1 | 3 | 2 | 1 | 1 | 0.1178 | $CR=\dfrac{CI}{RI}=$ |
| $V_{48}$ | 1/2 | 1/3 | 1/2 | 1/3 | 1/2 | 1/3 | 1/3 | 1 | 1/3 | 1 | 1 | 0.0489 | 0.0250<0.1 |
| $V_{49}$ | 1 | 1/2 | 1 | 1/2 | 1 | 1 | 1/2 | 1 | 1 | 1 | 1 | 0.0731 | |
| $V_{410}$ | 2 | 1 | 1 | 1 | 1 | 1 | 1 | 1 | 1 | 1 | 1 | 0.0940 | |
| $V_{411}$ | 2 | 1 | 1 | 1 | 1 | 1 | 1 | 1 | 1 | 1 | 1 | 0.0940 | |

资料来源：调查数据经过计算后自制。

表5-18 权重汇总

| U | $U_1$ | $U_2$ | $U_3$ | $U_4$ | $W_i$ | 一致性检验 |
|---|---|---|---|---|---|---|
|  | 0.2857 | 0.2857 | 0.1429 | 0.2857 |  |  |
| $V_{11}$ | 0.3333 |  |  |  | 0.0952 |  |
| $V_{12}$ | 0.3333 |  |  |  | 0.0952 |  |
| $V_{13}$ | 0.3333 |  |  |  | 0.0952 |  |
| $V_{21}$ |  | 0.0743 |  |  | 0.0212 |  |
| $V_{22}$ |  | 0.0743 |  |  | 0.0212 |  |
| $V_{23}$ |  | 0.1757 |  |  | 0.0502 |  |
| $V_{24}$ |  | 0.1670 |  |  | 0.0477 |  |
| $V_{25}$ |  | 0.0525 |  |  | 0.0150 |  |
| $V_{26}$ |  | 0.0865 |  |  | 0.0247 | $CI = 0.2857 \times CI_1$ |
| $V_{27}$ |  | 0.1848 |  |  | 0.0528 | $+ 0.2857 \times CI_2$ |
| $V_{28}$ |  | 0.1848 |  |  | 0.0528 | $+ 0.1429 \times CI_3$ |
| $V_{31}$ |  |  | 0.0693 |  | 0.0099 | $+ 0.2857 \times CI_4$ |
| $V_{32}$ |  |  | 0.0693 |  | 0.0099 | $= 0.0151$ |
| $V_{33}$ |  |  | 0.1422 |  | 0.0203 | $RI = 0.2857 \times RI_1$ |
| $V_{34}$ |  |  | 0.0913 |  | 0.0130 | $+ 0.2857 \times RI_2$ |
| $V_{35}$ |  |  | 0.1961 |  | 0.0280 | $+ 0.1429 \times RI_3$ |
| $V_{36}$ |  |  | 0.1468 |  | 0.0210 | $+ 0.2857 \times RI_4$ |
| $V_{37}$ |  |  | 0.1300 |  | 0.0186 | $= 1.1985$ |
| $V_{38}$ |  |  | 0.0758 |  | 0.0108 |  |
| $V_{39}$ |  |  | 0.0783 |  | 0.0112 | $CR = \dfrac{CI}{RI} = 0.0126 < 0.1$ |
| $V_{41}$ |  |  |  | 0.0731 | 0.0209 |  |
| $V_{42}$ |  |  |  | 0.0916 | 0.0262 |  |
| $V_{43}$ |  |  |  | 0.0778 | 0.0222 |  |
| $V_{44}$ |  |  |  | 0.1178 | 0.0337 |  |
| $V_{45}$ |  |  |  | 0.0940 | 0.0269 |  |
| $V_{46}$ |  |  |  | 0.1178 | 0.0337 |  |
| $V_{47}$ |  |  |  | 0.1178 | 0.0337 |  |
| $V_{48}$ |  |  |  | 0.0489 | 0.0140 |  |

续表

| U | U₁ | U₂ | U₃ | U₄ | Wᵢ | 一致性检验 |
|---|---|---|---|---|---|---|
| V₄₉ | | | | 0.0731 | 0.0209 | |
| V₄₁₀ | | | | 0.0940 | 0.0269 | |
| V₄₁₁ | | | | 0.0940 | 0.0269 | |

资料来源：调查数据经过计算后自制。

## 5.6 小额信贷机构绩效灰色综合评价

事实上，对于小额信贷机构绩效评价已经开展和正在开展大量的工作，从相关研究来看，所涉及的评价指标较多。但是迄今为止，还没有一套标准的指标体系或者标准的绩效范围可以用来衡量小额信贷机构的绩效状况。这主要源于小额信贷机构的运营比较复杂，内外部影响因素较多。因此，本书研究了小额信贷机构运营的基本特征，但其部分数据很难获得，因此将小额信贷机构的运营视为一个灰色系统，系统含有灰色信息，对于灰色信息的系统评价，一般的评价方法较难准确、合理地进行评价，本书选用灰色评价法对小额信贷机构的绩效进行综合评价。

### 5.6.1 选择依据

本书拟采用灰色综合评价法对小额信贷机构绩效进行综合评价，主要基于两点理论依据。

（1）评价的灰色性。小额信贷机构的运营系统可以被视为一个灰色系统，具有信息不完全的特点。在综合评价过程中，无法让全部指标都参与分析，故只能选取有限的主要指标来进行分析。选取的评价指标中，既有定量指标，又有定性指标。定量指标是已知数据，可以通过查阅机构的经营数据、财务数据来获取。指标权重见表5-18。

在指标体系中有大量的定量分析指标，这些数据可以从现有机构运营资料中获取二手数据，或者是在实际的企业调查过程中得到第一手数据，而对于定性指标，其数据是未知的，无法以第一手数据或第二手数据的形式获得。

(2) 评价指标层次的复杂性。小额信贷机构绩效的评价指标体系具有多个层次，是由定量指标和定性指标相结合而成，指标体系结构比较复杂。本书运用灰色综合评价法进行评价，既考虑了小额信贷机构运营的灰色性，同时也考虑了评价指标体系的层次性、复杂性，以及有灰色综合评价法的自身特点等因素。

### 5.6.2 评价分析

根据层次分析法构建了三层的评价指标体系，分别为目标层（W），准则层（$U_i$, i=1, 2, 3, 4）和指标层（$V_{ij}$, i=1, 2, 3, 4; j=1, 2, …, $n_i$）。W 是评价体系的综合评价值，准则层 U 为 $U_i$ 所组成的集合，记为 U = $U_1$, $U_2$, $U_3$, $U_4$，指标层指标 $V_{ij}$ 所组成的集合是 $V_i$ (i = 1, 2, 3, 4)，记为 $V_i$ = $V_{i1}$, $V_{i2}$, …, $V_{in_i}$。灰色综合评价方法是基于灰色系统理论，具体步骤为以下几点：

(1) 评分等级标准的制定。进行定性指标的定量化处理，制定评价指标的评分等级标准，转定性指标为定量指标。本书将定性指标分为七个等级，"优""良""中""差"和介于两相邻等级之间，分别对应的评分值为 4，3，2，1 和 3.5，2.5，1.5，由评分专家根据自身认知经验对具体等级标准进行确定，如表 5-19 所示。

表 5-19 小额信贷机构绩效等级标准

| 评分等级标准 |||
| --- | --- | --- |
| 级别 | 综合评价值 | 含义 |
| 优 | 4 | 小额信贷机构绩效良好 |
| 介于优良之间 | 3.5 | |
| 良 | 3 | |
| 介于良中之间 | 2.5 | 小额信贷机构绩效一般 |
| 中 | 2 | 小额信贷机构绩效较差 |
| 介于中差之间 | 1.5 | |
| 差 | 1 | 小额信贷机构绩效很差 |

(2) 评价指标 $U_i$ 和 $V_{ij}$ 权重的确定。将上一节中的指标权重用字母表示，假设 $U_i$ (i=1, 2, 3, 4) 的权重分配为 $a_i$ (i=1, 2, 3, 4)，各指标权重集为 A =

（$a_1$，$a_2$，$a_3$，$a_4$），且满足 $a_i \geq 0$ 并归一化；指标层 $V_{ij}$（i=1，2，3，4；j=1，2，…，$n_i$）的权重分配为 $a_{ij}$（i=1，2，3，4；j=1，2，…，$n_i$），各指标权重集 $A_i$=（$a_{i1}$，$a_{i2}$，…，$a_{in_i}$），且满足 $a_{ij} \geq 0$，且归一化。

（3）组织评价专家评分。设有 k 个评价专家，评价专家的序号为 m，m=1，2，…，k，k 个专家按评价等级进行打分，然后填写评价专家评分表。

（4）评价样本矩阵的确定。以评价专家评分表为依据，第 m 个评价专家对指标 $V_{ij}$ 给出的评分 $d_{ij}^{(m)}$，求得评价样本矩阵 D，如式（5-7）所示。

$$D = \begin{bmatrix} d_{11}^{(1)} & d_{11}^{(2)} & d_{11}^{(m)} & \cdots & d_{11}^{(k)} \\ d_{12}^{(1)} & d_{12}^{(2)} & d_{12}^{(m)} & \cdots & d_{12}^{(k)} \\ & & & \vdots & \\ d_{ij}^{(1)} & d_{ij}^{(2)} & d_{ij}^{(m)} & \cdots & d_{ij}^{(k)} \end{bmatrix} \begin{bmatrix} V_{11} \\ V_{12} \\ \vdots \\ V_{ij} \end{bmatrix} \quad (5-7)$$

式（5-7）中，i=1，2，3，4；j=1，2，…，$n_i$；m=1，2，…，k。

（5）评价灰类的确定。分别确定评价灰类的等级数、灰数和白权化函数。本书考虑的是"优""良""中""差"四个灰类，所以 g=4，灰类序号为 e，e=1，2，3，4。每一灰类对应的灰数和白权化函数如下：

第一灰类"优"（e=1），灰数 $\otimes_1 \in [4, \infty)$，其白权化函数表达式 $f_1$ 如式（5-8）和图 5-1 所示。

$$f_1(d_{ij}^{(m)}) = \begin{cases} d_{ij}^{(m)}/4 & d_{ij}^{(m)} \in [0, 4] \\ 1 & d_{ij}^{(m)} \in [4, \infty) \\ 0 & d_{ij}^{(m)} \notin [0, \infty) \end{cases} \quad (5-8)$$

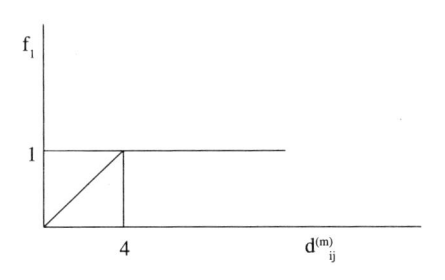

图 5-1 第一灰类白化权函数

第二灰类"良"（e=2），灰数 $\otimes_2 \in [0, 3, 6]$，其白权化函数表达式 $f_2$ 如式（5-9）和图 5-2 所示。

$$f_2(d_{ij}^{(m)}) = \begin{cases} d_{ij}^{(m)}/3 & d_{ij}^{(m)} \in [0, 3] \\ (6-d_{ij}^{(m)})/3 & d_{ij}^{(m)} \in [3, 6] \\ 0 & d_{ij}^{(m)} \notin [0, 6] \end{cases} \quad (5-9)$$

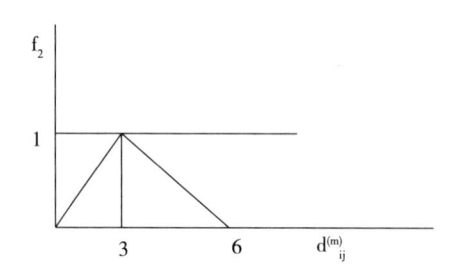

图 5-2 第二灰类白化权函数

第三灰类"中"（e=3），灰数 $\otimes_3 \in [0, 2, 4]$，其白权化函数表达式 $f_3$ 如式（5-10）和图 5-3 所示。

$$f_3(d_{ij}^{(m)}) = \begin{cases} d_{ij}^{(m)}/2 & d_{ij}^{(m)} \in [0, 2] \\ (4-d_{ij}^{(m)})/2 & d_{ij}^{(m)} \in [2, 4] \\ 0 & d_{ij}^{(m)} \notin [0, 4] \end{cases} \quad (5-10)$$

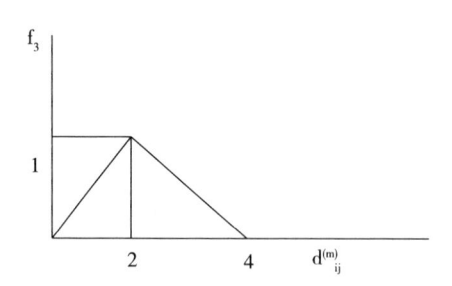

图 5-3 第三灰类白化权函数

第四灰类"差"（e=4），灰数 $\otimes_4 \in [0, 1, 2]$，其白权化函数表达式 $f_4$ 如式（5-11）和图 5-4 所示。

$$f_4(d_{ij}^{(m)}) = \begin{cases} 1 & d_{ij}^{(m)} \in [0, 1] \\ 2-d_{ij}^{(m)} & d_{ij}^{(m)} \in [1, 2] \\ 0 & d_{ij}^{(m)} \notin [0, 2] \end{cases} \quad (5-11)$$

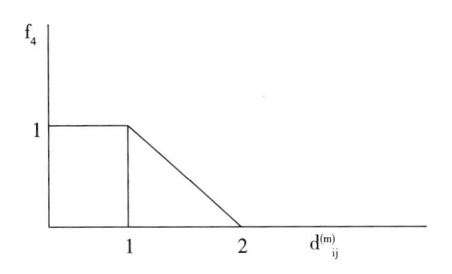

## 第 5 章 基于第三方评级的小额信贷机构综合绩效评价体系构建

图 5-4 第四灰类白化权函数

（6）灰色评价系数的计算。指标 $V_{ij}$ 中属于第 e 个灰类的灰色评价系数为 $X_{ije}$，各个灰类的总灰色评价数为 $X_{ij}$，有 $x_{ije} = \sum_{m=1}^{k} f_e(d_{ij}^{(m)})$；$x_{ij} = \sum_{e=1}^{4} x_{ije}$。

（7）灰色评价权向量、权矩阵的计算。评价指标 $V_{ij}$ 主张第 e 个灰类的灰色评价权为 $r_{ije}$，有 $r_{ije} = x_{ije}/X_{ij}$。评价灰类有 4 个，评价指标 $V_{ij}$ 对于各灰类的灰色评价权向量为：$r_{ij} = (r_{ij1}, r_{ij2}, r_{ij3}, r_{ij4})$。因而受评对象的 $U_i$ 所属指标 $V_{ij}$ 对各评价灰类的灰色评价权矩阵如式（5-12）所示。

$$R_i = \begin{bmatrix} r_{i1} \\ r_{i2} \\ \vdots \\ r_{in_i} \end{bmatrix} = \begin{bmatrix} r_{i11} & r_{i12} & r_{i13} & r_{i14} \\ r_{i21} & r_{i22} & r_{i23} & r_{i24} \\ \vdots & \vdots & \vdots & \vdots \\ r_{in_i1} & r_{in_i2} & r_{in_i3} & r_{in_i4} \end{bmatrix} \quad (5-12)$$

若 $r_{ij}$ 中第 q 个权数最大，即：$r_{ijq} = \max(r_{ij1}, r_{ij2}, r_{ij3}, r_{ij4})$，评价指标 $V_{ij}$ 属于第 q 个评价灰类。

（8）指标层 $U_i$ 综合评价。将综合评价结果记为 $B_i$，则有：$B_i = A_i \times R_i$（i = 1，2，3，4）。

（9）准则层 U 综合评价。由 $B_i$ 可以推出，准则层 U 对各评价灰类的灰色评价权矩阵如式（5-13）所示。

$$R = \begin{bmatrix} B_1 \\ B_2 \\ B_3 \\ B_4 \end{bmatrix} = \begin{bmatrix} b_{11} & b_{12} & b_{13} & b_{14} \\ b_{21} & b_{22} & b_{23} & b_{24} \\ b_{31} & b_{32} & b_{33} & b_{34} \\ b_{41} & b_{42} & b_{43} & b_{44} \end{bmatrix} \quad (5-13)$$

对准则层 U 作综合评价，其综合评价结果记为 B，得出：B = A×R = （$b_1$、$b_2$、$b_3$、$b_4$）。

（10）综合评价值的计算。以综合评价结果 B 的值为依据，按照最大隶属原则，可以确定受评对象的灰类等级。另外，还可以求出各个准则层的评价值 $W_1$、$W_2$、$W_3$、$W_4$ 和综合评价值 W，对受评对象进行综合评价。每个准则层的评价值 $W_i = B_i \times C^T$（i = 1，2，3，4）；然后综合评价值 W = B×$C^T$，C 为各灰类等级按照"灰水平"赋值形成的向量，C = （4，3，2，1）。

（11）对小额信贷机构绩效作综合评价。根据 $W_1$、$W_2$、$W_3$、$W_4$ 评价值结果，可以对准则层中贷款资产质量评价子系统 $U_1$、内部运营状况评价子系统 $U_2$、可持续发展条件评价子系统 $U_3$、规模/范围/增长评价子系统 $U_4$ 做排序比较分析。

如果全体评价专家都将每个指标 $V_{ij}$ 取值为 1，计算出的 W = 1.9200；如果取值都为 1.5（或 2、2.5、3、3.5、4）时，计算出对应的 W 为 2.3529（或 2.7692、2.9434、3.1111、3.3191、3.6000）。

如果以"中"为警戒等级（$V_{ij}$ = 2），那么当 2.7692≤W≤3.6000 时，该小额信贷机构绩效具有相对优势；当 W 的值低于 2.7692 时，该小额信贷机构绩效应该受到质疑。

## 5.7 本章小结

在系统阅读了大量国内外文献后，再根据我国小额信贷机构实际运营情况，系统分析了小额信贷机构绩效的关键影响因素，对不同指标的抽取进行了详细的论证与说明。本章基于第三方评价的立场，对我国小额信贷机构进行评级，构建了以贷款资产质量评价子系统、内部运营状况评价子系统、可持续发展条件评价子系统、规模/范围/增长评价子系统为准则层；盈利资产、客户状况、还款率等为指标层的小额信贷机构评级体系。并对指标内涵进行了逐一说明。运用灰色多层次评价方法对部分定性指标进行量化，结合 AHP 层次分析法，对指标间的权重进行了逐一确定，最后结合灰色理论，对小额信贷机构绩效进行了评价。综合最终的评价数值结果对准则层中贷款资产质量评价子系统 $U_1$、内部运营状况评价子系统 $U_2$、可持续发展条件评价子系统 $U_3$、规模/范围/增长评价子系统 $U_4$ 做排序比较分析。并以"中"为警戒等级（$V_{ij}$ = 2），得到小额信贷机构绩效的相对优劣势划分标准。本章不仅详细阐述了小额信贷机构绩效评价的主体、原则和内容，而且引入了 AHP 层次分析法确定指标权重，多层次灰色综合评价法分析信息量不足的指标，不仅发挥了两种不同评价方法在本问题分析上的不同优势，而且考虑了评价等级的不明确性，合理地对小额信贷机构绩效进行评价，得出具有合理性的评价结果。

# 第6章
# 小额信贷机构绩效综合评价

针对小额信贷机构绩效的综合评价，本书综合构建了以贷款资产质量评价子系统、内部运营状况评价子系统、可持续发展条件评价子系统、规模/范围/增长评价子系统为准则层，盈利资产、客户状况、还款率等为指标层的小额信贷机构评级体系，并对指标内涵进行了逐一说明。本章节选择了成都六家小额贷款（股份）有限公司，将运用灰色多层次评价方法对部分定性指标进行量化，结合 AHP 层次分析法，对指标间的权重进行了逐一确定，最后结合灰色理论，对其进行综合评价和实证分析。

## 6.1 评价案例1——成都 A 小额贷款股份有限公司综合绩效评价

### 6.1.1 成都 A 小额贷款股份有限公司概况

成都 A 小额贷款股份有限公司成立于 2009 年，公司注册资金超过 10 亿元，是四川省注册资金较大的小额贷款公司，也是全国规模较大的机构。公司立足于农村专合组织平台，旨在解决农户及贫困农村中的资金需求，公司在实践中，开发出具有特色的、适应农户需求的信贷产品，并根据农村农业的特点，为客户量身定制了根据不同农作物的多种贷款，有效解决"三农"、微型企业经营过程的中小额、临时性资金需求。

根据成都 A 小额贷款股份有限公司 2015~2018 年的经营状况，其总资产超过 10 亿元，净资产达 10 亿元左右，为成都市小额贷款公司中经营变动较大的一家。此公司曾占成都市全市贷款余额超过 5%。其贷款资产质量、内部运营情况、可持续发展条件、规模范围及增值等关键指标的趋势如表 6-1 所示。

表 6-1　成都 A 小额贷款股份有限公司指标数据

| 指标准则 | 指标意义 | 指标名称 | 2015 年 | 2016 年 | 2017 年 | 2018 年 |
|---|---|---|---|---|---|---|
| 贷款资产质量 | 提供了有关盈利资产的百分比 | 贷款损失率（%） | 0.69 | 15.19 | 14.66 | 18.97 |
| 内部运营情况 | 客户状态 | 活跃贷款客户数（人数） | 3008 | 76.00 | 143.00 | 78.00 |
| | | 客户平均贷款余额（万元） | 52.98 | 2631.72 | 1212.26 | 2184.15 |
| | 还款率 | 资产收益率（%） | 6 | 0.49 | -1.06 | 2.57 |
| | 生产率与效率 | 贷款周转次数 | 0.04 | 0.02 | 0.01 | 0.02 |
| | 业务发展速度 | 新增贷款本息额（万元） | 16866.95 | 27127.00 | 15823.00 | 8563.00 |
| 可持续发展条件 | 财务可生存衡量条件 | 财务性自足能力（%） | 64 | 100 | 100 | 100 |
| | | 资产回报率（%） | 6 | 0.49 | -1.06 | 2.57 |
| | | 资本回报率（%） | 8 | 0.77 | -1.79 | 3.73 |
| | 财务可持续衡量条件 | 操作自负盈亏率（%） | 143 | 100 | 33 | 73 |
| | | 财务自负盈亏率（%） | 143 | 100 | 33 | 73 |
| | | 操作可持续比率（%） | 38 | 0.64 | -1.58 | 3.55 |
| 规模/范围/增长情况 | 经营活动规模 | 总资产（万元） | 158144.09 | 158753.00 | 171609.00 | 146960.00 |
| | | 贷款规模（万元） | 159356.34 | 200011.00 | 173353.00 | 170364.00 |
| | | 现有员工数量（人） | 271 | 22 | 23 | 25 |
| | | 流动性比率（%） | 6.51 | 3.08 | 3.56 | 3.60 |
| | 扩张范围深度 | 平均贷款期限（天） | 252 | | | |
| | 增长状态指标 | 是否参与评级 | 是 | 是 | 是 | 是 |
| | | 机构发展时间（年） | 5 | 7 | 8 | 9 |

资料来源：笔者通过对公司调研获得相关数据。

## 6.1.2　成都 A 小额贷款股份有限公司绩效综合评价

灰色系统理论适用于处理小样本问题，对于观测数据及其分布没有特殊的要求和限制，原则上只要原始数据列超过 4 个就可以运用该理论进行综合评价分析。基于对现有相关文献的整理和回顾，发现一般采用 5 个数据列分析评价对象就可以运用灰色系统理论进行评价，得出客观有效的评价结果。

针对成都 A 小额信贷机构的基本情况（见表 6-1），本书邀请 5 位经济管理专家及信贷行业专家按所确定的评分等级标准进行打分，并填写专家评分表，具体评分如表 6-2 所示。

表 6-2　成都 A 小额贷款股份有限公司专家评分表及灰色权向量

| 指标 | 专家1 | 专家2 | 专家3 | 专家4 | 专家5 | $r_{ij1}$ | $r_{ij2}$ | $r_{ij3}$ | $r_{ij4}$ |
|---|---|---|---|---|---|---|---|---|---|
| $V_{11}$ | 4 | 3 | 3.5 | 3 | 3 | 0.3979 | 0.4335 | 0.1686 | 0 |
| $V_{12}$ | 4 | 4 | 4 | 4 | 3.5 | 0.5655 | 0.4056 | 0.0034 | 0 |
| $V_{13}$ | 3 | 3 | 3 | 3.5 | 3 | 0.3540 | 0.4407 | 0.2053 | 0 |
| $V_{21}$ | 3 | 2 | 3 | 2 | 3 | 0.2933 | 0.3908 | 0.3159 | 0 |
| $V_{22}$ | 3 | 3 | 3.5 | 2.5 | 3.5 | 0.3650 | 0.4233 | 0.2117 | 0 |
| $V_{23}$ | 4 | 2.5 | 4 | 3.5 | 4 | 0.4907 | 0.4002 | 0.1091 | 0 |
| $V_{24}$ | 3 | 2 | 3 | 1.5 | 2.5 | 0.2727 | 0.3636 | 0.3182 | 0.0455 |
| $V_{25}$ | 3 | 3 | 3 | 2 | 3 | 0.3133 | 0.4181 | 0.2687 | 0 |
| $V_{26}$ | 2 | 3 | 3 | 3 | 2.5 | 0.3037 | 0.4043 | 0.2920 | 0 |
| $V_{27}$ | 4 | 3.5 | 4 | 3 | 3.5 | 0.4737 | 0.4211 | 0.1053 | 0 |
| $V_{28}$ | 4 | 2.5 | 4 | 2.5 | 3 | 0.3544 | 0.4093 | 0.2363 | 0 |
| $V_{31}$ | 3 | 3 | 3 | 2.5 | 3 | 0.3238 | 0.4309 | 0.2453 | 0 |
| $V_{32}$ | 2 | 2.5 | 3 | 2.5 | 2.5 | 0.2833 | 0.3774 | 0.3394 | 0 |
| $V_{33}$ | 4 | 3 | 3 | 3 | 3 | 0.3979 | 0.4335 | 0.1686 | 0 |
| $V_{34}$ | 4 | 3.5 | 4 | 3.5 | 4 | 0.5325 | 0.4114 | 0.0561 | 0 |
| $V_{35}$ | 4 | 3.5 | 3 | 3.5 | 3.5 | 0.4469 | 0.4255 | 0.1276 | 0 |
| $V_{36}$ | 4 | 4 | 3.5 | 3.5 | 4 | 0.5325 | 0.4114 | 0.0561 | 0 |
| $V_{37}$ | 4 | 4 | 3 | 3 | 4 | 0.4737 | 0.4211 | 0.1053 | 0 |
| $V_{38}$ | 4 | 4 | 3.5 | 3 | 4 | 0.5325 | 0.4114 | 0.0561 | 0 |
| $V_{39}$ | 4 | 3 | 3 | 3 | 3.5 | 0.3979 | 0.4335 | 0.1686 | 0 |
| $V_{41}$ | 3 | 2.5 | 3.5 | 3.5 | 3 | 0.3650 | 0.4233 | 0.2117 | 0 |
| $V_{42}$ | 3 | 2.5 | 3 | 3.5 | 4 | 0.3872 | 0.4192 | 0.1936 | 0 |
| $V_{43}$ | 3 | 3.5 | 3 | 2 | 3 | 0.3336 | 0.4136 | 0.2528 | 0 |
| $V_{44}$ | 3 | 3 | 3 | 3.5 | 3 | 0.3540 | 0.4407 | 0.2053 | 0 |

续表

| 指标 | 专家1 | 专家2 | 专家3 | 专家4 | 专家5 | $r_{ij1}$ | $r_{ij2}$ | $r_{ij3}$ | $r_{ij4}$ |
|---|---|---|---|---|---|---|---|---|---|
| $V_{45}$ | 3 | 2.5 | 2.5 | 2 | 3 | 0.2933 | 0.3908 | 0.3159 | 0 |
| $V_{46}$ | 4 | 3 | 4 | 3.5 | 3.5 | 0.4737 | 0.4211 | 0.1053 | 0 |
| $V_{47}$ | 2 | 2 | 3 | 1.5 | 2.5 | 0.2518 | 0.3361 | 0.3663 | 0.0458 |
| $V_{48}$ | 3 | 2.5 | 2.5 | 1.5 | 3 | 0.2833 | 0.3774 | 0.2941 | 0.0452 |
| $V_{49}$ | 3 | 2.5 | 3 | 2.5 | 2.5 | 0.2933 | 0.3908 | 0.3159 | 0 |
| $V_{410}$ | 3 | 3.5 | 3 | 3.5 | 3.5 | 0.3979 | 0.4335 | 0.1686 | 0 |
| $V_{411}$ | 3 | 3.5 | 2.5 | 3 | 3 | 0.3434 | 0.4277 | 0.2289 | 0 |

资料来源：调查数据经过计算后自制。

#### 6.1.2.1 用层次分析法确定评价指标 $U_i$ 和 $V_{ij}$ 的权重

本书已经在第4章给出评价指标之间的权重，确定（$U_1$，$U_2$，$U_3$，$U_4$）的权重：A =（0.2857, 0.2857, 0.1429, 0.2857）；$A_1$ =（0.3333, 0.3333, 0.3333）；$A_2$ =（0.0743, 0.0743, 0.1757, 0.1670, 0.0525, 0.0865, 0.1848, 0.1848）；$A_3$ =（0.0693, 0.0693, 0.1422, 0.0913, 0.1961, 0.1468, 0.1300, 0.0758, 0.0783）；$A_4$ =（0.0731, 0.0916, 0.0778, 0.1178, 0.0940, 0.1178, 0.1178, 0.0489, 0.0731, 0.0940, 0.0940）。简化为 A =（0.29, 0.29, 0.14, 0.29）；$A_1$ =（0.33, 0.33, 0.33）；$A_2$ =（0.07, 0.07, 0.18, 0.17, 0.05, 0.09, 0.18, 0.18）；$A_3$ =（0.07, 0.07, 0.14, 0.09, 0.20, 0.15, 0.13, 0.08, 0.08）；$A_4$ =（0.07, 0.09, 0.08, 0.12, 0.09, 0.12, 0.12, 0.05, 0.07, 0.09, 0.09）。

#### 6.1.2.2 计算灰色评价系数

对于评价指标，受评对象 $V_{11}$，属于第 e 个评价灰类的灰色评价系数 $x_{11e}$：

当 e = 1 时，$x_{111} = f_1(4) + f_1(3) + f_1(3.5) + f_1(3) + f_1(3) = 4.13$；当 e = 2（或3、4）时，$x_{112} = 4.50$（或1.75、0）。

受评指标 $V_{11}$ 属于各个评价灰类的总灰色评价数为 $X_{11}$ = 4.13+4.50+1.75+0 = 10.38。同理，可以分别计算出其他 $V_{ij}$ 的灰色评价系数 $x_{ije}$ 及总灰色系数 $x_{ij}$。

#### 6.1.2.3 计算灰色评价权向量及权矩阵

当 e = 1 时，$r_{111}$ = 4.13/10.38 = 0.3979；当 e = 2 时，$r_{112}$ = 4.50/10.38 =

— 171 —

$0.4335$；当 $e=3$ 时，$r_{113}=1.75/10.38=0.1686$；当 $e=4$ 时，$r_{114}=0/10.38=0$。受评指标 $V_{11}$ 对于各类的灰色评价权向量 $r_{11}=(0.3979,0.4335,0.1686,0)$。同理，可计算其他 $V_{ij}$ 的灰色评价权向量，计算结果如表 6-1 所示。

6.1.2.4 对指标层 $U_1$、$U_2$、$U_3$、$U_4$ 做综合评价

结果如式（6-1）所示。

$$B_1 = A_1 \times B_1 = (0.33, 0.33, 0.33) \begin{bmatrix} 0.3979 & 0.4335 & 0.1686 & 0 \\ 0.5655 & 0.4056 & 0.0034 & 0 \\ 0.3540 & 0.4407 & 0.2053 & 0 \end{bmatrix}$$

$$= (0.4347, 0.4223, 0.1244, 0.0000) \qquad (6-1)$$

同理，$B_2 = A_2 \times R_2 = (0.3729, 0.3976, 0.2118, 0.0077)$；$B_3 = A_3 \times R_3 = (0.4514, 0.4234, 0.1352, 0.0000)$；$B_4 = A_4 \times R_4 = (0.3444, 0.4031, 0.2346, 0.0078)$。

6.1.2.5 对准则层做综合评价

结果如式（6-2）所示。

$$B = A \times R = (0.3973, 0.4140, 0.1844, 0.0045) \qquad (6-2)$$

由最大隶属度原则，可知评价指标属于第二个评价灰类"良"。

6.1.2.6 计算各准则层评价结果和综合评价结果

结果如式（6-3）所示。

$$W = B \times C^T = (0.3973, 0.4140, 0.1844, 0.0045) \begin{bmatrix} 4 \\ 3 \\ 2 \\ 1 \end{bmatrix} = 3.2045 \qquad (6-3)$$

各准则层评价结果分别为：贷款资产质量评价子系统 $W_1 = B_1 \times C^T = 3.2545$，内部运营状况评价子系统 $W_2 = B_2 \times C^T = 3.1157$，可持续发展条件评价子系统 $W_3 = B_3 \times C^T = 3.3462$，规模/范围/增长评价子系统 $W_4 = B_4 \times C^T = 3.0641$。

### 6.1.3 成都 A 小额贷款股份有限公司绩效综合评价结果与分析

评价结论为：基于对各子系统的评价结果，成都 A 小额贷款股份有限公司

在贷款资产质量评价子系统、内部运营状况评价子系统、可持续发展条件评价子系统以及规模/范围/增长评价子系统的评价值分别为 3.2545、3.1157、3.3462、3.0639，其中可持续发展条件评价子系统评价值最大，然后依次是贷款资产质量评价子系统评价值、内部运营状况评价子系统评价值，规模/范围/增长评价子系统评价值最小，但分数总体差别不大，都属于绩效水平较高的范围。

根据实证分析结果，A 小额贷款股份有限公司绩效具有相对优势。由计算结果可知，A 小额贷款股份有限公司绩效综合评价值为 3.2045，绩效分值介于"良"（3.1110）与"优"（3.6000）之间，评价等级"良"偏"优"，偏向较好，由此可判断该小额信贷机构绩效良好。

由评价结果可以得出成都 A 小额贷款股份有限公司的绩效处于相对优势，尤其体现在其具有较强的可持续发展能力，从表 6-1 中也可看出成都 A 小额贷款股份有限公司的操作自负盈亏率和财务自负盈亏率数值较高，由此可见评价结果与企业实际情况相符，这也在一定程度上说明了本书所建立的综合评价指标体系的可行性。

## 6.2 评价案例2——成都 B 小额贷款股份有限公司综合绩效评价

### 6.2.1 成都 B 小额贷款股份有限公司概况

成都 B 小额贷款股份有限公司成立于 2008 年，截至 2017 年公司注册资金超过 5 亿元，是四川省开业较早的小额贷款公司之一，成都 B 小额贷款股份有限公司不仅拥有小额贷款公司，关联公司包括村镇银行、担保公司，作为金融集团整体，为中国的微小型企业服务。公司根据自身优势，优化拓展服务网点，专注于发展 5 万元以内的微型贷款，旨在扶持微小型企业的发展。

根据成都 B 小额贷款股份有限公司 2015~2018 年经营数据，其总资产超过 10 亿元，净资产超过 7 亿元，公司运营情况良好，4 年贷款余额平均约为 9 亿元。其贷款资产质量、内部运营情况、可持续发展条件、规模范围及增值等关键指标的趋势如表 6-3 所示。

表 6-3 成都 B 小额贷款股份有限公司指标数据

| 指标准则 | 指标意义 | 指标名称 | 2015 年 | 2016 年 | 2017 年 | 2018 年 |
|---|---|---|---|---|---|---|
| 贷款资产质量 | 提供了有关盈利资产的百分比 | 贷款损失率（%） | 0.28 | 1.52 | 0.89 | 0.86 |
| 内部运营情况 | 客户状态 | 活跃贷款客户数（人数） | 2248 | 3917.00 | 3215.00 | 23868.00 |
| | | 客户平均贷款余额（万元） | 37.28 | 30.72 | 23.96 | 3.73 |
| | 还款率 | 资产收益率（%） | 3 | -1.92 | 1.70 | 3.49 |
| | 生产率与效率 | 贷款周转次数 | 0.06 | 0.06 | 0.05 | 0.06 |
| | 业务发展速度 | 新增贷款本息额（万元） | 17316.8 | 136671.00 | 84214.00 | 9397.00 |
| 可持续发展条件 | 财务可生存衡量条件 | 财务性自足能力（%） | 68 | 100 | 100 | 100 |
| | | 资产回报率（%） | 3 | -1.92 | 1.70 | 3.49 |
| | | 资本回报率（%） | 5 | -3.62 | 2.73 | 5.37 |
| | 财务可持续衡量条件 | 操作自负盈亏率（%） | 115 | 106 | 104 | 73 |
| | | 财务自负盈亏率（%） | 103 | 106 | 104 | 73 |
| | | 操作可持续比率（%） | 32 | -3.74 | 2.74 | 5.11 |
| 规模/范围/增长情况 | 经营活动规模 | 总资产（万元） | 98663.88 | 44948.00 | 123485.00 | 118031.00 |
| | | 贷款规模（万元） | 83794.80 | 120343.00 | 77022.00 | 8992.00 |
| | | 现有员工数量（人） | 311 | 224 | 218 | 196 |
| | | 流动性比率（%） | 8.28 | 4.60 | 5.42 | 5.10 |
| | 扩张范围深度 | 平均贷款期限（天） | 322 | 322 | | |
| | 增长状态指标 | 是否参与评级 | 是 | 是 | 是 | 是 |
| | | 机构发展时间（年） | 6 | 8 | 9 | 10 |

资料来源：笔者通过对公司调研获得相关数据。

## 6.2.2 成都 B 小额贷款股份有限公司绩效综合评价

沿用前文所描述的评价方法，同样选择 5 名行业专家针对成都 B 小额贷款股份有限公司按所确定的评分等级标准进行打分，并填写专家评分表，随后按照灰色综合评价的流程进行计算，最终计算出各准则层评价结果和综合评价结果。

首先，本书邀请 5 位经济管理专家及信贷行业专家针对成都 B 小额贷款股份有限公司按所确定的评分等级标准进行打分，并填写专家评分表，具体评分如表 6-4 所示。

表 6-4 成都 B 小额贷款股份有限公司专家评分表及灰色权向量

| 指标 | 专家1 | 专家2 | 专家3 | 专家4 | 专家5 | $r_{ij1}$ | $r_{ij2}$ | $r_{ij3}$ | $r_{ij4}$ |
|---|---|---|---|---|---|---|---|---|---|
| $V_{11}$ | 3 | 3 | 3.5 | 2.5 | 3.5 | 0.3650 | 0.4233 | 0.2117 | 0 |
| $V_{12}$ | 4 | 3.5 | 4 | 3.5 | 4 | 0.5325 | 0.4114 | 0.0561 | 0 |
| $V_{13}$ | 3 | 3 | 3 | 2 | 3 | 0.3133 | 0.4181 | 0.2687 | 0 |
| $V_{21}$ | 3 | 2 | 3 | 2 | 3 | 0.2933 | 0.3908 | 0.3159 | 0 |
| $V_{22}$ | 3 | 3 | 3.5 | 2.5 | 3.5 | 0.3650 | 0.4233 | 0.2117 | 0 |
| $V_{23}$ | 4 | 2.5 | 4 | 3.5 | 4 | 0.4907 | 0.4002 | 0.1091 | 0 |
| $V_{24}$ | 3 | 2 | 3 | 1.5 | 2.5 | 0.2727 | 0.3636 | 0.3182 | 0.0455 |
| $V_{25}$ | 3 | 2.5 | 3.5 | 3.5 | 3 | 0.3650 | 0.4233 | 0.2117 | 0 |
| $V_{26}$ | 3 | 2.5 | 3 | 3.5 | 4 | 0.3872 | 0.4192 | 0.1936 | 0 |
| $V_{27}$ | 4 | 3.5 | 4 | 3 | 3.5 | 0.4737 | 0.4211 | 0.1053 | 0 |
| $V_{28}$ | 3 | 2.5 | 4 | 2.5 | 3 | 0.3544 | 0.4093 | 0.2363 | 0 |
| $V_{31}$ | 3 | 3 | 3 | 2.5 | 3 | 0.3238 | 0.4309 | 0.2453 | 0 |
| $V_{32}$ | 2 | 2.5 | 3 | 2.5 | 2.5 | 0.2833 | 0.3774 | 0.3394 | 0 |
| $V_{33}$ | 4 | 3 | 3 | 3 | 3.5 | 0.3979 | 0.4335 | 0.1686 | 0 |
| $V_{34}$ | 3 | 2.5 | 3.5 | 3.5 | 3 | 0.3650 | 0.4233 | 0.2117 | 0 |
| $V_{35}$ | 3 | 2.5 | 3 | 3.5 | 4 | 0.3872 | 0.4192 | 0.1936 | 0 |
| $V_{36}$ | 3 | 3.5 | 3 | 2 | 3 | 0.3336 | 0.4136 | 0.2528 | 0 |
| $V_{37}$ | 3 | 3 | 3 | 3.5 | 3 | 0.3540 | 0.4407 | 0.2053 | 0 |
| $V_{38}$ | 4 | 4 | 3.5 | 3.5 | 4 | 0.5325 | 0.4114 | 0.0561 | 0 |
| $V_{39}$ | 4 | 3 | 3 | 3 | 3.5 | 0.3979 | 0.4335 | 0.1686 | 0 |
| $V_{41}$ | 3 | 2.5 | 3.5 | 3.5 | 3 | 0.3650 | 0.4233 | 0.2117 | 0 |
| $V_{42}$ | 3 | 2.5 | 3 | 3.5 | 4 | 0.3872 | 0.4192 | 0.1936 | 0 |
| $V_{43}$ | 3 | 3.5 | 3 | 2 | 3 | 0.3336 | 0.4136 | 0.2528 | 0 |
| $V_{44}$ | 3 | 3 | 3 | 3.5 | 3 | 0.3540 | 0.4407 | 0.2053 | 0 |

续表

| 指标 | 专家1 | 专家2 | 专家3 | 专家4 | 专家5 | $r_{ij1}$ | $r_{ij2}$ | $r_{ij3}$ | $r_{ij4}$ |
|---|---|---|---|---|---|---|---|---|---|
| $V_{45}$ | 3 | 2.5 | 2.5 | 2 | 3 | 0.2933 | 0.3908 | 0.3159 | 0 |
| $V_{46}$ | 4 | 3 | 4 | 3.5 | 3.5 | 0.4737 | 0.4211 | 0.1053 | 0 |
| $V_{47}$ | 2 | 2 | 3 | 1.5 | 2.5 | 0.2518 | 0.3361 | 0.3663 | 0.0458 |
| $V_{48}$ | 3 | 2.5 | 2.5 | 1.5 | 3 | 0.2833 | 0.3774 | 0.2941 | 0.0452 |
| $V_{49}$ | 3 | 2.5 | 2.5 | 2.5 | 2.5 | 0.2933 | 0.3908 | 0.3159 | 0 |
| $V_{410}$ | 3 | 3.5 | 3 | 3.5 | 3.5 | 0.3979 | 0.4335 | 0.1686 | 0 |
| $V_{411}$ | 3 | 3.5 | 2.5 | 3 | 3 | 0.3434 | 0.4277 | 0.2289 | 0 |

资料来源：调查数据经过计算后自制。

### 6.2.2.1 用层次分析法确定评价指标 $U_i$ 和 $V_{ij}$ 的权重

根据本书在第4章给出的评价指标之间的权重，确定（$U_1$，$U_2$，$U_3$，$U_4$）的权重：A =（0.2857，0.2857，0.1429，0.2857）；$A_1$ =（0.3333，0.3333，0.3333）；$A_2$ =（0.0743，0.0743，0.1757，0.1670，0.0525，0.0865，0.1848，0.1848）；$A_3$ =（0.0693，0.0693，0.1422，0.0913，0.1961，0.1468，0.1300，0.0758，0.0783）；$A_4$ =（0.0731，0.0916，0.0778，0.1178，0.0940，0.1178，0.1178，0.0489，0.0731，0.0940，0.0940）。

简化为 A =（0.29，0.29，0.14，0.29）；$A_1$ =（0.33，0.33，0.33）；$A_2$ =（0.07，0.07，0.18，0.17，0.05，0.09，0.18，0.18）；$A_3$ =（0.07，0.07，0.14，0.09，0.20，0.15，0.13，0.08，0.08）；$A_4$ =（0.07，0.09，0.08，0.12，0.09，0.12，0.12，0.05，0.07，0.09，0.09）。

### 6.2.2.2 计算灰色评价系数

同理，按照6.1.2的计算步骤计算灰色评价系数，得出：当 e=1 时，$r_{111}$ = 3.70/10.15 = 0.3650；当 e=2 时，$r_{112}$ = 4.30/10.15 = 0.4233；当 e=3 时，$r_{113}$ = 2.15/10.15 = 0.2117；当 e=4 时，$r_{114}$ = 0/10.15 = 0。受评指标 $V_{11}$ 对于各类的灰色评价权向量 $r_{11}$ =（0.3650，0.4233，0.2117，0）。同理，可计算其他 $V_{ij}$ 的灰色评价权向量，最终的计算结果如表6-4所示。

### 6.2.2.3 对指标层 $U_1$、$U_2$、$U_3$、$U_4$ 做综合评价

计算结果如式（6-4）所示。

$$B_1 = A_1 \times R_1 = (0.33, 0.33, 0.33) \begin{bmatrix} 0.3650 & 0.4233 & 0.2117 & 0 \\ 0.5325 & 0.4114 & 0.0561 & 0 \\ 0.3133 & 0.4181 & 0.2687 & 0 \end{bmatrix}$$

$$= (0.4208, 0.4146, 0.1058, 0.0000) \quad (6-4)$$

同理，可计算出 $B_2 = A_2 \times R_2$，以及 $B_3 = A_3 \times R_3$，$B_4 = A_4 \times R_4$。

#### 6.2.2.4 对准则层做综合评价

计算结果如式（6-5）所示。

$$B = A \times R = (0.3602, 0.3740, 0.1644, 0.0032) \quad (6-5)$$

由最大隶属度原则，可知评价指标属于第二个评价灰类"良"。

#### 6.2.2.5 计算各准则层评价结果和综合评价结果

计算结果如式（6-6）所示。

$$W = B \times C^T = (0.3602, 0.3740, 0.1644, 0.0032) \begin{bmatrix} 4 \\ 3 \\ 2 \\ 1 \end{bmatrix} = 2.8948 \quad (6-6)$$

各准则层评价结果分别为：贷款资产质量评价子系统 $W_1 = B_1 \times C^T = 2.9102$，内部运营状况评价子系统 $W_2 = B_2 \times C^T = 3.0045$，可持续发展条件评价子系统 $W_3 = B_3 \times C^T = 3.1462$，规模/范围/增长评价子系统 $W_4 = B_4 \times C^T = 2.7641$。

### 6.2.3 成都B小额贷款股份有限公司绩效综合评价结果与分析

评价结论为：基于对各子系统的评价结果，成都B小额贷款股份有限公司在贷款资产质量评价子系统、内部运营状况评价子系统、可持续发展条件评价子系统以及规模/范围/增长评价子系统的评价值分别为2.9102、3.0045、3.1462、2.7641，其中依旧是可持续发展条件评价子系统评价值最大，然后依次是内部运营状况评价子系统评价值、贷款资产质量评价子系统评价值以及规模/范围/增长评价子系统评价值，各个子系统间的分数总体差别不大，都属于绩效水平中等偏上的范围。

根据实证分析结果，成都B小额贷款股份有限公司绩效具有相对优势，但相较于成都A小额贷款股份有限公司，成都B小额贷款股份有限公司的绩效优势不明显。由计算结果可知,成都 B 小额贷款股份有限公司绩效综合评价值为 2.8948,绩效分值介于"中等"与"良"(3.6000)之间,评价等级偏向"良",由此可判断该小额信贷机构绩效还是良好的,从表 6-3 中也可看出成都 B 小额贷款股份有限公司 2015 年的操作自负盈亏率和财务自负盈亏率数值分别为 115%、103%,由此可见评价结果与企业实际情况相符。

## 6.3 评价案例 3——成都 C 小额贷款股份有限公司综合绩效评价

### 6.3.1 成都 C 小额贷款股份有限公司概况

成都 C 小额贷款有限公司成立于 2010 年,公司注册资本为 3 亿元。成都 C 小额贷款股份有限公司是根据国家政策成立的一家侧重于服务会员单位,充分利用会员之间的商业信誉来扶持微小企业发展的公司。

根据成都 C 小额贷款股份有限公司 2015~2018 年的经营情况,其年均总资产超过 3 亿元,净资产超过 3 亿元,公司运营情况一般,4 年平均贷款余额约为 2 亿元。其贷款资产质量、内部运营情况、可持续发展条件、规模范围及增值等关键指标的趋势如表 6-5 所示。

**表 6-5 成都 C 小额贷款股份有限公司指标数据**

| 指标准则 | 指标意义 | 指标名称 | 2015 年 | 2016 年 | 2017 年 | 2018 年 |
| --- | --- | --- | --- | --- | --- | --- |
| 贷款资产质量 | 提供了有关盈利资产的百分比 | 贷款损失率(%) | 0.00 | 0.00 | 0.00 | 0.15 |
| 内部运营情况 | 客户状态 | 活跃贷款客户数(人数) | 105.00 | 117.00 | 339.00 | 429.00 |
| | | 客户平均贷款余额(万元) | 201.46 | 75.74 | 85.50 | 70.52 |
| | 还款率 | 资产收益率(%) | 3 | 0.39 | 0.86 | 0.87 |
| | 生产率与效率 | 贷款周转次数 | 0.02 | 0.02 | 0.02 | 0.02 |
| | 业务发展速度 | 新增贷款本息额(万元) | -534.66 | 1823.00 | 6186.00 | 20262.00 |

续表

| 指标准则 | 指标意义 | 指标名称 | 2015年 | 2016年 | 2017年 | 2018年 |
|---|---|---|---|---|---|---|
| 可持续发展条件 | 财务可生存衡量条件 | 财务性自足能力（%） | 100 | 100 | 100 | 100 |
| | | 资产回报率（%） | 3 | 0.39 | 0.86 | 0.87 |
| | | 资本回报率（%） | 3 | 0.40 | 0.88 | 0.88 |
| | 财务可持续衡量条件 | 操作自负盈亏率（%） | 146 | 76 | 54 | 54 |
| | | 财务自负盈亏率（%） | 148 | 76 | 54 | 54 |
| | | 操作可持续比率（%） | 16 | 0.40 | 0.86 | 0.87 |
| 规模/范围/增长情况 | 经营活动规模 | 总资产（万元） | 21699.76 | 391.00 | 564.00 | 30606.00 |
| | | 贷款规模（万元） | 21153.09 | 8862.00 | 28985.00 | 30252.00 |
| | | 现有员工数量（人） | 19 | 35 | 37 | 45 |
| | | 流动性比率（%） | 28.61 | 279.10 | 333.81 | 401.01 |
| | 扩张范围深度 | 平均贷款期限（天） | 68 | 68 | | |
| | 增长状态指标 | 是否参与评级 | 是 | 是 | 是 | 是 |
| | | 机构发展时间（年） | 5 | 7 | 8 | 9 |

资料来源：笔者通过对公司调研获得相关数据。

## 6.3.2 成都C小额贷款股份有限公司绩效综合评价

同理可循，沿用前文所描述的评价方法，选择5名行业专家针对成都C小额贷款股份有限公司按所确定的评分等级标准进行打分，并填写专家评分表，随后按照灰色综合评价的流程进行计算，最终计算出各准则层评价结果和综合评价结果。

首先，本书在此邀请5位经济管理专家及信贷行业专家针对成都C小额贷款股份有限公司按所确定的评分等级标准进行打分，并填写专家评分表，具体评分如表6-6所示。

表6-6 成都C小额贷款股份有限公司专家评分表及灰色权向量

| 指标 | 专家1 | 专家2 | 专家3 | 专家4 | 专家5 | $r_{ij1}$ | $r_{ij2}$ | $r_{ij3}$ | $r_{ij4}$ |
|---|---|---|---|---|---|---|---|---|---|
| $V_{11}$ | 3 | 3 | 3.5 | 2.5 | 3.5 | 0.3650 | 0.4233 | 0.2117 | |
| $V_{12}$ | 3 | 3 | 3 | 2.5 | 3 | 0.3238 | 0.4309 | 0.2453 | 0 |
| $V_{13}$ | 3 | 3 | 3 | 2 | 3 | 0.3133 | 0.4181 | 0.2687 | 0 |

续表

| 指标 | 专家1 | 专家2 | 专家3 | 专家4 | 专家5 | $r_{ij1}$ | $r_{ij2}$ | $r_{ij3}$ | $r_{ij4}$ |
|---|---|---|---|---|---|---|---|---|---|
| $V_{21}$ | 3 | 2 | 3 | 2 | 3 | 0.2933 | 0.3908 | 0.3159 | 0 |
| $V_{22}$ | 3 | 3 | 3.5 | 2.5 | 3.5 | 0.3650 | 0.4233 | 0.2117 | 0 |
| $V_{23}$ | 3 | 2.5 | 3.5 | 3.5 | 3 | 0.3710 | 0.2353 | 0.3937 | 0 |
| $V_{24}$ | 3 | 2.5 | 3 | 3.5 | 4 | 0.3872 | 0.4192 | 0.1936 | 0 |
| $V_{25}$ | 3 | 3.5 | 3 | 2 | 3 | 0.3336 | 0.4136 | 0.2528 | 0 |
| $V_{26}$ | 3 | 3 | 3 | 3.5 | 3 | 0.3540 | 0.4407 | 0.2053 | 0 |
| $V_{27}$ | 3 | 3 | 3.5 | 2.5 | 3.5 | 0.3650 | 0.4233 | 0.2117 | 0 |
| $V_{28}$ | 3 | 2.5 | 4 | 2.5 | 3 | 0.3544 | 0.4093 | 0.2363 | 0 |
| $V_{31}$ | 3 | 3 | 3 | 2.5 | 3 | 0.3238 | 0.4309 | 0.2453 | 0 |
| $V_{32}$ | 2 | 2.5 | 3 | 2.5 | 2.5 | 0.2833 | 0.3774 | 0.3394 | 0 |
| $V_{33}$ | 3 | 3 | 3 | 3.5 | 3 | 0.3540 | 0.4407 | 0.2053 | 0 |
| $V_{34}$ | 3 | 2.5 | 3.5 | 3.5 | 3 | 0.3650 | 0.4233 | 0.2117 | 0 |
| $V_{35}$ | 3 | 2.5 | 3 | 3.5 | 4 | 0.3872 | 0.4192 | 0.1936 | 0 |
| $V_{36}$ | 3 | 3.5 | 3 | 2 | 3 | 0.3336 | 0.4136 | 0.2528 | 0 |
| $V_{37}$ | 3 | 3 | 3 | 3.5 | 3 | 0.3540 | 0.4407 | 0.2053 | 0 |
| $V_{38}$ | 3 | 3 | 3 | 3.5 | 3 | 0.3540 | 0.4407 | 0.2053 | 0 |
| $V_{39}$ | 4 | 3 | 3 | 3 | 3.5 | 0.3979 | 0.4335 | 0.1686 | 0 |
| $V_{41}$ | 3 | 2.5 | 3.5 | 3.5 | 3 | 0.3650 | 0.4233 | 0.2117 | 0 |
| $V_{42}$ | 3 | 2.5 | 3 | 3.5 | 4 | 0.3872 | 0.4192 | 0.1936 | 0 |
| $V_{43}$ | 3 | 3.5 | 3 | 2 | 3 | 0.3336 | 0.4136 | 0.2528 | 0 |
| $V_{44}$ | 3 | 3.5 | 3 | 2 | 3 | 0.3336 | 0.4136 | 0.2528 | 0 |
| $V_{45}$ | 3 | 3 | 3 | 3.5 | 3 | 0.3540 | 0.4407 | 0.2053 | 0 |
| $V_{46}$ | 3 | 3 | 3 | 3.5 | 3 | 0.3540 | 0.4407 | 0.2053 | 0 |
| $V_{47}$ | 2 | 2 | 3 | 1.5 | 2.5 | 0.2518 | 0.3361 | 0.3663 | 0.0458 |
| $V_{48}$ | 3 | 2.5 | 2.5 | 1.5 | 3 | 0.2833 | 0.3774 | 0.2941 | 0.0452 |
| $V_{49}$ | 3 | 2.5 | 2.5 | 2.5 | 2.5 | 0.2933 | 0.3908 | 0.3159 | 0 |
| $V_{410}$ | 3 | 3.5 | 3 | 3.5 | 3.5 | 0.3979 | 0.4335 | 0.1686 | 0 |
| $V_{411}$ | 3 | 3.5 | 2.5 | 3 | 3 | 0.3434 | 0.4277 | 0.2289 | 0 |

资料来源：调查数据经过计算后自制。

### 6.3.2.1 用层次分析法确定评价指标 $U_i$ 和 $V_{ij}$ 的权重

根据本书在第 4 章给出的评价指标之间的权重,确定（$U_1$，$U_2$，$U_3$，$U_4$）的权重：A =（0.2857, 0.2857, 0.1429, 0.2857）；$A_1$ =（0.3333, 0.3333, 0.3333）；$A_2$ =（0.0743, 0.0743, 0.1757, 0.1670, 0.0525, 0.0865, 0.1848, 0.1848）；$A_3$ =（0.0693, 0.0693, 0.1422, 0.0913, 0.1961, 0.1468, 0.1300, 0.0758, 0.0783）；$A_4$ =（0.0731, 0.0916, 0.0778, 0.1178, 0.0940, 0.1178, 0.1178, 0.0489, 0.0731, 0.0940, 0.0940）。

简化为 A =（0.29, 0.29, 0.14, 0.29）；$A_1$ =（0.33, 0.33, 0.33）；$A_2$ =（0.07, 0.07, 0.18, 0.17, 0.05, 0.09, 0.18, 0.18）；$A_3$ =（0.07, 0.07, 0.14, 0.09, 0.20, 0.15, 0.13, 0.08, 0.08）；$A_4$ =（0.07, 0.09, 0.08, 0.12, 0.09, 0.12, 0.12, 0.05, 0.07, 0.09, 0.09）。

### 6.3.2.2 计算灰色评价系数

同理,按照 6.1.2 的计算步骤计算灰色评价系数,得出：当 e = 1 时,$r_{111}$ = 3.70/10.15 = 0.3650；当 e = 2 时,$r_{112}$ = 4.30/10.15 = 0.4233；当 e = 3 时,$r_{113}$ = 2.15/10.15 = 0.2117；当 e = 4 时,$r_{114}$ = 0/10.15 = 0。受评指标 $V_{11}$ 对于各类的灰色评价权向量 $r_{11}$ =（0.3650, 0.4233, 0.2117, 0）。同理,可计算其他 $V_{ij}$ 的灰色评价权向量,最终的计算结果如表 6-4 所示。

### 6.3.2.3 对指标层 $U_1$、$U_2$、$U_3$、$U_4$ 做综合评价

计算结果如式（6-7）所示。

$$B_1 = A_1 \times R_1 = (0.33, 0.33, 0.33) \begin{bmatrix} 0.3650 & 0.4233 & 0.2117 & 0 \\ 0.3238 & 0.4309 & 0.2453 & 0 \\ 0.3133 & 0.4181 & 0.2687 & 0 \end{bmatrix}$$

$$= (0.3327, 0.3203, 0.0944, 0.0000) \tag{6-7}$$

同理,可计算出 $B_2 = A_2 \times R_2$,以及 $B_3 = A_3 \times R_3$，$B_4 = A_4 \times R_4$。

### 6.3.2.4 对准则层做综合评价

计算结果如式（6-8）所示。

$$B = A \times R = (0.3511, 0.3620, 0.1358, 0.0022) \tag{6-8}$$

由最大隶属度原则,可知评价指标属于第二个评价灰类"良"。

#### 6.3.2.5 计算各准则层评价结果和综合评价结果

计算结果如式（6-9）所示。

$$W = B \times C^T = (0.3511, 0.3620, 0.1358, 0.0022) \begin{bmatrix} 4 \\ 3 \\ 2 \\ 1 \end{bmatrix} = 2.7742 \quad (6-9)$$

各准则层评价结果分别为：贷款资产质量评价子系统 $W_1 = B_1 \times C^T = 2.8102$，内部运营状况评价子系统 $W_2 = B_2 \times C^T = 2.9045$，可持续发展条件评价子系统 $W_3 = B_3 \times C^T = 2.9462$，规模/范围/增长评价子系统 $W_4 = B_4 \times C^T = 2.7789$。

### 6.3.3 成都 C 小额贷款股份有限公司绩效综合评价结果与分析

评价结论为：基于对各子系统的评价结果，成都 C 小额贷款股份有限公司在贷款资产质量评价子系统、内部运营状况评价子系统、可持续发展条件评价子系统以及规模/范围/增长评价子系统的评价值分别为 2.8102、2.9045、2.9462、2.7789，其中可持续发展条件评价子系统评价值排名第一，随后依次是内部运营状况评价子系统评价值、贷款资产质量评价子系统评价值以及规模/范围/增长评价子系统评价值，同样，各个子系统间的分数总体差别不大，都属于绩效水平中等的范围。

根据实证分析结果，成都 C 小额贷款股份有限公司绩效具有相对优势，但由计算结果可知，成都 C 小额贷款股份有限公司绩效综合评价值为 2.7789，绩效分值介于"中等"与"良"之间，评价等级偏向"中等"，由此可判断该小额信贷机构绩效表现一般，从表 6-4 中也可看出成都 C 小额贷款股份有限公司的资产回报率和资本回报率仅有 3%，同时新增贷款本息额为负数，由此可见其经营状况一般，但其 2015 年操作自负盈亏率和财务自负盈亏率数值分别为 146%、148%。由此可见，其可持续发展能力较强，同时说明评价结果与企业实际情况相符。

小额信贷机构绩效系统是一个信息不完全的系统。在信息不完备的情况下，多层次灰色评价法通过建立小额信贷机构绩效综合评价模型，提高评价分析的信度和效度。在计算综合评价值时，考虑了各指标的重要程度差别，运用层次分析法确定权重，使评价结果更趋于合理。综合评价结果的准确度如何，取决于评价方法的正确性、评价指标体系设计的合理性,以及权重分配的科学性。

## 6.4 评价案例4——成都D小额贷款有限公司综合绩效评价

### 6.4.1 成都D小额贷款有限公司概况

成都D小额贷款有限公司成立于2014年,公司注册资本3亿元。成都D小额贷款有限公司的股东为集团公司,是其集团公司为完善产业链条,推动集团各产业结构进一步优化,同时探索产业资本与金融资本有效结合的方式,打造"产融结合"新平台背景下成立的小额贷款公司,主要立足于其产业核心业务,为产业链上的大中小企业、小微企业、个体工商户和个人提供多方面的融资服务,进而促进公司发展。

根据成都D小额贷款有限公司2016~2018年的经营数据,其每年平均总资产约3.1亿元,年平均净资产4.2亿元左右,公司自成立后发展较快,年末贷款余额增长幅度超过50%。其贷款资产质量、内部运营情况、可持续发展条件、规模范围及增值等关键指标的趋势如表6-7所示。

表6-7 成都D小额贷款有限公司指标数据

| 指标准则 | 指标意义 | 指标名称 | 2016年 | 2017年 | 2018年 |
| --- | --- | --- | --- | --- | --- |
| 贷款资产质量 | 提供了有关盈利资产的百分比 | 贷款损失率(%) | 0.00 | 6.28 | 5.08 |
| 内部运营情况 | 客户状态 | 活跃贷款客户数 | 211.00 | 137.00 | 163.00 |
|  |  | 客户平均贷款余额(万元) | 187.56 | 284.88 | 307.96 |
|  | 还款率 | 资产收益率(%) | 11.18 | 8.70 | 7.50 |
|  | 生产率与效率 | 贷款周转次数 | 0.03 | 0.02 | 0.04 |
|  | 业务发展速度 | 新增贷款本息额(万元) | 3134.00 | 83954.00 | 8079.00 |

续表

| 指标准则 | 指标意义 | 指标名称 | 2016年 | 2017年 | 2018年 |
|---|---|---|---|---|---|
| 可持续发展条件 | 财务可生存衡量条件 | 财务性自足能力（%） | 100 | 100 | 100 |
| | | 资产回报率（%） | 11.18 | 8.70 | 7.50 |
| | | 资本回报率（%） | 14.70 | 11.89 | 12.59 |
| | 财务可持续衡量条件 | 操作自负盈亏率（%） | 275 | 335 | 258 |
| | | 财务自负盈亏率（%） | 275 | 335 | 258 |
| | | 操作可持续比率（%） | 13.16 | 11.01 | 11.67 |
| 规模/范围/增长情况 | 经营活动规模 | 总资产（万元） | 39432.00 | 41020.00 | 50397.00 |
| | | 贷款规模（万元） | 39576.00 | 39028.00 | 50198.00 |
| | | 现有员工数量（人） | 24 | 22 | 16 |
| | | 流动性比率（%） | 6.61 | 4.70 | 2.77 |
| | 扩张范围深度 | 平均贷款期限 | | | |
| | 增长状态指标 | 是否参与评级 | 是 | 是 | 是 |
| | | 机构发展时间（年） | 2 | 3 | 4 |

资料来源：笔者通过对公司调研获得相关数据。

## 6.4.2 成都D小额贷款有限公司绩效综合评价

同理可循，沿用前文所描述的评价方法，选择5名行业专家针对成都D小额贷款有限公司按所确定的评分等级标准进行打分，并填写专家评分表，随后按照灰色综合评价的流程进行计算，最终计算出各准则层评价结果和综合评价结果。

首先，本书邀请5位经济管理专家及信贷行业专家针对成都D小额贷款有限公司按所确定的评分等级标准进行打分，并填写专家评分表，具体评分如表6-8所示。

表6-8 成都D小额贷款有限公司专家评分表及灰色权向量

| 指标 | 专家1 | 专家2 | 专家3 | 专家4 | 专家5 | $r_{ij1}$ | $r_{ij2}$ | $r_{ij3}$ | $r_{ij4}$ |
|---|---|---|---|---|---|---|---|---|---|
| $V_{11}$ | 3 | 3.5 | 3.5 | 3.5 | 3 | 0.4012 | 0.3754 | 0.2234 | 0 |
| $V_{12}$ | 4 | 3 | 3.5 | 4 | 3.5 | 0.5137 | 0.3964 | 0.0899 | 0 |
| $V_{13}$ | 2.5 | 3 | 3 | 3.5 | 3 | 0.3721 | 0.3518 | 0.2761 | 0 |

续表

| 指标 | 专家1 | 专家2 | 专家3 | 专家4 | 专家5 | $r_{ij1}$ | $r_{ij2}$ | $r_{ij3}$ | $r_{ij4}$ |
|---|---|---|---|---|---|---|---|---|---|
| $V_{21}$ | 3 | 2.5 | 3 | 2.5 | 3.5 | 0.2095 | 0.4104 | 0.3801 | 0 |
| $V_{22}$ | 3 | 3.5 | 3 | 2.5 | 3.5 | 0.4002 | 0.3551 | 0.2447 | 0 |
| $V_{23}$ | 2.5 | 3 | 3 | 3.5 | 4 | 0.5117 | 0.2307 | 0.2576 | 0 |
| $V_{24}$ | 3.5 | 2.5 | 3.5 | 2.5 | 3.5 | 0.3048 | 0.5511 | 0.1031 | 0.0410 |
| $V_{25}$ | 3 | 3.5 | 3 | 2 | 3.5 | 0.4025 | 0.2267 | 0.3708 | 0 |
| $V_{26}$ | 2.5 | 3.5 | 3.5 | 3 | 3 | 0.3956 | 0.2227 | 0.3817 | 0 |
| $V_{27}$ | 3.5 | 4 | 4 | 3 | 3.5 | 0.4234 | 0.4371 | 0.1449 | 0 |
| $V_{28}$ | 3 | 2.5 | 3 | 2.5 | 3 | 0.3034 | 0.3841 | 0.3152 | 0 |
| $V_{31}$ | 3 | 3.5 | 3 | 2.5 | 3.5 | 0.3765 | 0.5011 | 0.1224 | 0 |
| $V_{32}$ | 2 | 2.5 | 3.5 | 2.5 | 3 | 0.3384 | 0.3092 | 0.3024 | 0 |
| $V_{33}$ | 3.5 | 3.5 | 3.5 | 3 | 3.5 | 0.4012 | 0.5177 | 0.0811 | 0 |
| $V_{34}$ | 4 | 3 | 3 | 3.5 | 3 | 0.2933 | 0.3908 | 0.3159 | 0 |
| $V_{35}$ | 3.5 | 3 | 3.5 | 3 | 3 | 0.3979 | 0.4335 | 0.1686 | 0 |
| $V_{36}$ | 3.5 | 4 | 3 | 3.5 | 3.5 | 0.3293 | 0.4123 | 0.2584 | 0 |
| $V_{37}$ | 3.5 | 3 | 3.5 | 3 | 4 | 0.5012 | 0.4001 | 0.987 | 0 |
| $V_{38}$ | 3.5 | 3.5 | 2.5 | 3.5 | 3.5 | 0.4619 | 0.3691 | 0.1690 | 0 |
| $V_{39}$ | 2.5 | 3.5 | 3 | 3 | 3.5 | 0.4040 | 0.5217 | 0.0743 | 0 |
| $V_{41}$ | 3 | 3 | 4 | 3.5 | 3 | 0.3346 | 0.3967 | 0.2687 | 0 |
| $V_{42}$ | 3 | 3.5 | 4 | 3.5 | 3 | 0.2946 | 0.4127 | 0.2707 | 0.0220 |
| $V_{43}$ | 3 | 2.5 | 3 | 2 | 3 | 0.4033 | 0.3952 | 0.2015 | 0 |
| $V_{44}$ | 3 | 3.5 | 3.5 | 3.5 | 3 | 0.2136 | 0.5537 | 0.2327 | 0 |
| $V_{45}$ | 3 | 2.5 | 3 | 2 | 3 | 0.3721 | 0.5013 | 0.1266 | 0 |
| $V_{46}$ | 3.5 | 3.5 | 4 | 3.5 | 3 | 0.5619 | 0.3077 | 0.1304 | 0 |
| $V_{47}$ | 2 | 2 | 3.5 | 2.5 | 2.5 | 0.3706 | 0.3037 | 0.2819 | 0.0438 |
| $V_{48}$ | 3 | 3.5 | 2.5 | 2.5 | 3 | 0.3434 | 0.4277 | 0.2289 | 0 |
| $V_{49}$ | 3.5 | 2.5 | 2.5 | 2.5 | 2.5 | 0.5034 | 0.3793 | 0.1173 | 0 |
| $V_{410}$ | 3 | 3.5 | 3 | 3.5 | 3.5 | 0.4007 | 0.5046 | 0.0947 | 0 |
| $V_{411}$ | 3 | 2.5 | 2 | 3 | 3 | 0.4546 | 0.3721 | 0.1733 | 0 |

资料来源：调查数据经过计算后自制。

同理，类似前述步骤，用层次分析法确定评价指标 $U_i$ 和 $V_{ij}$ 的权重，同理按照 6.1.2 的计算步骤计算灰色评价系数，对指标层（$U_1$，$U_2$，$U_3$，$U_4$）做综合评价，计算结果如表 6-8 所示，进一步对指标层 $U_1$、$U_2$、$U_3$、$U_4$ 做综合评价，结果如式（6-10）所示。

$$B_1 = A_1 \times R_1 = (0.33, 0.33, 0.33) \begin{bmatrix} 0.4012 & 0.3754 & 0.2234 & 0 \\ 0.5137 & 0.3964 & 0.0899 & 0 \\ 0.3721 & 0.3518 & 0.2761 & 0 \end{bmatrix}$$

$$= (0.4131, 0.3981, 0.2307, 0.0019) \quad (6\text{-}10)$$

同理，$B_2 = A_2 \times R_2 = (0.4210, 0.3758, 0.2403, 0.0371)$；$B_3 = A_3 \times R_3 = (0.4706, 0.4491, 0.1279, 0.0476)$；$B_4 = A_4 \times R_4 = (0.4011, 0.3951, 0.2213, 0.0175)$。

#### 6.4.2.1 对准则层做综合评价

计算结果如式（6-11）所示。

$$B = A \times R = (0.4107, 0.4184, 0.2415, 0.0106) \quad (6\text{-}11)$$

由最大隶属度原则，可知评价指标属于第二个评价灰类"良"。

#### 6.4.2.2 计算各准则层评价结果和综合评价结果

计算结果如式（6-12）所示。

$$W = B \times C^T = (0.4107, 0.4184, 0.2415, 0.0106) \begin{bmatrix} 4 \\ 3 \\ 2 \\ 1 \end{bmatrix} = 3.4524 \quad (6\text{-}12)$$

#### 6.4.2.3 计算各准则层评价结果和综合评价结果

各准则层评价结果分别为：贷款资产质量评价子系统 $W_1 = B_1 \times C^T = 3.3016$，内部运营状况评价子系统 $W_2 = B_2 \times C^T = 3.0947$，可持续发展条件评价子系统 $W_3 = B_3 \times C^T = 3.4032$，规模/范围/增长评价子系统 $W_4 = B_4 \times C^T = 3.0201$。

### 6.4.3 成都 D 小额贷款有限公司绩效综合评价结果与分析

评价结论为：基于对各子系统的评价结果，成都 D 小额贷款有限公司在贷款资产质量评价子系统、内部运营状况评价子系统、可持续发展条件评价子系统以及规模/范围/增长评价子系统的评价值分别为 3.3016、3.0947、3.4032、3.0201。其中可持续发展条件评价子系统评价值排名第一，随后依次是贷款资产质量评价子系统评价值、内部运营状况评价子系统评价值以及规模/范围/增长评价子系统评价值，同样，各个子系统间的分数总体差别不大，都属于绩效水平中等的范围。

根据实证分析结果，成都 D 小额贷款有限公司绩效具有相对优势，但由计算结果可知，成都 D 小额贷款有限公司绩效综合评价值为 3.3107，绩效分值介于"良"（3.1110）与"优"（3.6000）之间，评价等级"良"，由此可判断该小额信贷机构绩效良好，从表 6-8 中也可看出成都 D 小额贷款有限公司的资产回报率和资本回报率为 7% 以上，同时新增贷款本息额为负数。由此可见其经营状况一般，但其 2018 年的操作自负盈亏率和财务自负盈亏率数值分别为 258%、258%。由此可见，其可持续发展能力较强，同时说明评价结果与企业实际情况相符。

## 6.5 评价案例 5——成都 E 小额贷款股份有限公司综合绩效评价

### 6.5.1 成都 E 小额贷款股份有限公司概况

成都 E 小额贷款股份有限公司成立于 2010 年，公司注册资本达 3 亿元。成都 E 小额贷款股份有限公司的股东为集团公司，是其集团公司为完善投资金融和准金融领域成立的一家公司。公司为了支持地方经济发展，增加扶持中小微企业业务，充分发挥了小额贷款的灵活、简易、快捷的优势，推出了适合地方金融的特色产品，积极为中小微企业提供信贷服务，解决中小微企业融资难的问题。

根据成都 E 小额贷款股份有限公司 2016~2018 年的经营数据，其每年平均总资产超过 4 亿元，年平均净资产超过 3 亿元，公司自成立后发展平稳，年末贷款余额平均超过 3.5 亿元。其贷款资产质量、内部运营情况、可持续发展条件、规模范围及增值等关键指标的趋势如表 6-9 所示。

表 6-9 成都 E 小额贷款股份有限公司指标数据

| 指标准则 | 指标意义 | 指标名称 | 2016 年 | 2017 年 | 2018 年 |
|---|---|---|---|---|---|
| 贷款资产质量 | 提供了有关盈利资产的百分比 | 贷款损失率（%） | 2.92 | 24.87 | 33.58 |
| 内部运营情况 | 客户状态 | 活跃贷款客户数（人） | 224.00 | 134.00 | 120.00 |
| | | 客户平均贷款余额（万元） | 210.83 | 282.77 | 283.83 |
| | 还款率 | 资产收益率（%） | 8.08 | 2.36 | -7.61 |
| | 生产率与效率 | 贷款周转次数 | 0.03 | 0.02 | 0.02 |
| | 业务发展速度 | 新增贷款本息额（万元） | 77137.00 | 33486.00 | 6973.00 |
| 可持续发展条件 | 财务可生存衡量条件 | 财务性自足能力（%） | 100 | 100 | 100 |
| | | 资产回报率（%） | 8.08 | 2.36 | -7.61 |
| | | 资本回报率（%） | 13.66 | 2.99 | -8.78 |
| | 财务可持续衡量条件 | 操作自负盈亏率（%） | 168 | 117 | 46 |
| | | 财务自负盈亏率（%） | 168 | 117 | 46 |
| | | 操作可持续比率（%） | 11.50 | 2.57 | -8.31 |
| 规模/范围/增长情况 | 经营活动规模 | 总资产（万元） | 50700.00 | 37995.00 | 34605.00 |
| | | 贷款规模（万元） | 47226.00 | 37891.00 | 34059.00 |
| | | 现有员工数量（人） | 27 | 26 | 28 |
| | | 流动性比率（%） | 3.33 | 12.37 | 11.72 |
| | 扩张范围深度 | 平均贷款期限 | | | |
| | 增长状态指标 | 是否参与评级 | 是 | 是 | 是 |
| | | 机构发展时间（年） | 6 | 7 | 8 |

资料来源：笔者通过对公司调研获得相关数据。

## 6.5.2 成都 E 小额贷款股份有限公司绩效综合评价

同理可循，沿用前文所描述的评价方法，选择 5 名行业专家针对成都 E 小额贷款股份有限公司按所确定的评分等级标准进行打分，并填写专家评分表，随后按照灰色综合评价的流程进行计算，最终计算出各准则层评价结果和综合评价结果。

首先，本书邀请5位经济管理专家及信贷行业专家针对成都E小额贷款股份有限公司按所确定的评分等级标准进行打分，并填写专家评分表，具体评分如表6-10所示。

**表6-10 成都E小额贷款股份有限公司专家评分表及灰色权向量**

| 指标 | 专家1 | 专家2 | 专家3 | 专家4 | 专家5 | $r_{ij1}$ | $r_{ij2}$ | $r_{ij3}$ | $r_{ij4}$ |
|---|---|---|---|---|---|---|---|---|---|
| $V_{11}$ | 2.5 | 2.5 | 3 | 3.5 | 3 | 0.3540 | 0.4407 | 0.2053 | 0 |
| $V_{12}$ | 3 | 3 | 2.5 | 2.5 | 3 | 0.2933 | 0.3774 | 0.2941 | 0 |
| $V_{13}$ | 3.5 | 3.5 | 3 | 2.5 | 3 | 0.2413 | 0.3908 | 0.3159 | 0 |
| $V_{21}$ | 3 | 2.5 | 3 | 2.5 | 3 | 0.3979 | 0.4335 | 0.1686 | 0 |
| $V_{22}$ | 3 | 4 | 2.5 | 2.5 | 3.5 | 0.3434 | 0.4277 | 0.2289 | 0 |
| $V_{23}$ | 3 | 2.5 | 3 | 3.5 | 3 | 0.3336 | 0.4136 | 0.2528 | 0 |
| $V_{24}$ | 3.5 | 2 | 3 | 1.5 | 2.5 | 0.3140 | 0.4307 | 0.1953 | 0.600 |
| $V_{25}$ | 3.5 | 3 | 3 | 3.5 | 3.5 | 0.3336 | 0.4136 | 0.2528 | 0 |
| $V_{26}$ | 3 | 2.5 | 3 | 3.5 | 3.5 | 0.3540 | 0.4407 | 0.2053 | 0 |
| $V_{27}$ | 3 | 2.5 | 2.5 | 3 | 3.5 | 0.2933 | 0.3908 | 0.3159 | 0 |
| $V_{28}$ | 3 | 2.5 | 3.5 | 2.5 | 3 | 0.4737 | 0.4211 | 0.1053 | 0 |
| $V_{31}$ | 3.5 | 3 | 3.5 | 2.5 | 3 | 0.3979 | 0.4335 | 0.1686 | 0 |
| $V_{32}$ | 2.5 | 2.5 | 2.5 | 2.5 | 2.5 | 0.2933 | 0.3908 | 0.3159 | 0 |
| $V_{33}$ | 4 | 2.5 | 2.5 | 3 | 3.5 | 0.3336 | 0.4136 | 0.2528 | 0 |
| $V_{34}$ | 3 | 2.5 | 2.5 | 3.5 | 3 | 0.3650 | 0.4233 | 0.2117 | 0 |
| $V_{35}$ | 3 | 2.5 | 2 | 3.5 | 3.5 | 0.5325 | 0.4114 | 0.0561 | 0 |
| $V_{36}$ | 3 | 2.5 | 2 | 2.5 | 3 | 0.4737 | 0.4211 | 0.1053 | 0 |
| $V_{37}$ | 3 | 2.5 | 3 | 3.5 | 3 | 0.5325 | 0.4114 | 0.0561 | 0 |
| $V_{38}$ | 3.5 | 3 | 3.5 | 3.5 | 3 | 0.3650 | 0.4233 | 0.2117 | 0 |
| $V_{39}$ | 3 | 2.5 | 2.5 | 3 | 2.5 | 0.4134 | 0.3847 | 0.2019 | 0 |
| $V_{41}$ | 3 | 2.5 | 2.5 | 3.5 | 3 | 0.3127 | 0.5117 | 0.1756 | 0 |
| $V_{42}$ | 2 | 2.5 | 2.5 | 1.5 | 2.5 | 0.3384 | 0.3092 | 0.3024 | 0 |
| $V_{43}$ | 3 | 2.5 | 2 | 1.5 | 3 | 0.4051 | 0.3307 | 0.2642 | 0 |

续表

| 指标 | 专家1 | 专家2 | 专家3 | 专家4 | 专家5 | $r_{ij1}$ | $r_{ij2}$ | $r_{ij3}$ | $r_{ij4}$ |
|---|---|---|---|---|---|---|---|---|---|
| $V_{44}$ | 3 | 3.5 | 3 | 3.5 | 3 | 0.2617 | 0.4023 | 0.3360 | 0 |
| $V_{45}$ | 3 | 2.5 | 2.5 | 2 | 3 | 0.3133 | 0.4181 | 0.2687 | 0 |
| $V_{46}$ | 3 | 3 | 2 | 2.5 | 2.5 | 0.3544 | 0.4093 | 0.2363 | 0 |
| $V_{47}$ | 2 | 2 | 3 | 2.5 | 2.5 | 0.2807 | 0.4215 | 0.2237 | 0.0741 |
| $V_{48}$ | 3 | 2.5 | 2.5 | 1.5 | 3 | 0.2933 | 0.4081 | 0.2687 | 0.0299 |
| $V_{49}$ | 3 | 2.5 | 2.5 | 2 | 2.5 | 0.2933 | 0.3908 | 0.3159 | 0 |

资料来源：调查数据经过计算后自制。

同理，类似前述步骤，用层次分析法确定评价指标 $U_i$ 和 $V_{ij}$ 的权重，同理按照6.1.2的计算步骤计算灰色评价系数，对指标层 $U_1$、$U_2$、$U_3$、$U_4$ 做综合评价，计算结果如表6-10所示，进一步对指标层 $U_1$、$U_2$、$U_3$、$U_4$ 做综合评价，计算结果如式（6-13）所示。

$$B_1 = A_1 \times R_1 = (0.33, 0.33, 0.33) \begin{bmatrix} 0.3540 & 0.4407 & 0.2053 & 0 \\ 0.2933 & 0.3774 & 0.2941 & 0 \\ 0.2413 & 0.3908 & 0.3159 & 0 \end{bmatrix}$$

$$= (0.3907, 0.3612, 0.2418, 0.0000) \quad (6\text{-}13)$$

同理，$B_2 = A_2 \times R_2 = (0.3708, 0.3634, 0.2419, 0.0249)$；$B_3 = A_3 \times R_3 = (0.4317, 0.3741, 0.2018, 0.0076)$；$B_4 = A_4 \times R_4 = (0.3351, 0.5073, 0.2264, 0.0621)$。

#### 6.5.2.1 对准则层做综合评价

计算结果如式（6-14）所示。

$$B = A \times R = (0.3346, 0.3701, 0.2963, 0.0010) \quad (6\text{-}14)$$

由最大隶属度原则，可知评价指标属于第二个评价灰类"良"。

#### 6.5.2.2 计算各准则层评价结果和综合评价结果

计算结果如式（6-15）所示。

$$W = B \times C^T = (0.3346, 0.3701, 0.2963, 0.0010) \begin{bmatrix} 4 \\ 3 \\ 2 \\ 1 \end{bmatrix} = 2.6307 \quad (6-15)$$

#### 6.5.2.3 计算各准则层评价结果和综合评价结果

各准则层评价结果分别为：贷款资产质量评价子系统 $W_1 = B_1 \times C^T = 2.6511$，内部运营状况评价子系统 $W_2 = B_2 \times C^T = 2.5417$，可持续发展条件评价子系统 $W_3 = B_3 \times C^T = 2.7514$，规模/范围/增长评价子系统 $W_4 = B_4 \times C^T = 2.5143$。

### 6.5.3 成都 E 小额贷款股份有限公司绩效综合评价结果与分析

评价结论为：基于对各子系统的评价结果，成都 E 小额贷款股份有限公司在贷款资产质量评价子系统、内部运营状况评价子系统、可持续发展条件评价子系统以及规模/范围/增长评价子系统的评价值分别为 2.6511、2.5417、2.7514、2.5143，其中可持续发展条件评价子系统评价值排名第一，随后依次是贷款资产质量评价子系统评价值、内部运营状况评价子系统评价值以及规模/范围/增长评价子系统评价值，同样，各个子系统间的分数总体差别不大，都属于绩效水平中等的范围。

根据实证分析结果，成都 E 小额贷款股份有限公司绩效具有相对优势，但由计算结果可知，成都 E 小额贷款股份有限公司绩效综合评价值为 2.5143，绩效分值 W 的值低于 2.7692，该小额信贷机构绩效应该受到质疑。由此可判断该小额信贷机构绩效表现一般，从表 6-9 中也可看出成都 E 小额贷款有限公司 2018 年的资产回报率和资本回报率低于-7%，同时新增贷款本息额为负数。由此可见其经营状况一般，但其 2018 年的操作自负盈亏率和财务自负盈亏率数值分别为 46%、46%。由此可见，其可持续发展能力较弱，同时说明评价结果与企业实际情况相符。

## 6.6 评价案例6——成都F小额贷款有限责任公司综合绩效评价

### 6.6.1 成都F小额贷款有限责任公司概况

成都F小额贷款有限责任公司成立于2014年,公司注册资本达3亿元。成都F小额贷款有限责任公司的股东为集团公司,是其集团公司为服务其产业支持发展其特定行业而成立的小额贷款公司。公司为了支持行业蓬勃发展,扶持中小微企业和个体工商户,制定了适合产业和行业发展的特色产品,积极提供信贷服务,解决企业融资问题。

根据成都F小额贷款有限责任公司2016~2018年的经营数据,其每年平均总资产约为3.4亿元,年平均净资产超过3亿元,公司自成立后平稳发展,每年发放贷款金额稳步增加,年末贷款余额平均超过3亿元。其贷款资产质量、内部运营情况、可持续发展条件、规模范围及增值等关键指标的趋势如表6-11所示。

表6-11 成都F小额贷款有限责任公司指标数据

| 指标准则 | 指标意义 | 指标名称 | 2016年 | 2017年 | 2018年 |
| --- | --- | --- | --- | --- | --- |
| 贷款资产质量 | 提供了有关盈利资产的百分比 | 贷款损失率(%) | 7.31 | 6.44 | 6.90 |
| 内部运营情况 | 客户状态 | 活跃贷款客户数(人) | 60.00 | 1576.00 | 2228.00 |
| | | 客户平均贷款余额(万元) | 348.03 | 17.46 | 17.53 |
| | 还款率 | 资产收益率(%) | 5.29 | 4.43 | 5.25 |
| | 生产率与效率 | 贷款周转次数 | 0.02 | 0.02 | 0.02 |
| | 业务发展速度 | 新增贷款本息额(万元) | 19994.00 | 34182.00 | 64924.00 |

续表

| 指标准则 | 指标意义 | 指标名称 | 2016年 | 2017年 | 2018年 |
|---|---|---|---|---|---|
| 可持续发展条件 | 财务可生存衡量条件 | 财务性自足能力（%） | 100 | 100 | 100 |
| | | 资产回报率（%） | 5.29 | 4.43 | 5.25 |
| | | 资本回报率（%） | 5.66 | 4.84 | 7.10 |
| | 财务可持续衡量条件 | 操作自负盈亏率（%） | 134 | 127 | 165 |
| | | 财务自负盈亏率（%） | 134 | 127 | 165 |
| | | 操作可持续比率（%） | 4.68 | 4.56 | 6.51 |
| 规模/范围/增长情况 | 经营活动规模 | 总资产（万元） | 32101.00 | 32769.00 | 40607.00 |
| | | 贷款规模（万元） | 20882.00 | 27521.00 | 39053.00 |
| | | 现有员工数量（人） | 31 | 42 | 44 |
| | | 流动性比率（%） | 68.22 | 34.23 | 5.10 |
| | 扩张范围深度 | 平均贷款期限 | | | |
| | 增长状态指标 | 是否参与评级 | 是 | 是 | 是 |
| | | 机构发展时间（年） | 2 | 3 | 4 |

资料来源：笔者通过对公司调研获得相关数据。

## 6.6.2 成都F小额贷款有限责任公司绩效综合评价

同理可循，沿用前文所描述的评价方法，选择5名行业专家针对成都F小额贷款有限责任公司按所确定的评分等级标准进行打分，并填写专家评分表，随后按照灰色综合评价的流程进行计算，最终计算出各准则层评价结果和综合评价结果。

首先，本书邀请5位经济管理专家及信贷行业专家针对成都F小额贷款有限责任公司按所确定的评分等级标准进行打分，并填写专家评分表，具体评分如表6-12所示。

**表6-12 成都F小额贷款有限责任公司专家评分表及灰色权向量**

| 指标 | 专家1 | 专家2 | 专家3 | 专家4 | 专家5 | $r_{ij1}$ | $r_{ij2}$ | $r_{ij3}$ | $r_{ij4}$ |
|---|---|---|---|---|---|---|---|---|---|
| $V_{11}$ | 4 | 3 | 3.5 | 3.5 | 3.5 | 0.5034 | 0.3793 | 0.1173 | 0 |
| $V_{12}$ | 3 | 3 | 3.5 | 2.5 | 3 | 0.2933 | 0.3908 | 0.3159 | 0 |

续表

| 指标 | 专家1 | 专家2 | 专家3 | 专家4 | 专家5 | $r_{ij1}$ | $r_{ij2}$ | $r_{ij3}$ | $r_{ij4}$ |
|---|---|---|---|---|---|---|---|---|---|
| $V_{13}$ | 3 | 3 | 3 | 2 | 3 | 0.3979 | 0.4335 | 0.1686 | 0 |
| $V_{21}$ | 3 | 2.5 | 3 | 2 | 3 | 0.2833 | 0.3774 | 0.3394 | 0 |
| $V_{22}$ | 3 | 3 | 3.5 | 2.5 | 3.5 | 0.3650 | 0.4233 | 0.2117 | 0 |
| $V_{23}$ | 3 | 3.5 | 3.5 | 3.5 | 3 | 0.3650 | 0.4233 | 0.2117 | 0 |
| $V_{24}$ | 3 | 2.5 | 3 | 3.5 | 4 | 0.3721 | 0.3518 | 0.2761 | 0 |
| $V_{25}$ | 3.5 | 3.5 | 2 | 2.5 | 3 | 0.2095 | 0.4104 | 0.3801 | 0 |
| $V_{26}$ | 3 | 3 | 3 | 3.5 | 3 | 0.3979 | 0.4335 | 0.1686 | 0 |
| $V_{27}$ | 3 | 3 | 3.5 | 2.5 | 3.5 | 0.3650 | 0.4233 | 0.2117 | 0 |
| $V_{28}$ | 3 | 2.5 | 4 | 2.5 | 3 | 0.3872 | 0.4192 | 0.1936 | 0 |
| $V_{31}$ | 3 | 2 | 3 | 2.5 | 3 | 0.4040 | 0.5217 | 0.0743 | 0 |
| $V_{32}$ | 2 | 2.5 | 3 | 2.5 | 2.5 | 0.3238 | 0.4309 | 0.2453 | 0 |
| $V_{33}$ | 2.5 | 2.5 | 3 | 3.5 | 3 | 0.3650 | 0.4233 | 0.2117 | 0 |
| $V_{34}$ | 3 | 2.5 | 3.5 | 3.5 | 3 | 0.3710 | 0.2353 | 0.3937 | 0 |
| $V_{35}$ | 3 | 2.5 | 2.5 | 3.5 | 4 | 0.3034 | 0.3841 | 0.3152 | 0 |
| $V_{36}$ | 3 | 3.5 | 3 | 2.5 | 3 | 0.3765 | 0.5011 | 0.1224 | 0 |
| $V_{37}$ | 3 | 2.5 | 3 | 3.5 | 3 | 0.4517 | 0.3316 | 0.2167 | 0 |
| $V_{38}$ | 3 | 3 | 3 | 3.5 | 3 | 0.3540 | 0.4407 | 0.2053 | 0 |
| $V_{39}$ | 3 | 3 | 3.5 | 3 | 3 | 0.5619 | 0.3077 | 0.1304 | 0 |
| $V_{41}$ | 3 | 3 | 3 | 3 | 3 | 0.5619 | 0.3077 | 0.1304 | 0 |
| $V_{42}$ | 3.5 | 2.5 | 3 | 3.5 | 4 | 0.5034 | 0.3793 | 0.1173 | 0 |
| $V_{43}$ | 3 | 3.5 | 3 | 2 | 3 | 0.4107 | 0.4935 | 0.0958 | 0 |
| $V_{44}$ | 3 | 3.5 | 3.5 | 2 | 3 | 0.4546 | 0.3721 | 0.1733 | 0 |
| $V_{45}$ | 3.5 | 2.5 | 3 | 3.5 | 3 | 0.3526 | 0.3331 | 0.3143 | 0 |
| $V_{46}$ | 3 | 3.5 | 3 | 3.5 | 3 | 0.4001 | 0.3824 | 0.2175 | 0 |
| $V_{47}$ | 2.5 | 2.5 | 3 | 1.5 | 2.5 | 0.3058 | 0.3792 | 0.2371 | 0.0779 |
| $V_{48}$ | 2.5 | 2.5 | 2.5 | 1.5 | 3 | 0.2533 | 0.4074 | 0.2831 | 0.0562 |
| $V_{49}$ | 3 | 2.5 | 2 | 2.5 | 2 | 0.3540 | 0.4407 | 0.2053 | 0 |
| $V_{410}$ | 3.5 | 3 | 3 | 3.5 | 3.5 | 0.3650 | 0.4233 | 0.2117 | 0 |
| $V_{411}$ | 3 | 3.5 | 2.5 | 3.5 | 3 | 0.3544 | 0.4093 | 0.2363 | 0 |

资料来源：调查数据经过计算后自制。

同理，类似前述步骤，用层次分析法确定评价指标 $U_i$ 和 $V_{ij}$ 的权重，同理按照 6.1.2 的计算步骤计算灰色评价系数，对指标层 $U_1$、$U_2$、$U_3$、$U_4$ 做综合评价，计算结果如表 6-12 所示，进一步对指标层 $U_1$、$U_2$、$U_3$、$U_4$ 做综合评价，结果如式（6-16）所示。

$$B_1 = A_1 \times R_1 = (0.33, 0.33, 0.33) \begin{bmatrix} 0.5034 & 0.3793 & 0.1173 & 0 \\ 0.2933 & 0.3908 & 0.3159 & 0 \\ 0.3979 & 0.4335 & 0.1686 & 0 \end{bmatrix}$$

$$= (0.4021, 0.3713, 0.2266, 0.0000) \qquad (6-16)$$

同理，$B_2 = A_2 \times R_2 = (0.4009, 0.3536, 0.2311, 0.0144)$；$B_3 = A_3 \times R_3 = (0.4621, 0.4137, 0.1134, 0.0108)$；$B_4 = A_4 \times R_4 = (0.3697, 0.4121, 0.2161, 0.0021)$。

#### 6.6.2.1 对准则层做综合评价

计算结果如式（6-17）所示。

$$B = A \times R = (0.4013, 0.4111, 0.1903, 0.0027) \qquad (6-17)$$

由最大隶属度原则，可知评价指标属于第二个评价灰类"良"。

#### 6.6.2.2 计算各准则层评价结果和综合评价结果

计算结果如式（6-18）所示。

$$W = B \times C^T = (0.4013, 0.4111, 0.1903, 0.0027) \begin{bmatrix} 4 \\ 3 \\ 2 \\ 1 \end{bmatrix} = 3.0107 \qquad (6-18)$$

#### 6.6.2.3 计算各准则层评价结果和综合评价结果

各准则层评价结果分别为：贷款资产质量评价子系统 $W_1 = B_1 \times C^T = 3.0017$，内部运营状况评价子系统 $W_2 = B_2 \times C^T = 2.8981$，可持续发展条件评价子系统 $W_3 = B_3 \times C^T = 3.1014$，规模/范围/增长评价子系统 $W_4 = B_4 \times C^T = 2.9137$。

### 6.6.3 成都 F 小额贷款有限责任公司绩效综合评价结果与分析

评价结论为：基于对各子系统的评价结果，成都 F 小额贷款有限责任公司在贷款资产质量评价子系统、内部运营状况评价子系统、可持续发展条件评价子系统以及规模/范围/增长评价子系统的评价值分别为 3.0017、2.8981、3.1014、2.9137，其中可持续发展条件评价子系统评价值排名第一，随后依次是贷款资产质量评价子系统评价值、规模/范围/增长评价子系统评价值以及内部运营状况评价子系统评价值，同样，各个子系统间的分数总体差别不大，都属于绩效水平中等的范围。

根据实证分析结果，成都 F 小额贷款有限责任公司绩效具有相对优势，但由计算结果可知，成都 F 小额贷款有限责任公司绩效综合评价值为 3.0107，绩效偏向于"良"（3.1110），由此可判断该小额信贷机构绩效为良。从表 6-11 中也可看出成都 F 小额贷款有限责任公司 2018 年的资产回报率和资本回报率达到 5% 以上，其 2018 年的操作自负盈亏率和财务自负盈亏率数值分别为 165%、165%。由此可见，其可持续发展能力较强，同时说明评价结果与企业实际情况相符。

小额信贷机构绩效系统是一个信息不完全的系统。在信息不完备的情况下，多层次灰色评价法通过建立小额信贷机构绩效综合评价模型，提高评价分析的信度和效度。在计算综合评价值时，考虑了各指标的重要程度差别，运用层次分析法确定权重，使评价结果更趋于合理。综合评价结果的准确度如何，取决于评价方法的正确性，评价指标体系设计的合理性，以及权重分配的科学性。

## 6.7　小额信贷机构绩效优化策略

通过建立小额信贷机构绩效相关模型检验以及实证评价体系，可以得出第三方评级有助于小额信贷机构绩效改善，评级不仅与机构财务绩效相互影响促进，并且对机构社会绩效有显著影响。因此，我们应该积极大力推进我国小额信贷评级市场的发展，力求我国小额信贷评级事业准确化和规范化，促使我国小额信贷机构蓬勃发展，提升小额信贷机构绩效。根据上文所述，评价指标体系既包括了财务指标，又包含了顾客角度、内部流程、学习和成长的业务指标，使组织能够一方面追踪财务结果，另一方面密切关注能使企业提高能力并获得未来增长潜力的无形资产等方面的进展。小额信贷机构通过贷款资产质量、内部运营状况、可持续发展、条件经营活动等多方面相互驱动发展，达到企业财务绩效、社会绩效等上升的目的（如图 6-1 所示）。

## 第6章 小额信贷机构绩效综合评价

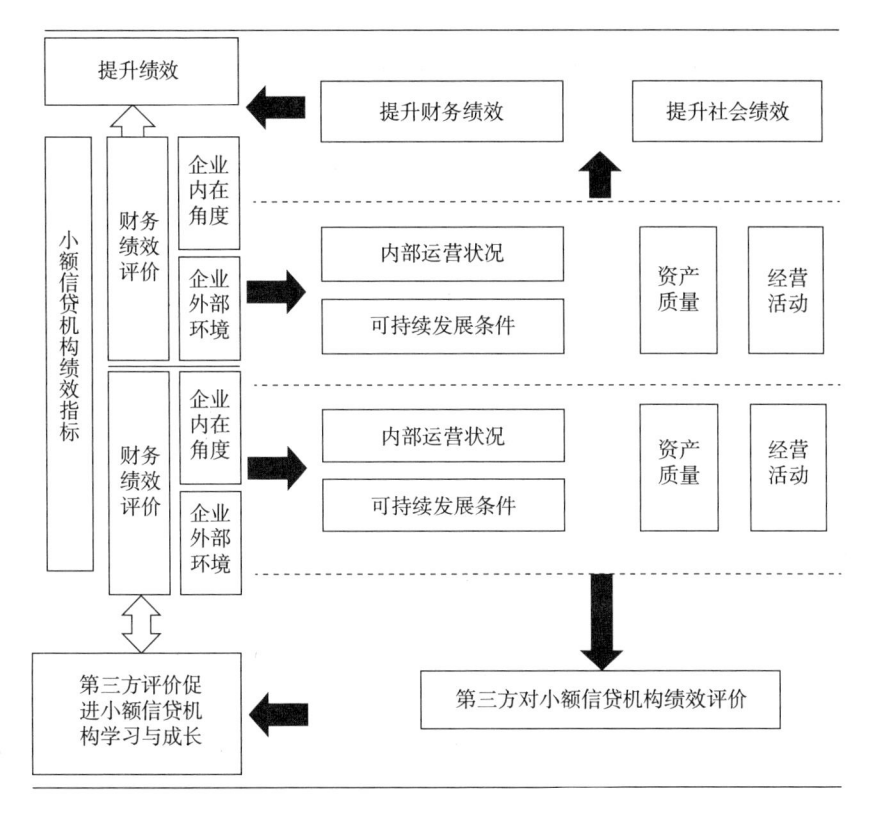

**6-1 小额信贷机构绩效关系**

资料来源：笔者通过评价结果分析所得。

我国的小额信贷机构基本处于创业成长阶段，从组织发展的重心来看，我国小额信贷机构重心在于迅速抢占市场、扩大市场份额，追求的是高市场覆盖率和低还款风险双重目标；从资金来源看，我国小额信贷机构面临资金来源枯竭的问题，在可持续发展上面临着严重的挑战；从内部运营来看，我国小额信贷机构面临管理效率低、创新能力不足、应对市场变化冲击较差等挑战；从经营活动来看，我国小额信贷机构虽在客观上扶持了部分贫困人口，解决了融资贷款难的中小型企业融资的问题，但是在主观上缺乏对其自身绩效的有力评估，无法合理进行市场定位并采取有效战略战术和措施以改善自身的经营活动。因此，引入第三方评级机构对我国小额信贷机构进行评价，通过客观评价提出有效的绩效管理优化策略，对提升其财务绩效与社会绩效有着至关重要的影响。

### 6.7.1 小额信贷财务绩效提升策略

小额信贷机构财务绩效的提升是实现自身功能的重要前提。从企业内在角度来看，大多小额信贷机构能够实现经营自负盈亏，但是自负盈亏率水平普遍不高。结合前文分析，经营自负盈亏率是小额信贷机构经营收入与经营总费用之比，若该值大于1，表明该机构是经营可持续的，经营收入足以覆盖机构经营所产生的费用；反之则不然。据可靠数据显示，我国小额信贷机构中有接近50%的机构经营自负盈亏率分布在1.0~1.25，还有50%以上的小额信贷机构难以实现经营的可持续发展。经营无法实现可持续发展说明轻微的外部环境变化可能导致小额信贷机构陷入财务困境。可见，还要通过分析小额信贷机构的内部因素和外部环境，制定提升小额信贷财务绩效的策略。

从外在环境来看，我国小额信贷机构在财务绩效提升方面还面临诸多问题。首先，资金来源、贷款规模受外部金融环境影响较大，从而导致我国小额信贷机构利润率普遍偏低；其次，由于我国不同地区，不同省市经济发展严重不均衡，导致我国小额信贷机构在财务绩效提升方面也受到我国不同经济地区、不同省市经济发展的局限；最后，由于小额信贷市场存在严重信息不对称，且我国对于小额信贷市场规范尚属起步阶段，没有有效规范市场信息不对称的相关法律法规，使小额信贷机构在风险管理方面捉襟见肘。

针对上述小额信贷机构的企业内部与外在环境所面临的诸多难题，且结合本书前述章节的分析，提出针对我国小额信贷机构财务绩效优化的政策建议。

#### 6.7.1.1 企业内在角度

从机构操作成本、机构运作有效性、风险控制能力和金融产品集成创新性等方面入手，针对我国小额信贷机构在企业内部运营的角度，对财务绩效的可持续性发展，提出具体的管理优化策略，如图6-2所示。

（1）优化服务流程，削减运营成本。小额信贷企业运营中所产生的成本主要由三部分组成，即操作成本、财务成本、风险成本（贷款损失准备金）。服务流程的优化也主要针对成本所产生的相应环节的优化。其中操作成本是比重最大的部分，因此如何优化服务流程、缩减不必要的操作成本是提高小额信贷机构财务绩效的关键。

与国外的小额信贷机构相比，中国小额信贷组织的操作成本不高，因为占成本开支比重很高的员工工资低。抛开这个因素，降低成本的潜力仍然巨大。

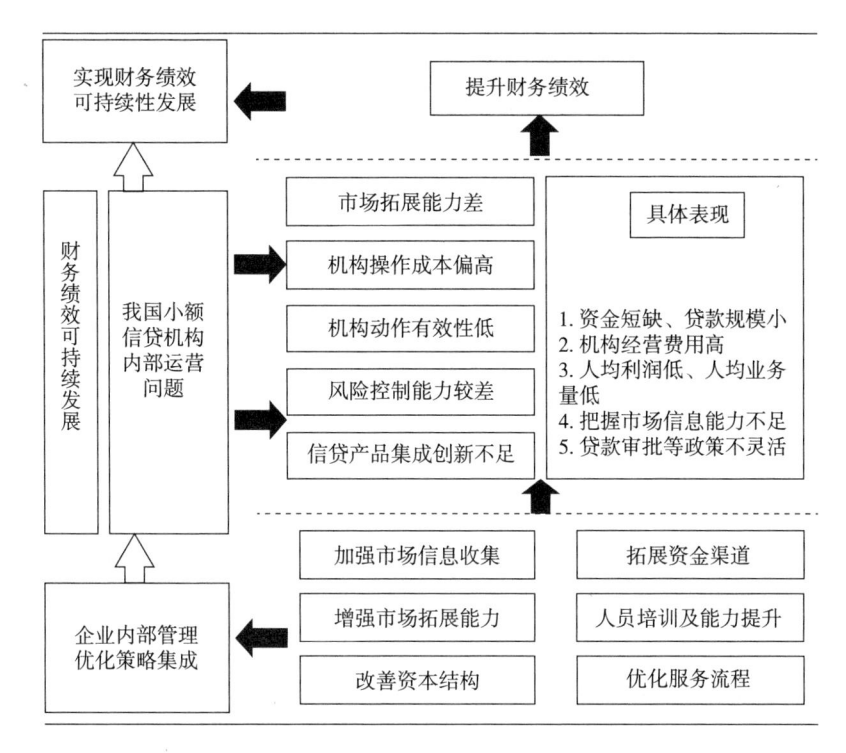

# 第 6 章 小额信贷机构绩效综合评价

**图 6-2　小额信贷机构财务绩效内在环境优化策略**

资料来源：笔者通过评价结果分析所得。

影响操作成本的最为敏感的因素是劳动生产率。小额信贷属于劳动密集型产业，其表现之一是在它的操作成本中，员工工资占很高比重，通常占 50%~60%，甚至更高。所以，控制工资总额而不是控制员工工资水平是最有效的办法，提高劳动生产率容易帮助实现这个目标。许多典型调查表明，中国公益性小额信贷机构在这方面的潜力非常大。另一个对操作成本有影响的因素是小额信贷机构的规模，规模大才可以实现规模效益。中国小额信贷机构的规模都非常小，要提高其财务绩效势必要扩大小额信贷机构的规模。关于在中国多大的资金规模是实现营业自足率的最低要求，有研究认为 500 万元的贷款余额是盈亏平衡点。此外，建立完善的财务制度也是降低成本的重要途径。完善的财务制度有助于机构对过去的经营状况进行分析，以便及时地发现问题并加以改正，有助于增进外界对机构的了解，增加机构的客户。另外，这也对机构形成一定的压力，督促机构不断改善自身制度建设。

风险成本的高低也直接影响小额信贷机构的财务绩效。风险发生的直接结果是降低信贷资产的质量,导致坏账,侵蚀机构的信贷资金,严重影响可持续性发展。降低小额信贷机构的不良贷款率是削减风险成本的主要途径,必须提高小额信贷的操作管理水平,增强风险补偿机制,才能保证其可持续发展。

财务成本的削减也是提高小额信贷机构财务可持续性的途径之一。通过国家的税收优惠政策,如对小额信贷给予减免营业税与所得税,来减少财务成本。

(2)增强市场拓展能力。针对我国小额信贷机构资金来源单一,有必要提高市场拓展能力,开辟新的融资渠道。吸收国内外捐赠、政府扶贫资金、自由资金以及提高盈利积累能力,规避不稳定资金来源,提高贷款还款率,消除坏账、呆账。有效拓展信贷规模,从而提高利润率,为提高盈利积累提供利润保证。

(3)增强市场信息收集,抵御风险。小额信贷市场上的借贷双方存在严重信息不对称性,会导致贷款还款率低,出现坏账、呆账的可能性大等风险。引入第三方机构审核财务报表,对客户进行合理的信用评级在一定程度上可以缓解贷款者和借贷者之间的信息不对称,小额信贷机构依据第三方评级机构所提供的财务报表数据、信用评级数据等信息发放贷款,增强财务绩效的可持续发展能力。

(4)加强员工培训及能力提升,增强金融产品集成创新。针对小额信贷机构员工进行业务及拓展培训,增强员工的市场拓展能力、沟通能力及贷款业务能力,为财务绩效的可持续发展提供人力资源保证。通过不同的培训,能够有效提高小额信贷机构业务人员创造利润的能力,有效节约在业务开展时由于人为因素所产生的额外操作成本(如业务不熟练等而造成客户流失),提高机构运营效率。在培训提升员工能力的基础上,加强对企业金融产品的集成创新,增强小额信贷机构企业的市场竞争力。

(5)改善资本结构,拓展资金渠道。目前,我国小额信贷机构的资金来源单一,致使其可持续性发展动力不足。多数项目处于需要外来资金注入或需要部分补贴的阶段。我国小额信贷资金来源主要是政府的扶贫资金,其数量有限、品种单一,其他诸如公开吸收储蓄、基金储蓄、代扣罚金和吸收入股等国际上常见的储蓄形式中国都比较少或者没有;而且中国小额信贷资金来源容易受到政府的影响,受金融政策的制约(如存款利率、吸收存款的政策与金融机构等)。由于没有组织自愿存款,因而缺少稳定的资金来源渠道。并且中国小额信贷项目资产的回报率较低,向农户收取的利率(年利率为10%~16%)与国际上成功的小额信贷项目实际利率(35%~50%)有很大差距,项目一旦离开外来的补贴或援助就很难维持下去。

## 第6章 小额信贷机构绩效综合评价

关于小额信贷的资金来源问题，最终需要通过市场化运营来解决。通过一定的政策支持，促进小额信贷走上市场化运作轨道，吸引国内外的社会资金投入到小额信贷中。对于非政府组织小额信贷机构来说，主要靠国外捐赠、自有资金和盈利积累，但是受利率和还款率的影响，仅依靠盈利来扩大资金来源是不够的，充其量能进行"简单再生产"。因此，有必要颁布相关政策，允许其吸收存款，壮大自身实力。除此之外，国家还应在税收、财政等方面给予非政府组织小额信贷机构适当的优惠，使它们有足够的资金用于贷款发放。也有学者认为，政府可以拿出一部分扶贫资金委托给非政府组织小额信贷机构管理，以扩大其本金规模和服务覆盖面。另外，政府还可以鼓励公益信托，将公益信托引入小额信贷扶贫领域。

（6）协调社会目标与财务目标。在上文已经讨论过小额信贷机构的双重目标，即服务穷人和实现机构可持续发展。如何在做到可持续的基础上又保证不偏离为穷人服务的目标，这是小额信贷机构治理中要面临的重要问题。特别是在公益性组织向正规金融机构转化的过程中，引发了对机构"宗旨和目标偏移"的担忧，即担心随着商业化的深入，公益性组织会放弃它们以往的贫困客户。本书研究发现小额信贷覆盖的广度与财务绩效指标呈正向关系，而覆盖的深度（服务人群的贫困程度）却与财务绩效存在一定程度的矛盾。"目标偏移"的可能性的确存在，但也不是必然的结果。某些情况下，平均贷款额度随着小额信贷机构的发展而增加，且变得越来越商业化，表明较富有的客户被纳入服务范围，但这并不意味着贫困客户被抛弃，而且贫困客户的绝对数可能随着机构规模的扩大而增加。

为了避免"目标偏移"的出现，本书认为应对小额信贷机构加以引导和监管。首先，不同类型机构服务的目标客户收入水平具有差异，产品的范围也有所不同。公益性小额信贷机构致力于服务最贫困的人群，一般定为在偏远农村；而村镇银行的服务范围和服务人群的收入水平较公益性组织都要高；贷款公司产品单一，通常定位在城市。因此，国家管理部门可以将过去的直接补贴转变为税收调节手段，如为了鼓励深度扶贫，对不同小额信贷机构实行差异税率，根据它们服务人群的贫困程度或综合社会绩效给予税收优惠。其次，为了有利于国家的监管，相关部门需要制定合理的绩效评价体系。因为小额信贷机构的目标具有双重性，因此在评价其绩效的时候，不能采取评价公司绩效的方法，单纯地从财务角度衡量其好坏。绩效评价体系应该同时考核财务绩效和社会绩效，参考国际先进的评价体系，结合我国小额信贷发展水平制定统一又分层级的小额信贷机构绩效评价体系。统一的评价体系有利于整体监管相互比较，同时也应该考虑到一些不同类别的具体特点加以区分，如新的小额信贷机构新成立的机构在管理程序和政策的规范性上可能会得分更低。最后，从小额信贷机构自身而言，应该专注于自身的使命，从提高管理效率、加强风险管理等方面入手，弥补深度扶贫可能带来的成本。

#### 6.7.1.2 外在环境方面

通过对小额信贷面临的外部环境、政策以及监管条件的分析，对小额信贷机构财务绩效提升策略提出建议。

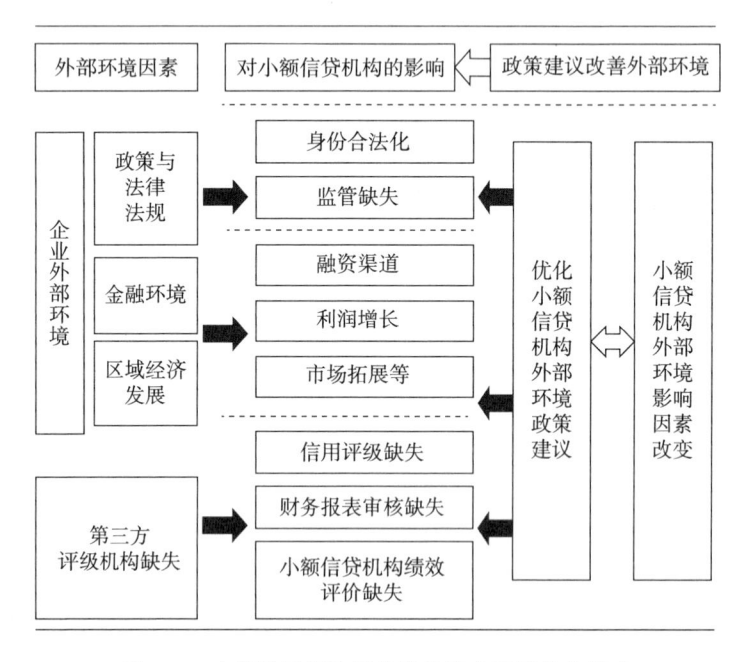

**图 6-3 小额信贷机构财务绩效外在环境优化策略**

资料来源：笔者通过评价结果分析所得。

（1）取消利率管制。小额信贷要实现财务上的可持续发展，则其收入需要覆盖成本，而收入的最主要来源是利息收入，因此利息率的高低对于小额信贷机构至关重要。小额信贷与银行一般贷款的操作程序不同，有额度小、成本高的特点，需要较高的存贷利差才能弥补操作成本。世界银行扶贫协商小组（CGAP）在《利率上限与小额信贷》中指出，未设利率上限规定的国家的小额信贷的市场占有率要远远高于利率管制的国家。利率上限的存在，使小额信贷机构难以覆盖其高运作成本，所以减少了小额信贷的供给。中国对存贷款利率仍实行严格控制，利率控制使目前大部分小额信贷机构收取的利率不能补偿操作费用。目前小额信贷机构一般通过分期还款、适当加收管理费等方式间接提高利率,多数非政府组织小额信贷机构实际收取的利率已高于中央银行确定的基准利率。从表面上看,利率政策似乎并没有制约非政府组织专业性小额信贷机构的发展,但是所有小额信贷机构的这些内部调整缺乏法律保障。

要促进小额信贷机构的可持续发展,就需要稳步推进小额信贷利率市场化。现有的小额信贷除了农村信用社的贷款利率可以在基准利率2~3倍内浮动,央行特批的6省区试点地区可以在基准利率4倍内浮动,其余的只能按照商业贷款基本利率计算。在政策允许的范围内,小额信贷机构应该制定适当的利率,以保证其短期和长期的持续经营。国内外小额信贷实践的经验表明,获取贷款对于小额信贷的目标客户比费用本身更重要。小额信贷的目标群体是低收入的农户和微小企业主,他们对金融服务的需求是高度非弹性的。相对大幅度的利率上升将导致相对小幅度的贷款需求减少,因为小额信贷让目标群体可以借助相对正规的途径而不是非正规甚至非法金融市场筹集资金。低利率妨碍了小额信贷的持续发展并且导致目标群体偏离。

国际经验表明,只有在市场化利率条件下,小额信贷才能达到商业可持续。对于一直存在利率上限的中国,短时间内取消利率上限是困难的。在发展中国家,人们特别是低收入阶层习惯了低利率信贷,对市场化利率有一个循序渐进的接受过程。此外,发展中国家的大多数借款者往往借款额度小,因此正规金融机构和小额信贷机构的目标群体并不如想象中区别分明,即使政府对小额信贷取消了利率限制,较低的资本要求和较高的利率可能会使小额信贷客户流失。因此,逐渐稳步推进利率市场化对商业化可持续小额信贷发展有积极作用。

(2) 宏观环境的改善。首先,需要合法身份。由于小额信贷属于金融业务,需要政府的特别批准。非政府小额信贷机构不具备一般经济实体所具有的融资资格,无法通过吸收自愿储蓄持续筹集相对低廉的资金,也不能从正规金融机构进行融资来扩大自己的业务规模。因此,解决公益性小额信贷机构的合法地位问题是发展可持续小额信贷机构道路上需要扫除的一道障碍,需要尽快出台信贷业务准入的相关规章制度。信贷行为的准入管理应相对简单,并确保较高的透明度,可采用工商注册制。

其次,需要加强监管。监管缺失也是影响我国小额信贷产业发展的重要原因。确立我国小额信贷监管的框架,对于防范金融风险,促进小额信贷的健康发展,进而促进农村经济的发展有很重要的意义。

和国际权威的建议进行对比,我国的小额信贷监管法律和政策环境有待完善。应该构建适合我国小额信贷机构发展水平的监管框架,综观国内外小额信贷机构的发展模式和监管框架，一般具备比较清晰的监管思路和法律框架，而且在金融监管框架中，特别强调小额信贷机构的灵活性和创新性；而不具备对于小额信贷机构的明确的法律框架，小额信贷机构会受到过多的外界干预和行政性控制，过度的金融抑制措施使小额信贷机构的发展空间受到限制。本书认为小额信贷监管框架的设计必须符合以下几个基本原则：

一是非谨慎性监管。监管可分为审慎性监管和非审慎性监管，当监管的目标是维护整个金融体系的稳定并且保护存款人存款的安全时，监管是审慎的。而非审慎性监管，如利率或者控股股东的信息披露，通常可以自我实施和利用相关的法规来实施。因此，应避免把审慎性监管用于非审慎的目的。审慎性监管的目的是维护金融体系的安全和保护存款人的合法利益。由于只贷不存的小额信贷机构不涉及存款人利益的保护，从而也不存在所谓的"挤兑效应"，故不应当对其进行审慎性管制，只需要对其进行非审慎的管制。非审慎管制是为小额信贷机构设计行为准则，包括信贷业务准入、防止欺诈和金融犯罪、建立信用服务体系、利率限制等。我国发放小额信贷的机构除了农村信用社是依靠存款来为其融资外，其他大多为只贷不存的机构。对于这些小额信贷机构，目前只适用于非审慎性管制。

二是激励兼容的原则。监管框架的设计必须有利于调动小额信贷机构、投资人、捐赠人和其他批发性贷款者的积极性，激励他们更多地投入小额信贷机构的发展，而不是通过法律框架遏制这种投入。

三是成本收益原则。监管框架的设计首先必须考虑到小额信贷机构所付出的成本，其次还要考虑到监管者的监管成本。如果监管框架的设计过于烦琐，既超过了被监管者的承受能力，也超过了监管者的监管能力，那么这样的监管框架或者形同虚设，或者最终归于失败。

四是区分原则。监管框架的设计必须与现有各类小额信贷机构的实际性质和类别相适应，区分不同的小额信贷机构进行不同的监管，其监管模式和监管内容也应该有所区别。

五是基于风险的自我监管与和外部强制管理相结合的原则。小额信贷金融机构必须在监管框架中更多地鼓励小额信贷机构自我监管，使其有动力在内部风险管理的基础上进行自我监督，有效进行预防性内部监管。实际上，多数情况下，银行业的管理是由银行与同业组织进行的自我管理，但是，如果完全依靠金融机构的自我约束，则无法避免不负责任的冒险经营行为和道德风险。因而，要遵循自我约束和外部强制管理相结合的原则。

六是行业自律原则。考虑控制监管成本，应尽量鼓励建立行业性的自律组织，利用这些行业自律组织对小额信贷机构进行信用评级、资产评级、业务监管和信息披露。行业自律对于小额信贷这种非正式的非银行类机构极为有效。

#### 6.7.1.3 中介机构

一个产业的发展壮大需要为之服务的大量中介机构的介入,从国际小额信贷发展经验可以看出,小额信贷产业要发展,配套的技术服务机构、信息交流机构、资金批发机构以及评级机构等必不可少。这些机构都是促进小额信贷机构发展的推动力量。在中国,已经有一些机构初步形成了批发资金中介的雏形。但公益性小额信贷资金的短缺已经成为其持续发展的一个"瓶颈",因此中国需要这样的"资金蓄水池"。

### 6.7.2 小额信贷机构社会绩效管理的建议

对于小额信贷机构的评价不仅停留于财务绩效上,社会绩效也是本书所关注的重要因素。社会绩效的可持续发展不仅可以增加小额信贷机构的财务绩效,而且可以增强小额信贷机构的竞争力与品牌影响力。为了使小额信贷机构在社会绩效方面可持续发展,本书从三个不同的角度提出相应的管理建议,即企业角度、政府角度以及不同社会人群的角度,如图6-4所示。

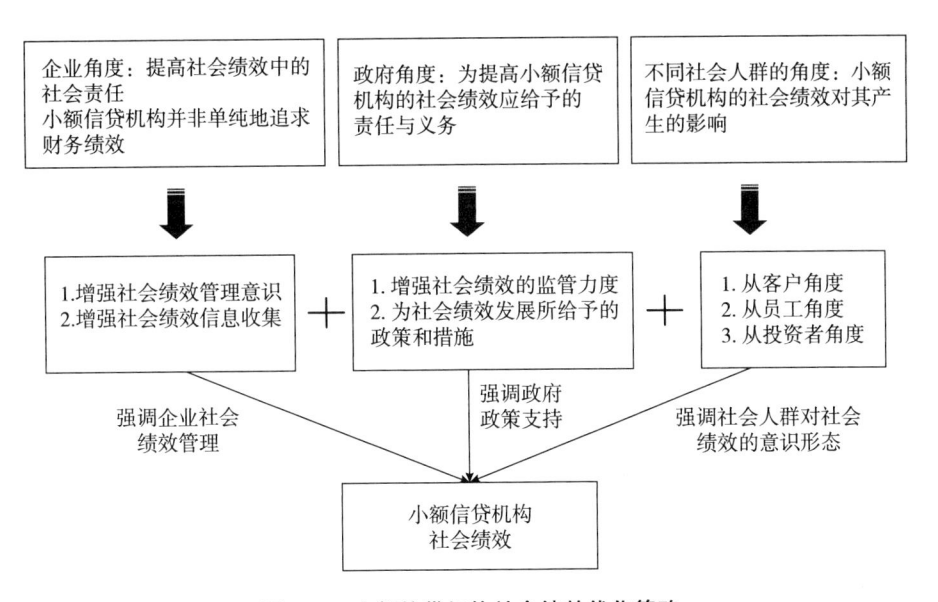

**图 6-4　小额信贷机构社会绩效优化策略**

资料来源:笔者通过评价结果分析所得。

#### 6.7.2.1 企业角度

(1) 小额贷款机构需要增强社会绩效管理意识。要进行社会绩效评估工作，小额贷款公司的投资人和其他利益相关者应逐渐转变观念，将社会绩效和财务绩效作为评价公司业绩的两个同等重要的标准，因为良好的社会绩效不仅有利于小额贷款公司吸引更多的投资，获得更多的政策支持，而且也有利于提升其财务绩效，实现可持续发展。

(2) 小额贷款机构需要加强社会绩效信息的收集。小额贷款机构应建立与社会绩效评估相关联的信息管理系统，完善社会绩效评估信息的收集和归档工作，不仅要指派专人负责（如设立社会绩效信息专员），还要加强对信贷员进行社会绩效信息收集方面的培训，使信贷员在走访客户和发放贷款过程中收集相关信息。对于已经获取的信息，社会绩效评估专员应该做好归档管理工作，保证信息的准确和完整。

#### 6.7.2.2 政府角度

(1) 政府应逐步将社会绩效纳入监管范围。监管部门不仅要监测小额贷款公司的财务绩效，更要监督小额贷款公司服务"三农"和中小（微）企业的情况，逐步将社会绩效评估指标纳入小额贷款公司的监督范围。

(2) 政府应为社会绩效的实施配套相应的政策。由于开展社会绩效评估工作会增加小额贷款公司的运营成本，甚至会影响其盈利水平，因此，小额贷款公司可能没有动力开展这项工作。为此，政府部门应考虑实施配套政策。首先，监管部门可依据社会绩效评估结果对小额贷款公司给予不同的政策激励，例如社会绩效较好的小额贷款公司可以优先获得开展新业务、提高融资比例等优惠政策。其次，财税部门可依据社会绩效评估结果对小额贷款公司给予不同的税收激励，例如社会绩效较好的小额贷款公司可获得更优惠的税收减免政策。

#### 6.7.2.3 不同社会人群角度

(1) 从客户角度，小额信贷机构的社会绩效是实现品牌差异化的重要途径之一。它有助于树立良好的企业形象与企业声誉、提高客户满意度和忠诚度、有效拓展市场份额、提高小额信贷机构综合竞争力、增加贷款额度等。注重客户状态能有效提高小额信贷机构社会绩效。通过对客户的活跃程度、客户的选择偏好以及第三方对小额信贷机构的评价可以增加客户对小额信贷机构的认同感，对小额信贷机构的社会绩效有持续性的正向影响。社会绩效的可持续发展在于企业对顾客的不断了解与客户对企业的良好认知的良性循环,是客户对社会环境友好型小额信贷机构正向支持的有效信号。

(2)从小额信贷机构员工的角度。小额信贷机构社会绩效的发展更有助于吸引高素质从业者的加入,为企业的人力资源储备提供有力支持。对于员工的培训与培养,不仅可以提高小额信贷机构财务绩效,更能够维护小额信贷机构与员工的关系,为员工在承担企业信托责任、社会责任、自然人责任方面提供良好的支持。员工的发展能够不断促进企业综合实力的提高,从而对于企业财务绩效的可持续发展提供有力的保证。另外,员工是小额信贷机构外界利益相关者的窗口,员工的综合素质也可以影响客户的状态,将普通客户变为活跃客户,增大小额信贷机构的市场份额。

(3)从小额信贷机构资金来源的角度。小额信贷机构的资金来源不能离开社会绩效可持续发展的有力支持。前文章节研究表明,社会绩效对于财务绩效呈现正相关关系,而小额信贷机构的财务绩效与资金来源呈正相关关系。所以社会绩效的可持续发展对于小额信贷机构拓展资金渠道、增加利润等方面有着举足轻重的作用。任何不注重社会绩效的小额信贷机构,它的生命是不会长久的,且也不会得到资本市场的认可。

## 6.7.3 运用成功关键因素(CSF),有效实施绩效考评的管理

确定了绩效指标权重,制定了指标参考值之后,组织成员开始按照流程,有计划性和目的性地开展工作。在工作过程中,直接主管要对员工的工作进行指导和过程控制,并对员工的绩效完成情况做好相关记录。绩效考评是绩效管理中的反馈环节,考核的目的不仅是为了给出一个分数,更为重要的是通过充分的沟通,使组织或者员工进行目的性更强的绩效改进,重点解决好如何有效激励的问题。通过绩效考核以及绩效反馈,组织成员能够了解直接主管对自己的期望、自己的绩效状况以及期望的组织回报。有效的激励措施可以促使员工能力和工作积极性不断提高。从而达到更理想的工作状态,为组织创造更多的经济效益。因此,有效的激励措施有以下效应,如图6-5所示。

(1)有效的激励体现了公平性。它将员工收入与可量化的绩效之间建立正相关关系,付出越多,回报越多,显示出更好的相对公平性。

(2)组织资源向绩效优秀者倾斜,有利于提高组织效率和节省组织成本。当员工的绩效可以测评且相应的回报也足以激发员工进一步努力时,组织向绩效优秀者做回报上的倾斜,会使组织的资本支出因为发放目标的集中而减小,在组织整体业绩不好时,也能节省资本支出。

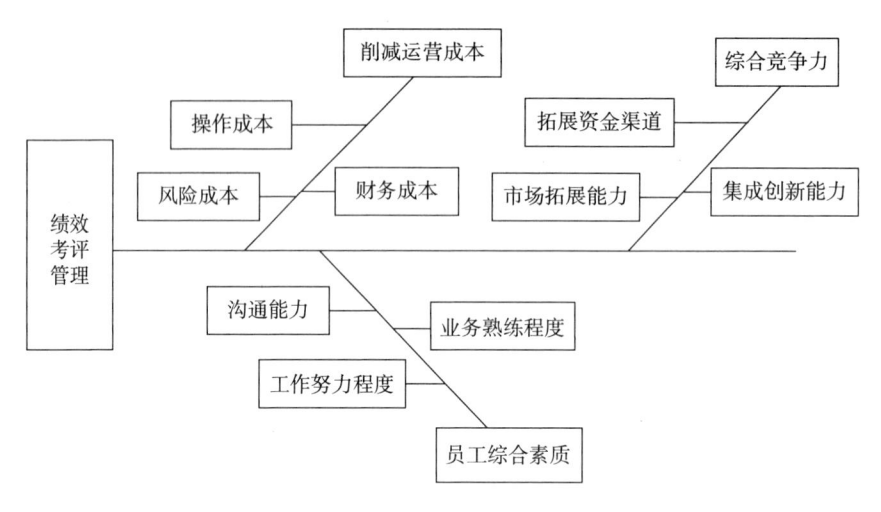

图 6-5 小额信贷机构绩效考评管理

资料来源：笔者通过评价结果分析所得。

（3）有效的激励可以提供反馈信息。通过对业绩优秀的员工给予奖励，对业绩不理想的员工给予改进惩罚甚至惩罚，员工会因此认定回报和努力成正比，这有助于吸收和留住成就导向型员工，并为员工指明努力方向。

（4）有效的激励突出了一种关注绩效的企业文化，有利于员工回报与可量化的绩效挂钩，将激励机制融于组织目标和个人业绩的联系之中，可以促使员工将其个人努力投入到实现组织目标的重要活动中。

（5）有效的考评应体现在削减操作成本、风险成本以及财务成本方面，同时还应该考虑为机构的综合竞争力提高方面进行市场拓展、资金渠道拓展以及集成创新能力。这些考评因素不仅可以体现员工的能力，也可以提高小额信贷机构的财务绩效，为其可持续发展提供支持。

（6）员工与客户进行有效的沟通，熟练的业务能力以及自身的工作努力程度都会对利益相关人群有着积极的影响，提高了小额信贷机构的社会绩效，对企业的声誉、品牌以及知名度提高有着正向的促进作用。

## 6.7.4 优化完善绩效管理体系注意事项

绩效管理体系的指导思想是，通过不断完善绩效管理设计体系，为企业决策层提供决策依据，为更好地监控组织管理与运营提供有力支撑和保障，同时也为各业务与管理部门的业绩评价提供依据。根据这一指导思想，长期持续的绩效管理体系的设计与运行应注意以下问题：第一，经营战略贯穿始终，因为所有关键绩效指标在开发时都指向企业战略，保障了各业务模块之间清晰的关系；第二，绩效管理重点放在关键业绩指标上，对于次要业绩指标给予员工一定的宽容性与自由度，力求抓住对管理与业务流程起关键作用的业绩指标，避免因考核体系大而全引起可控性和可操作性差的问题；第三，绩效管理实施和反馈中充分保证考核者与被考核者持续不断的沟通，使组织的发展能够适应环境变化的需要，及时调整工作目标和工作任务，保证工作任务与发展方向动态适应；第四，建立并完善组织内部的管理信息系统，在IT手段的配合下，许多财务类指标以及运营过程指标等的统计和监测能够实现便捷、精确，对其充分运用进行科学分析，可以为组织持续改进绩效及进一步的经营提供决策依据和方向；第五，根据绩效管理体系的考核结果对员工进行量身定制的培训，员工能力的提升以及绩效的持续改进和发展是绩效管理的根本目的。所以，实施绩效改进措施是发挥绩效管理效用的关键，通过绩效考核发现员工技能和知识的缺陷后，组织通过有针对性的培训项目，及时弥补员工能力的不足，以便提高员工和企业的绩效。

## 6.8 本章小结

首先，本章运用前文所述的小额信贷机构评价的理论与方法，运用多层次灰色评价法，对选取的成都A、B、C三家小额信贷机构进行了绩效综合评价，评价的结果与其各自运营情况基本相符，也体现出了A、B、C三家机构在绩效上的不同情况和各自的优势。尤其反映出小额信贷机构要注意可持续发展条件的培养，增强自身的财务生存条件和财务可持续发展条件。

其次，本章结合前文的研究成果在对第三方机构对我国小额信贷机构评价的基础上，详细阐述了小额信贷机构绩效优化策略。将小额绩效分为财务绩效与社会绩效，并结合两者的不同特点，从企业内在角度和企业外在环境两个方面对财务绩效的提升策略进行了详细的阐述与说明。其结论是：为使小额信贷机构企业财务绩效可持续发展，从企业内部来说应该提出六个方面的优化策略，即优化服务流程，削减运营成本；增强市场拓展能力；增强市场信息收集，抵御风险；加强员工培训及能力提升，增强金融产品集成创新；改善资本结构，拓展资金渠道；协调社会目标与财务目标。针对企业外在环境方面，为提高财务可持续发展能力，提出了三方面的管理优化策略，即制定小额信贷机构的法律法规；加强政府监管力度以及引入第三方机构对小额信贷市场各利益相关方的评级体系建设。并认为上述管理优化策略能够显著提高小额信贷机构的财务绩效，使其可持续发展。

再次，本书还针对小额信贷机构的社会绩效的可持续发展提出了站在不同利益相关方角度的管理建议，从企业角度、政府角度和不同社会人群角度阐述了提高小额信贷机构的社会绩效，并使其可持续发展的管理建议。论证了社会绩效的提高可以有利于财务绩效的可持续发展，二者相辅相成，不可分割。

最后，本章节运用成功关键因素法为实施有效的绩效考评提出了相应的管理建议和考评标准，并针对优化完善绩效管理体系所应该注意的事项也进行了相应陈述与说明。本章节站在第三方的立场，结合前文章节的分析结论，阐述了我国小额信贷机构绩效可持续发展的优化策略，并且提出了优化绩效中的注意事项，具有一定的理论意义与实践意义，有较强的可操作性和指导性。

# 第7章
# 研究结论

## 7.1 主要工作

在多层级的金融体系建设中，小额信贷属于最先发展的微型金融的领域。根据联合国的规划，小额信贷的发展是促进惠普金融体系发展的重要推动力量。通过惠普金融体系，社会的所有阶层以及不同阶层中的各个群体都能有效地获得全面的金融服务。基于以上认识，本书以"小额信贷机构综合绩效评价及影响"为题开展研究。

本书在梳理国内外研究文献的基础上，针对国内研究中存在的不足确立了选题角度和研究思路，对小额信贷机构的绩效进行研究，同时分析了评级与小额信贷机构绩效改进的关系。本书以回归分析为方法建立了评级与小额信贷机构绩效的关系模型，并基于154家机构的数据，对模型进行了验证分析。总体上看，一方面，评级与小额信贷机构财务绩效之间可以相互促进，即机构财务绩效的改善有利于促使其参与评级，而评级又可以促进机构财务绩效的改进。另一方面，小额信贷机构参与评级不利于其当期社会目标的实施但对下一期社会绩效会有明显的改善作用。同时，本书从模型分析中抽取了"模型指标"结合"机构指标"与"文献指标"研究构建了小额信贷机构绩效综合评价系统。

本书通过因子分析法检验了指标系统的拟合度，在删除个别指标后确定了科学、规范的评价指标体系，进而研究选择采用多层次灰色综合评价法进行指标权值的确定，并以成都A、B、C三家小额信贷机构为实证研究对象，综合评价其绩效状态，最后结合评价结果以及关系模型的结果，围绕财务绩效和社会绩效，分别从企业内部和外部，企业和政府角度提出了小额信贷机构绩效优化的策略，并强调运用成功关键因素（CSF）改进小额信贷机构的绩效。

在研究中主要完成了以下几项工作：

（1）梳理小额信贷机构绩效评价的研究文献和相关理论，为定量分析奠定基础。本书围绕小额信贷机构、绩效评价、评价方法、第三方评级几个核心命题展开文献研究，通过对文献的梳理发现大部分的小额信贷的经济学文献都在对其社会作用进行评价，只有数量有限的著作是将小额信贷作为一个行业来研究其产业组织。小额信贷机构在满足其社会作用的同时，如何保持其财务和经营的可持续性，是近年来学者关注的论题。大量的研究表明，小额信贷机构并不应该将企业发展和社会责任作为"双赢"的目标，而是应该将扶贫贷款和可持续盈利作为同样重要但独立的两个发展目标。同时，文献中也反映出，小额信贷的绩效研究影响了对其发展性的研究，研究认为对小额信贷机构的绩效评价进行严格及准确的研究是很困难的。一些学者认为绩效评价研究应该由独立的学者进行，另一些学者认为小额信贷机构因作为发展工具，其绩效评价应该由其本身系统地、常规地进行。

同时在过去的研究中，针对小额信贷机构评级的研究十分缺少，通过文献梳理不难发现国外文献多关注小额信贷机构评级的作用，国内文献则多集中于小额信贷评级体系建设问题，仅有的几篇实证文献讨论的是小额信贷机构评级结果的影响因素，而对评级与小额信贷机构改善绩效间关系的分析不多。

从过去的实践经验来看，作为一种新型的金融方式，小额信贷在服务中低收入群体、促进小微企业发展方面发挥了积极的作用，被国际社会公认为是减缓贫困的一种有效工具。然而，近年来小额信贷机构却因日益严重的资金供给不足、管理不规范等问题而难以实现可持续发展。我们逐渐发现小额信贷机构的可持续发展具有较为重要的意义，而且这种持续的供给不仅对机构自身的存在价值，还对农户、农村金融市场以及对社会有着重要的意义。因此，研究小额信贷机构的绩效问题，尤其是从财务绩效和社会绩效等多方面进行分析对推进小额信贷机构良性发展有着重要作用。

通过对文献的梳理明确了本书的重点和难点，提出了本书的研究思路及框架。

（2）第三方评级与小额信贷机构绩效关联模型的研究。基于 Hartarska 和 Nadolnyak（2008）对评级与小额信贷机构融资规模关系的实证模型，本书分别构建了检验小额信贷机构评级与其财务绩效和社会绩效的计量模型，并认为评级能够促进小额信贷机构绩效的改进，本书选取的 154 个观测样本，对其区域、类型、性质进行了分析，并用 LLC、ADF-Fisher、PP-Fisher 和 Hadri-Stat 四种方法对样本数据进行单位根检验，以检验用于模型回归数据的平稳性。在此基础上，对变量进行了相关性分析。研究结论显示：一方面，评级与小额信贷机构财务绩效之间可以相互促进，即机构财务绩效的改善有利于促使其参与评级，而评级又可以促进机构财务绩效的改进。另一方面，小额信贷机构参与评级不利于其当期社会目标的实施，但对下一期社会绩效会有明显的改善作用。该研究为后续建立小额信贷机构绩效综合评价模型奠定了实证基础。

（3）构建小额信贷机构绩效综合评价系统。通过对文献资料的分析研究，结合实地调研情况，综合构建了综合评价指标系统。本书中指标体系是在对小额信贷机构的管理进行系统分析的基础上，遵循上述指标体系构建原则，结合小额信贷机构的实际情况后加以制定，根据小额信贷机构的运营特点，指标体系被划分为贷款资产质量评价子系统、内部运营状况评价子系统、可持续发展条件评价子系统、规模/范围/增长评价子系统四个评价子系统，将其作为评价体系的准则层，同时对每个子系统中的评价指标进行了选取，充分考虑了小额信贷机构运营的基础条件、运营的现状、可持续发展的条件以及在规模、范围、增长等方面的条件，并以第三方评级为切入点在其中着重体现了操作自负盈亏率（OSS）、财务自负盈亏率（FSS）、资产回报率（ROA）、资本回报率（ROE）、活跃贷款客户数（NAB）、客户平均贷款余额（ALPB）等多个评级关键指标。整个指标体系分为三个层次，分别为目标层、准则层和指标层，包括4个状态层。其中，贷款资产质量评价子系统及其涵盖的欠款率、风险贷款率、贷款损失率3个指标要素；内部运营状况评价子系统及其涵盖的客户状态、还款率、生产率与效率以及业务发展速度4个状态层的8个指标要素；可持续发展条件评价子系统及其涵盖的财务可生存衡量条件、财务可持续发展条件2个状态层的9个指标；规模/范围/增长评价子系统及其涵盖的经营活动的规模、扩张范围的深度以及增长状态指标3个状态层的11个指标要素；共计31个指标要素，包括定量指标和定性指标。通过查阅相关统计数据、企业财务数据等获得有关数据，经整理计算得到定量指标的指标值。然后运用层次分析法确定各指标权重，为后续评价提供依据。

（4）小额信贷机构绩效综合评价的实证分析。小额信贷机构绩效系统是一个信息不完全的系统。在信息不完备的情况下，多层次灰色评价法通过建立小额信贷机构绩效综合评价模型，提高评价分析的信度和效度。在计算综合评价值时，考虑了各指标的重要程度差别，运用层次分析法确定权重，使评价结果更趋于合理。综合评价结果的准确度如何，取决于评价方法的正确性、评价指标体系设计的合理性以及权重分配的科学性。

本书以企业调查和问卷调查的方式获取基础数据，运用灰色综合评价方法对选取的成都A、B、C三家小额信贷机构进行绩效评价。各指标经计算先得出其灰色评价系数和属于各个评价灰类的总灰色评价数，然后得出灰色评价权向量，构造权矩阵，最后经综合计算得到指标层和准则层综合评价结果。评价的结果与其各自运营情况基本相符，也体现出了A、B、C三家机构在绩效上的不同情况和各自的优势。尤其反映出小额信贷机构要注意可持续发展条件的培养，增强自身的财务生存条件和财务可持续发展条件。

（5）提出小额信贷机构绩效优化策略。通过建立小额信贷机构绩效评价体系以及相关模型检验实证，可以得出第三方评级有助于小额信贷机构绩效改善，评级不仅与机构财务绩效相互影响促进，并且对机构社会绩效有显著影响。因此，应该积极大力推进我国小额信贷评级市场的发展，力求我国小额信贷评级事业准确化和规范化，促使我国小额信贷机构蓬勃发展，提升小额信贷机构绩效。根据上文所述，评价指标体系既包括了财务指标，又包含了顾客角度、内部流程、学习和成长的业务指标，使组织能够一方面追踪财务结果，另一方面密切关注能使企业提高能力并获得未来增长潜力的无形资产等方面的进展。小额信贷机构通过贷款资产质量、内部运营状况、可持续发展、条件经营活动等多方面相互驱动发展，达到企业财务绩效、社会绩效等上升的目的。本书围绕财务绩效和社会绩效，分别从企业内部和外部、企业和政府角度提出了小额信贷机构绩效优化的策略，并强调运用成功关键因素（CSF）改进小额信贷机构的绩效。

## 7.2 研究创新

本书力图在以下几个方面寻求理论和实践的创新：

### 7.2.1 选题具有重要的理论意义和实践意义

小额信贷综合绩效评价研究是因政府、市场资本投资者、小额信贷机构自身对其有迫切的需求，而这一领域的研究成果，无论在理论上还是在实践中，由于现实条件的限制又十分稀少，因此，本书的研究成果将在理论上和实践中具有重要的意义。

本书对小额信贷机构综合绩效的分析评价是在第三方评级的背景下以小额信贷机构的管理和运行系统为研究对象进行的，构建的小额信贷机构综合绩效的评价指标体系将对小额信贷的运行情况、财务情况、可持续发展情况等关键指标有定性和定量的解释，其理论意义在于以下几个方面：

第一，扩展了小额信贷绩效研究的内涵。以往的小额信贷绩效研究侧重于对小额信贷财务绩效或者社会绩效中的某一方面进行，这样就有可能导致目标偏移，本书通过设定综合绩效评价指标，对小额信贷的可持续发展在两个方面进行了评定，使绩效评价的机构更具有价值。

第二，细分小额信贷绩效评价的内涵。本书将原有的包括财务指标和社会绩效指标的评价内涵，拓展到包括资金、内部控制流程、贷款客户等内涵。延伸了小额信贷机构绩效评价需要关注的方面。

其实践意义在于以下几个方面：

第一，评价体系的建立提供了实用范式。为正在寻找行业指标评断的行业参与者、政策制定者以及即将进入行业的观望者提供一个实用的参考标准。

第二，对金融体系的建设提供理论依据。本书不只对小额信贷机构本身具有实用意义，广泛地说，对我国惠普金融发展、解决中小企业融资问题、"三农"发展问题及实体经济金融困境都有特殊的、积极的意义。

第三，有利于小额信贷机构调整产品设置和资本架构。小额信贷机构综合绩效的研究具有搭建资本运作平台和调整产品结构的特点。有利于抵御金融行业性风险，提前预防金融危机。

第四，有利于小额信贷机构规范经营行为，提高核心竞争力，优化企业资源配置。通过绩效评价，可以让企业及时发现内控缺陷，迅速调整，从而使有限的资金、人力等资源有最佳的配置结构，最大限度发挥效率，提高核心竞争力。

### 7.2.2 研究视角和方法的创新

在研究视角和方法上，将评级、绩效管理、指标体系、灰色系统、回归分析等有关理论与方法综合运用于小额信贷机构的绩效评价，具有一定的理论创新性。理论联系实际，文献研究与田野调查相结合，定性分析与定量分析结合，技术上运用层次分析法和灰色评价法等综合评价方法。针对成都的小额信贷机构进行实证研究，同时在关系模型的验证时又选取了大量国际企业的数据，使研究在理论和应用上都具有一定的借鉴价值。

### 7.2.3 构建两个模型

论文构建了小额信贷机构绩效综合评价模型以及评级与小额信贷机构绩效的关系模型，这两个模型一方面说明了评价小额信贷机构的关键指标，另一方面验证了关键指标的改进能够促进小额信贷机构整体绩效的改进，具有一定的实践创新性。

## 7.3 后续研究展望

本书尚存在一些不足之处。一是鉴于企业调研过程中统计数据和资料的获取不是很全面，国内外缺乏基础性的相关研究，以及自身知识储备不算全面，使在构建评价模型和关系模型上没有达到非常完善的效果。另外，在评价过程中，难以避免主观因素的存在，使指标选取、权重确定和评价分析等方面有待在日后的研究中逐步完善。二是鉴于研究难度的约束性，本书的小额信贷机构绩效是对小额信贷机构绩效的单一测量，而随着金融市场多元化的发展，有针对性地对小额信贷公司进行横向测量比较以及选取其面板数据进行研究，会更有研究价值。三是本书选择两步走的研究思路，首先建立小额信贷机构绩效的综合指标体系，其次建立评级与小额信贷机构绩效改进的关系模型，在研究的逻辑上需更加注意前后的关联。尤其在指标和影响因素的选取和前后呼应上要进一步做出改善。

下面将对该领域今后的研究进行展望，提出有待进一步研究的问题。

### 7.3.1 评价指标体系

评价指标体系有待进一步完善，将在以后的研究中进一步完善，可选取更为细致的指标体系，更全面地对研究对象进行分析评价，提供更为有效的决策依据与建设性参考。

### 7.3.2 指标权重的确定方法

指标权重确定方法的选取有待进一步合理。本书选用主观赋权法中的层次分析法，通过专家打分对各指标进行权重确定，主观作用比较大，在后续研究中，可以将主客观赋权方法结合起来，更合理地对指标体系的各指标进行权重确定。

### 7.3.3 评价体系实际应用

评价体系实际应用有待进一步论证检验。在实证研究方面，选取更多的小额信贷机构作为实证的对象。另外，本书设计的研究体系及方法在现实问题中的应用，运算结果存在的误差以及与现实情况的切合程度，还需经过反复多次的论证才能得以检验。在关系模型的验证过程中，注意变量间的逻辑性，在财务绩效和社会绩效的基础上更加全面地分析小额信贷机构综合绩效的改进规律。

# 参考文献

[1] Adams D. W., Pischke J. D. V. Microenterprise credit programs: Déja vu [J]. World Development, 1992, 20 (10): 1463-1470.

[2] Agbemava E., Ahiase G., Sedzro E., et al. Assessing the effects of sound financial statement preparation on the growth of small and medium-scale enterprises [J]. The International Journal of Business & Management, 2016, 4 (3): 104.

[3] Aghion B. A. D., Morduch J. Microfinance beyond group lending [J]. Economics of Transition, 2000, 8 (2): 401-420.

[4] Aghion B. A. D., Morduch J. Microfinance: Where do we stand? [M] // Financial Development and Economic Growth. Palgrave Macmillan UK, 2004: 894-900.

[5] Alexander J., Bernhard Giesen, Mast J. Social performance [M]. Cambridge: Cambridge University Press, 2006.

[6] Baker H. K., Mansi S. A. Assessing credit rating agencies by bond issuers and institutional investors [J]. Social Science Electronic Publishing, 2002, 29 (9-10): 1367-1398.

[7] Band W. Performance metrics keep customer satisfaction programs on track [J]. Marketing News, 1990, 12 (5): 64-79.

[8] Banker R. D. Maximum likelihood, consistency and data envelopment analysis: A statistical foundation [J]. Management Science, 1993, 39 (10): 1265-1273.

[9] Baydas M., Graham D., Valenzuela L. Commercial banks in microfinance: New actors in the microfinance world [M]. Bethesda: Development Alternatives Inc., 2013.

[10] Begoñ, GutiÉ A., Nieto R. Antecedentes del microcrédito. Lecciones del pasado para las experienciasactuales [J]. CIRIEC-España, Revista de Economíapública, Socialy cooperative, 2014 (51): 25-50.

[11] Ben Soltane Bassem. Governance and performance of microfinance institutions in Mediterranean countries [J]. Journal of Business Economics & Management, 2009, 10 (1): 31-43.

［12］ B. Golany, Y. Roll. An application procedure for DEA ［J］. Omega, 17 (3): 237-250.

［13］ Boumans M. Measure for measure: How economists model the world into numbers ［J］. Social Research, 2001, 68 (2): 427-453.

［14］ Brau J. C., Woller G. M. Microfinance: A comprehensive review of the existing literature ［J］. Journal of Entrepreneurial Finance, 2004, 9 (1): 1-28.

［15］ Caouette J. B., Altman E. I., Narayanan P., et al. The rating agencies ［M］//Managing Credit Risk: The Great Challenge for the Global Financial Markets, Second Edition. John Wiley & Sons, Inc., 2011: 81-101.

［16］ Carroll D. Voluntary heart rate control: The role of individual differences ［J］. Biological Psychology, 1979, 8 (2): 137.

［17］ Chaves R. A., Gonzalez-Vega C. The design of successful rural financial intermediaries: Evidence from Indonesia ［J］. World Development, 1996, 24 (1): 65-78.

［18］ C. McIntosh, B. Wydick. Competition and microfinance ［J］. Journal of Development Economics, 2005, 78 (2): 271-298.

［19］ Copestake J. Mainstreaming microfinance: Social performance management or mission drift? ［J］. World Development, 2007, 35 (10): 1721-1738.

［20］ Cull R., Demirgüçkunt A., Morduch J. Microfinance meets the market ［J］. Journal of Economic Perspectives, 2009, 23 (1): 167-192.

［21］ Dacheva P. Commercialization in microfinance – A study of profitability, outreach and success factors within the Latin American context ［J］. Accessed On, 2009, 1 (2): 16.

［22］ Dutta A., Banerjee S. Does microfinance impede sustainable entrepreneurial initiatives among women borrowers? Evidence from rural Bangladesh ［J］. Journal of Rural Studies, 2018 (60): 70-81.

［23］ Faloon, W. W., Eckhardt, R. D., Cooper, A. M., Davidson C. S. The effect of human serum albumin, mercurial diuretics, and a low sodium diet on sodium excretion in patients with cirrhosis of the liver ［J］. Journal of Clinical Investigation, 1949, 28 (4): 595.

［24］ Fare, Rolf, Grosskopf, Shawna, Lovell, C. A. Knox. The structure of technical efficiency ［J］. Scandinavian Journal of Economics, 1983, 85 (2): 181-190.

［25］ Folan P., Browne J. A review of performance measurement: Towards performance management ［J］. Computers in Industry, 2005, 56 (7): 663-680.

[26] George Stalk J., Hout T. M. How time-based management measures performance [J]. Strategy & Leadership, 1990, 18 (6): 26-29.

[27] Ghatak M., Guinnane T. W. The economics of lending with joint liability: Theory and practice 1 [J]. Papers, 1998, 60 (1): 195-228.

[28] Gutiérrez-Nieto B., Serrano-Cinca C., Molinero C. M. Microfinance institutions and efficiency [J]. Omega, 2007, 35 (2): 131-142.

[29] Gutiérrez-Nieto B., Serrano-Cinca C., Molinero C. M. Social efficiency in microfinance institutions [J]. Journal of the Operational Research Society, 2009, 60 (1): 104-119.

[30] Halachmi A., Ebrary I. Performance measurement and performance management [J]. Business Process Management Journal, 2004, 12 (5): 2.

[31] Hartarska V., Mersland R. Which governance mechanisms promote efficiency in reaching poor clients? Evidence from rated microfinance institutions [J]. European financial management, 2012, 18 (2): 218-239.

[32] Hartarska V., Nadolnyak D. Does rating help microfinance institutions raise funds? Cross-country evidence [J]. International Review of Economics & Finance, 2008, 17 (4): 558-571.

[33] Hermes N., Lensink R., Meesters A. Outreach and efficiency of microfinance institutions [J]. World Development, 2011, 39 (6): 938-948.

[34] Hoque Z. A contingency model of the association between strategy, environmental uncertainty and performance measurement: Impact on organizational performance [J]. International business review, 2004, 13 (4): 485-502.

[35] Hulme D. Impact assessment methodologies for microfinance [J]. World Development, 1997, 28 (1): 79-98.

[36] Hulme D. Is microdebt good for poor people? A note on the dark side of microfinance [J]. Small Enterprise Development, 2007, 11 (1): 26-28.

[37] Huq B. I. A., Azad M. A. K., Masum A. K. M., et al. Examining the trade-off between social outreach and financial efficiency: Evidence from micro-finance institutions in South Asia [J]. Global Business Review, 2017, 18 (3): 617-628.

[38] JerShiou Chiou, BorYi Huang, PeiShan Wu, et al. The impacts of diversified operations on lending of financial institution [J]. Journal of Business Economics & Management, 2012, 13 (4): 587-599.

[39] Jewell J., Livingston M. A comparison of bond ratings from Moody's S&P and Fitch IBCA [J]. Financial Markets Institutions & Instruments, 1999, 8 (4): 1-45.

[40] J. Morduch. The microfinance promise [J]. Journal of Economic Literature, 1999, 37 (4): 1569-1614.

[41] Kai H. Competition and wide outreach of Microfinance Institutions [J]. Mpra Paper, 2009, 29 (4): 2628-2639.

[42] Kapoor M., Morduch J., Ravi S. From Microfinance to m-Finance innovations case discussion: M-PESA [J]. Innovations Technology Governance Globalization, 2006, 2 (1-2): 82-90.

[43] Karaivanov A. Financial constraints and occupational choice in Thai villages [J]. Journal of Development Economics, 2012, 97 (2): 201-220.

[44] Karaivanov A. Non-grant microfinance, incentives and efficiency [J]. Applied Economics, 2018 (34): 1-16.

[45] Labie M. Corporate governance in microfinance organizations: Along and winding road [J]. Management Decision, 2001, 39 (39): 296-302.

[46] Lacalle-Calderon M., Perez-Trujillo M., Neira I. Does microfinance reduce poverty among the poorest? A macro quantile regression approach [J]. Developing Economies, 2018, 56 (1): 51-65.

[47] Langohr H., Langohr P. The rating agencies and their credit ratings: What they are, how they work, and why they are relevant [M]. Chichester: John Wiley and Sons Ltd., 2006.

[48] Ledgerwood J., Bank W. Microfinance handbook: An institutional and financial perspective [M]. Washington DC: The World Bank, 1999.

[49] Lewis M. The big short: Inside the doomsday machine [M]. New York: W. W. Norton & Company, 2010.

[50] Matin I., Hulme D., Rutherford S. Finance for the poor: From microcredit to microfinancial services [J]. Journal of International Development, 2002, 14 (2): 273-294.

[51] Mclean B., Nocera J. All the devils are here: the hidden history of The financial crisis [J]. Nanakuma-shigaku, 2011, 136 (5): 115-121.

[52] Montgomery H., Weiss J. Can commercially-oriented microfinance help meet the millennium development goals? Evidence from Pakistan [J]. World development, 2011, 39 (1): 87-109.

[53] Montgomery H., Weiss J. Modalities of microfinance delivery in Asia and Latin America: Lessons for China [J]. China & World Economy, 2006, 14 (1): 30-43.

[54] Montgomery J. W. H. Great expectations: Microfinance and poverty reduction in Asia and Latin America [J]. Oxford Development Studies, 2005, 33 (3-4): 391-416.

[55] Morduch J. The microfinance promise [J]. Journal of Economic Literature, 1999, 37 (37): 1569-1614.

[56] Morduch J., Wagner R. F., Haley B. Analysis of the effects of microfinance on poverty reduction [M]. New York: Wagner Graduate School of Public Service New York University, 2002.

[57] Nasrin S., Baskaran A., Rasiah R. Microfinance and savings among the poor: Evidence from Bangladesh microfinance sector [J]. Quality & Quantity, 2016, 51 (4): 1-14.

[58] Olivares-Polanco F. Commercializing microfinance and deepening outreach? Empirical evidence from Latin America [J]. Journal of Microfinance, 2005, 7 (2): 47—69.

[59] Otero M., Rhyne E. The new world of microenterprise finance: Building healthy financial institutions for the poor [J]. Small Business Economics, 1994 (6): 479-482.

[60] Paxton J. Depth of outreach and its relation to the sustainability of microfinance institutions [J]. Savings & Development, 2002, 26 (1): 69-86.

[61] P. Bolton, X. Freixas, J. Shapiro. The credit ratings game [J]. The Journal of Finance, 2012, 67 (1): 85-111.

[62] Rajiv D. Banker, William W. Cooper, Lawrence M. Seiford, et al. Returns to scale in different DEA models [J]. European Journal of Operational Research, 2004, 154 (2): 345-362.

[63] R. Dieckmann, B. Speyer, M. Ebling, N. Walter. Microfinance: An emerging investment opportunity [A] //Deutsche Bank Research. Current Issues. Frankfurt am Main, 2007.

[64] Rhyne E., Otero M. Microfinance through the next decade: Visioning the who, what, where, when and how [J]. A Paper Comissioned by the Global Microcredit Summit 2006, November, 2006.

[65] Robinson M. S. The microfinance revolution [M]. Washington DC: World Bank Publications, 2001: 781-783.

[66] Rock R., Otero M., Saltzman S. Principles and practices of microfinance governance [M]. Bethesda: Development Alternatives, Inc., 1998.

[67] Rosenberg R., Nasr M., Peck Christen R., et al. Disclosure guidelines for financial, reporting by microfinance institutions [R]. Published by CGAP/The world Bank Group, July 2003.

[68] Rouse P., Putterill M. An integral framework for performance measurement [J]. Management Decision, 2003, 41 (8): 791-805.

[69] R. P. Christen, R. Rosenberg, V. Jayadeva. Financial institutions with a "Double Bottom Line": Implications for the future of microfinance [R]. Consultative Group to Assist the Poorest (CGAP), 2004.

[70] R. Sengupta, C. P. Aubuchon. The microfinance revolution: An overview [J]. Federal Reserve Bank of St. Louis Review, 2008, 90 (January/February 2008).

[71] Sakai S. P. Performance measurement for world class manufacturing: A model for American companies, by Brian H. Maskell. Cambridge, MA: Productivity Press, 1991 [J]. Human Resource Management, 1991, 30 (3): 419-423.

[72] Sanfeliu C. B., Royo R. C., Clemente I. M. Measuring performance of social and non-profit Microfinance Institutions (MFIs): An application of multicriterion methodology [J]. Mathematical & Computer Modelling, 2013, 57 (7-8): 1671-1678.

[73] Sengupta R., Aubuchon C. P. The microfinance revolution: An overview [J]. Review, 2008, 90 (1): 9-30.

[74] Sparavigna A., Marazzato R. An Analysis of the Drivers of Microfinance Rating Assessments [J]. Plant Physiology, 2012, 111 (2): 713-719.

[75] Utzig S. The financial crisis and the regulation of credit rating Agencies: A European banking perspective [R]. ADBI Working Paper, 2010, No. 188.

[76] Valentina Hartarska, Denis Nadolnyak. Do regulated microfinance institutions achieve better sustainability and outreach? Cross-country evidence [J]. Applied Economics, 2007, 39 (10): 1207-1222.

[77] Viswanath P. Microcredit and survival microenterprises: The role of market structure [J]. International Journal of Financial Studies, 2017, 6 (1): 1.

[78] Wajdi Dusuki A. Banking for the poor: The role of Islamic banking in microfinance initiatives [J]. Humanomics, 2008, 24 (1): 49-66.

[79] Wartick S. L., Cochran P. L. The evolution of the corporate social performance model [J]. Academy of Management Review, 1985, 10 (4): 758-769.

[80] White L. J. Markets: The credit rating agencies [J]. Journal of Economic Perspectives, 2010, 24 (2): 211-226.

[81] Yaron J. What makes rural finance institutions successful? [J]. World

Bank Research Observer, 1994, 9（1）: 49-70.

［82］Zhang Z. P., Sheng Y. The commercialization of micro-finance institutions and their performance［J］. Finance Forum, 2013, 18（10）: 58-64.

［83］巴曙松, 韦勇凤, 孙兴亮. 中国小额信贷机构的现状和改革趋势［J］. 金融论坛, 2012（6）: 18-25.

［84］巴曙松. 小贷公司的美丽与哀愁［J］. 金融经济, 2015（3）: 16-17.

［85］陈共荣, 凌志雄, 曾峻. 企业效绩的模糊综合评价法［J］. 财经问题研究, 2004（9）: 76-78.

［86］邓明. 基于 GMM 的缺失数据回归模型的半参数估计［J］. 统计与信息论坛, 2013（3）: 10-16.

［87］杜晓山, 孙同全, 张群. 公益性及商业性小额信贷社会绩效管理比较研究［J］. 现代经济探讨, 2011（5）: 42-47.

［88］冯海红. 小额贷款公司财务效率和社会效率及其影响因素——基于 DEA-Tobit 两阶段法的实证分析［J］. 财经理论与实践, 2017, 38（3）: 33-38.

［89］耿欣, 冯波. 小额贷款公司运营及其可持续发展研究——以山东小贷公司为例［J］. 山东社会科学, 2015（1）: 131-135.

［90］谷卓桐, 陈俊求. 微型金融可持续发展研究文献综述［J］. 上海金融, 2014（9）: 46-54.

［91］郭翠荣, 刘亮. 基于因子分析法的我国上市商业银行竞争力评价研究［J］. 管理世界, 2012（1）: 176-177.

［92］郭炜, 楚楚, 张其广. 基于灰色模糊理论的农村小额贷款绩效综合评价［J］. 统计与决策, 2015（24）: 53-57.

［93］何婧, 何广文. 政府持股、融资能力与小额贷款公司社会绩效［J］. 南京农业大学学报（社会科学版）, 2017, 17（1）: 91-99.

［94］何军, 唐文浩. 政府主导的小额信贷扶贫绩效实证分析［J］. 统计与决策, 2017（11）: 171-174.

［95］何明, 张启文. 黑龙江省农村小额信贷存在问题及对策［J］. 商业经济, 2012（6）: 24-25.

［96］胡金焱, 张强. 贷款利率、违约风险与小额贷款公司收益——基于山东省面板数据的实证研究［J］. 经济评论, 2017（6）: 135-147.

［97］胡笙煌. 主观指标评价的多层次灰色评价法［J］. 系统工程理论与实践, 1996, 16（1）: 12-20.

［98］胡愈, 许红莲, 王雄. 农户小额信用贷款信用评级探究［J］. 财经理论与实践, 2007, 28（1）: 30-33.

[99] 胡宗义, 罗柳丹. 小额信贷缓减农村贫困的效用研究——基于面板模型的分析 [J]. 财经理论与实践, 2016, 37 (3): 10-15.

[100] 黄承伟, 陆汉文. 贫困村互助资金的安全性与风险控制——7省18个互助资金试点的调查与思考 [J]. 华中师范大学学报（人文社会科学版）, 2010, 49 (5): 14-20.

[101] 霍红. 小额信贷概念评述 [J]. 商, 2012 (9): 118.

[102] 焦瑾璞, 陈瑾. 建设中国普惠金融体系：提供全民享受现代金融服务的机会和途径 [M]. 北京：中国金融出版社, 2009.

[103] 雷雨箫. 湖北小额贷款公司存在的问题与对策探讨 [J]. 绿色科技, 2018 (24): 259-260.

[104] 李鸿禧, 迟国泰. 基于违约强度信用久期的资产负债优化模型 [J]. 系统工程理论与实践, 2018, 38 (6): 1387-1403.

[105] 李凌丰, 谭建荣, 赵海霞. 基于AHP模糊优先权的虚拟企业伙伴选择方法 [J]. 系统工程理论与实践, 2004, 24 (12): 1-7.

[106] 李孟刚, 徐英倩. 新时代增强金融服务实体经济能力研究 [J]. 理论探讨, 2018 (1): 106-112.

[107] 李明贤, 李学文. 孟加拉国小额信贷发展的宏观经济基础及中国小额信贷的发展 [J]. 农业经济问题, 2008 (9): 100-106.

[108] 李明贤, 周孟亮. 我国小额信贷公司的扩张与目标偏移研究 [J]. 农业经济问题, 2010 (12): 58-64.

[109] 李文政, 唐羽. 国内外小额信贷理论与实践研究综述 [J]. 金融经济月刊, 2008 (8): 87-88.

[110] 李雅宁, 赵睿. 福利、绩效与我国小额信贷的可持续性 [J]. 河南社会科学, 2015, 23 (6): 71-75.

[111] 李艳双, 曾珍香, 张闽等. 主成分分析法在多指标综合评价方法中的应用 [J]. 河北工业大学学报, 1999, 28 (1): 94-97.

[112] 梁巧慧, 胡金焱. 小额信贷机构：一个国外研究理论述评 [J]. 山东社会科学, 2015 (1): 125-130.

[113] 刘珺, 李梦喆. NGO小额信贷绩效多维度评价框架下交互效应研究——以陕西省为例 [J]. 西安财经学院学报, 2016, 29 (2): 27-32.

[114] 刘西川, 潘巧方, 傅昌銮. 小额贷款公司的双重目标：冲突还是兼容？——基于浙江省数据与联立方程的实证分析 [J]. 山东财经大学学报, 2019, 31 (2): 52-59.

[115] 刘阳. 基于MIX数据的小额信贷机构财务可持续性分析 [D]. 上海

交通大学硕士学位论文，2014.

［116］罗慧，曹毅.可持续发展指标体系的研究与展望［J］.首都师范大学学报（自然科学版），2010，31（2）：54-57.

［117］马涛，郭沛.国际小额信贷发展趋势及面临问题对我国的借鉴［J］.经济问题探索，2014（5）：103-108.

［118］马涛，郭沛.机构—信贷员利益最大化模型：以小额贷款公司为例［J］.金融理论与实践，2014（8）：72-75.

［119］孟凡训，李宪.对扶贫小额信贷政策绩效的实证分析［J］.区域金融研究，2018（3）：54-59.

［120］倪申东.小额信贷公司资产证券化发展及前景——以"蚂蚁小贷"为例［J］.中国市场，2019（31）：36-37.

［121］潘淑娟，李思多.利益相关者视角下农村金融机构绩效评估体系构建［J］.经济理论与经济管理，2010（8）：66-73.

［122］钱苹，张帏.我国创业投资的回报率及其影响因素［J］.经济研究，2007（5）：78-90.

［123］石宝峰，王静，迟国泰.普惠金融、银行信贷与商户小额贷款融资——基于风险等级匹配视角［J］.中国管理科学，2017（9）：28-36.

［124］石其晗.大连小额信贷公司发展研究［J］.合作经济与科技，2019（1）：67-69.

［125］孙乾，张烨秋，孙箫笛.小额信贷风险管理文献综述［J］.中国市场，2014（47）：81-83.

［126］孙若梅.小额信贷在农村信贷市场中作用的探讨［J］.中国农村经济，2006（8）：34-43.

［127］谭民俊，王雄，岳意定.FPR—UTAHP评价方法在农户小额信贷信用评级中的应用［J］.系统工程，2007，25（5）：55-59.

［128］田青.小额贷款公司的目标偏离与矫正——基于效率视角的研究［J］.金融论坛，2017（1）：24-34.

［129］万方，陶晓红.小额信贷的公共性问题：孟加拉的经验与中观化解构［J］.国际经贸探索，2013（7）：103-113.

［130］万宇涛，杨虎锋，杨立社.小额贷款公司成本效率和利润效率实证研究——基于131家样本公司的省际面板数据［J］.大连理工大学学报（社会科学版），2018（1）：49-55.

［131］王建平.我国小额信贷机构信用评级问题探析［J］.金融与经济，2015（1）：90-92.

[132] 王兰芳, 胡悦. 创业投资促进了创新绩效吗？——基于中国企业面板数据的实证检验 [J]. 金融研究, 2017 (1)：177-190.

[133] 王利军, 韩和亮. 我国农村小额信贷借款人权益保护研究 [J]. 辽宁工业大学学报（社会科学版）, 2011, 13 (4)：4-7-42.

[134] 王誉澍. BP 算法在农户小额信贷信用评级中的应用 [J]. 金融经济, 2010 (22)：123-124.

[135] 魏岚. 农户小额信贷风险评价体系研究 [J]. 财经问题研究, 2013 (8)：125-128.

[136] 翁舟杰. 关系型贷款、市场结构与小额贷款公司使命漂移 [J]. 管理科学学报, 2018, 21 (4)：102-113

[137] 吴义能, 叶永刚, 吴凤. 我国金融扶贫的困境与对策 [J]. 统计与决策, 2016 (9)：176-178.

[138] 伍艳. 小额信贷对农户民生脆弱性改善的影响研究——以四川省南充、广元为例 [J]. 西南民族大学学报（人文社会科学版）, 2013, 34 (8)：113-118.

[139] 谢玉梅, 徐玮, 程恩江等. 精准扶贫与目标群小额信贷：基于协同创新视角的个案研究 [J]. 农业经济问题, 2016 (9)：79-88.

[140] 徐静娴. 我国小额贷款的信用评级机制探析 [J]. 金融经济, 2013 (6)：73-75.

[141] 徐丽娜, 张志远. 小额贷款公司与中小企业融资解析 [J]. 北京社会科学, 2016 (3)：84-87.

[142] 徐习兵, 李善民. 普惠金融视角下小额贷款公司可持续发展研究 [J]. 人民论坛·学术前沿, 2017 (15)：138-141.

[143] 许飞剑, 余达淮. 经济新常态下小额贷款公司信贷法律问题研究 [J]. 经济问题, 2015 (10)：26-31.

[144] 杨海平, 李秀丽. 我国小额信贷发展研究综述 [J]. 武汉金融, 2010 (4)：29-31.

[145] 杨虎锋, 何广文. 治理机制对小额贷款公司绩效的影响——基于169家小额贷款公司的实证分析 [J]. 中国农村经济, 2014 (6)：74-82.

[146] 杨秋叶. 应在我国发展多种形式小额信贷 [J]. 金融发展研究, 2011 (10)：63-65.

[147] 杨学东. 我国民间金融规范化问题研究——以湖北省十堰市为例 [J]. 湖北经济学院学报（人文社会科学版）, 2013 (10)：30-31.

[148] 游宗君, 李守伟, 王作功. 小额信贷市场双重分离的博弈模型 [J].

统计与决策, 2019, 35 (8): 173-177.

[149] 余丹. 村镇银行覆盖面与可持续性的协调发展研究——基于普惠制的视角 [J]. 农村经济与科技, 2012, 23 (11): 65-67.

[150] 袁吉伟. 国际小额信贷机构评级研究 [J]. 吉林金融研究, 2012 (10): 22-27.

[151] 袁吉伟. 国际小额信贷机构评级研究及启示 [J]. 吉林金融研究, 2012 (10): 26-31.

[152] 张昊. 中国小额贷款公司资金来源和经营风险问题的制度优化思考 [J]. 江西财经大学学报, 2017 (5): 29-35.

[153] 张颖慧, 聂强. 贫困地区小额信贷的运行绩效 [J]. 西北农林科技大学学报 (社会科学版), 2016, 16 (1): 89-97.

[154] 张正平, 何广文. 国际小额信贷可持续发展的绩效、经验及其启示 [J]. 金融理论与实践, 2012 (11): 84-92.

[155] 张正平, 梁毅菲. 小额贷款公司社会绩效评估体系的构建——基于层次分析法的实证研究 [J]. 农业技术经济, 2013 (8): 111-120.

[156] 张正平, 圣英. 商业化与小额信贷机构绩效 [J]. 金融论坛, 2013, 18 (10): 58-64.

[157] 张正平, 王麦秀, 胡亚男. 评级促进了小额信贷机构改进绩效吗?——基于国际数据的实证检验 [J]. 现代财经 (天津财经大学学报), 2014 (2): 44-54.

[158] 张正平, 夏玉洁, 杨丹丹. 小额信贷机构的双重目标相互冲突吗?——基于联立方程模型的检验与比较 [J]. 农业技术经济, 2016 (4): 16-27.

[159] 张正平. 中国NGO小额信贷机构治理效率实证检验 [J]. 社会科学战线, 2017 (5): 59-67.

[160] 中国小额信贷社会绩效管理研究课题组, 杜晓山, 张群. 商业性小额信贷社会绩效评价——基于哈尔滨银行的案例分析 [J]. 农村金融研究, 2011 (4): 63-68.

[161] 周鸿卫, 田璐. 农村金融机构信贷技术的选择与优化——基于信息不对称与交易成本的视角 [J]. 农业经济问题, 2019 (5): 58-64.

[162] 周孟亮, 李姣. 国际小额信贷社会绩效: 动态及启示 [J]. 农村金融研究, 2013 (11): 66-71.

[163] 周孟亮, 李明贤. 小额信贷扶贫与财务可持续性: 作用机制与协调发展研究 [J]. 上海经济研究, 2009 (9): 53-60.

［164］周孟亮.我国小额信贷社会绩效评价指标设计研究［J］.农村金融研究，2011（2）：53-58.

［165］周筱蕊，杨力，刘敦虎.小额信贷机构绩效综合评价模型研究［J］.西南民族大学学报（人文社会科学版），2018（9）：133-136.

# 后 记

　　本书在梳理国内外研究文献的基础上，针对国内研究中存在的不足确立了选题角度和研究思路。本书对小额信贷机构的绩效进行了研究，同时分析了评级与小额信贷机构绩效改进的关系，通过回归分析建立了评级与小额信贷机构绩效的关系模型，并基于154家机构的数据，对模型进行了验证分析。总体而言，一方面，评级与小额信贷机构财务绩效之间可以相互促进，即机构财务绩效的改善有利于促使其参与评级，而评级又可以促进机构财务绩效的改进；另一方面，小额信贷机构参与评级不利于其当期社会目标的实施，但对下一期社会绩效会有明显的改善作用。然而，鉴于企业调研过程中统计数据和资料的获取较难做到完整和全面，国内外缺乏基础性的相关研究，以及研究者自身知识储备的不完善，在构建评价模型和关系模型的过程中，难以避免主观因素的存在，指标选取、权重确定和评价分析等方面有待在日后的研究中逐步完善。

　　鉴于研究难度的约束性，本书关于小额信贷机构绩效的研究是对小额信贷机构绩效的单一测量，随着金融市场多元化的发展，有针对性地对小额信贷公司进行横向测量比较以及选取其面板数据进行研究，将更有研究价值。